삶.을 안.다.는 건
왜. 이리
어.려.운가요?

共悟人間

삶.을 안.다.는 건
왜. 이리
어.려.운.가요?

류짜이푸·류젠메이 지음 | 이유진 옮김

사상가 아버지와 문학가 딸이 나눈 10년의 편지

글항아리

| 일러두기 |

- 류짜이푸와 류젠메이가 주고받은 편지 모음집인 이 책은 『共悟人間-父女兩地蝸』(福建教育出版社, 2010년판)에서 정선한 것이다.
- 책명·신문·잡지는 『 』, 편명·논문은 「 」, 영화·TV프로그램은 〈 〉로 표시했다.
- 한자는 처음 나올 때 한 차례만 병기하였다.
- 외국 원어(인명·서명·지명 등)의 경우, 한국어만으로는 해당 원어를 알기 어려운 경우에만 병기하였다.
- 중국 인명의 경우, 청대까지의 인물은 한국 한자음으로 표기하고 그 이후 인물은 중국어 발음으로 표기하였다.

함께 깨달아가는 인생

　나는 큰딸 류젠메이劉劍梅와 함께 두 권의 책을 냈다. 그 하나가 이 책으로 1990년대에 나온 것이다. 다른 하나는 『함께 깨달아가는 홍루몽共悟紅樓』으로 2007년을 전후해서 나온 것이다. 앞의 것은 인생에 관한 편지 모음집이고, 뒤의 것은 중국의 가장 위대한 소설 『홍루몽紅樓夢』에 관한 토론과 대화 모음집이다.

　내겐 딸이 둘 있는데, 작은딸 류롄劉蓮은 큰딸보다 열 살이 어리다. 젠메이가 문학이라는 길을 선택하게 된 것은, 처음엔 나의 강요에 의해서였지만 나중에는 자신의 내적 필요에 의해서였다. 젠메이는 베이징대 중문과를 졸업한 뒤에 미국으로 유학을 갔다. 그리고 콜로라도대에서 석사학위를 받은 뒤에 뉴욕의 컬럼비아대에서 박사학위를 받았다. 너무나 운이 좋게도 딸애가 만난 스승은 모두 뛰어난 분들이었다. 콜로라도대의 석사과정 지도교수는 하워드 골드블랫이다. 그는 30여 편이나 되는 중국어 장편소설을 영어로 옮긴 번역의 고수다. 컬럼비아대의 박사과정 지도교수 왕더웨이王德威는 품행과 학문을 겸비한 이로, 탁월한 업적을 이룬 중국 당대문학 비평가이다. 그는 현재 하버드대의 석좌교수이자 타이완 중앙연구원의 가장 젊은 원사院士이다. 젠메이가 컬럼비아대에서 공부할 때에는, 저명한 중국 현대문학 연구가인 샤즈칭夏志清의 강의를 듣기도 했다. 뛰어난 선생님들의 지도와 자신의 노력으로, 젠메이는 마침내 많이 발전했다. 하지만 메릴랜드대에서 부교수로 있으면서 본업에 충실해야 하는 한편, 이중언어(영어와 중국어) 글쓰기에도 종사해야 하는 것은 실로 고된 일이다. 미국의 대학 제도에서 중국어 저술은 연구업적으로 평가되지 않는다. 즉 중국어 저작은 승진 심사의 대상이 되지 않는다. 이런 상황에서 젠메이는 그런 이익을 따지지 않고 꿋꿋하게 중국어로 저술했다. 자신을 키워준 모국어를 저버리지 않는다는 것은 정말로 소중한 일이기에 나는 무척 기쁘다.

이 책 역시 젠메이가 모국어로 글을 쓰는 작업 가운데 하나였다. 그 당시 나는 미국 중부의 콜로라도 고원에 있었고, 젠메이는 뉴욕에 있었다. 이렇게 떨어진 두 공간에 있음으로 인해, 우리는 독서와 연구를 통해 각자 깨달은 것들을 교류하고 싶다는 생각을 품었다. 그래서 내가 편지 형식의 교류를 제안했다. 젠메이는 막 박사학위를 받았을 때였고, 힘찬 바람처럼 생명이 왕성한 황금기였으며, 생각이 샘물처럼 끊임없이 솟아나올 때였다. 난 젠메이가 모국어로 글을 쓰도록 자극을 주고 싶었다. 이렇게 해서 한 편씩 계속해서 글이 나오게 되었다. 그 글들을 엮어 책으로 만들면서 우리는 지난날의 편지를 다시 펼쳐보았다. 이렇게 해서 '아버지와 딸의 편지'가 책으로 나오게 된 것이다.

뜻밖에도 2002년 홍콩 천지도서공사天地圖書公司에서 이 책이 출간된 뒤에 너무나 많은 사랑을 받아, 연속으로 5쇄까지 찍으면서 베스트셀러가 되었다. 더 기쁜 것은, 저명한 소설가 진융金庸이 특별히 홍콩 정부의 문화체육부文康委員會(1998년에 '정보기술·방송국資迅科技及廣播局'으로 개편되었다 — 옮긴이)와 신문사 및 방송국에 진지하게 추천하여, 이 책이 2002년 홍콩의 '10대 양서'로 선정된 일이다. 그다음 해에 홍콩의 중고등부 글쓰기 공모전에서 고등부 1등과 중등부 3등을 차지한 학생이 쓴 글이 뜻밖에도 모두 이 책의 독후감이었다. 이 편지 모음집이 많은 청소년의 마음을 얻었다는 걸 알 수 있었다. 그리고 홍콩의 많은 중·고등학교에서 우리의 편지를 교재로 쓰고 있다는 것도 알게 되었다. 젠메이는 어려서부터 선생님이 되고 싶어했는데, 이렇게 많은 학생이 우리의 책을 사랑한다는 것을 알고서 특별히 더 기뻐했다. 나는 이 책이 마음의 책이라는 것을, 진과 선과 미를 향해 나아가도록 마음을 불러내는 진실한 책이라는 것을 확신하게 되었다. 이 책이 수많은 젊은 친구의 공명共鳴을 얻을 수 있다는 것은, 사회가 아직 완전히 타락하지는 않았고 새로운 세대가 여전히 영혼의 건강을 추구하고 있다는 것을 말해준다. 그래서 나 역시 매우 기뺐다.

2011년 5월 한국에서 열린 서울국제문학포럼에서, 뜻밖에도 이 책의 번역자를 만나게 되었고 글항아리에서 이 책을 출간하고자 한다는 것도 알게 되었다. 사람의 마음은 정말 서로 통한다는 것을 다시 한번 느꼈다. 한국의 젊은 친구들 역시 빛을 추구하고 선함과 지혜의 뿌리를 추구한다는 것을 알고서 매우 기뻤고 또 마음이 놓였다. 우리는 한국의 양식 있는 분들에게 진심으로 감사드린다. 젠메이와 내가 편지를 주고받으며 지향했던 모든 것에 대한 여러분의 지지에 감사드린다.

미국 콜로라도에서
류짜이푸

차 례

딸·여성·여신

1.

베이징사범대를 퇴직한, 나의 참된 벗 뤼쥔화呂俊華 교수가 편지에서 말하길 "똑똑하고 순수한 자네의 두 딸은 인간 세상의 힘을 뛰어넘는 이가 선사한 존재"라고 하였다. 뤼교수는 유신론자인 듯하다. 그는 터무니없이 혼란한 힘이 사방에서 잡아당길지라도 자신을 온전히 지키고 존엄을 지켜야 한다고 굳게 믿는다. 그리고 그는 반드시 마음속에 또다른 힘이 있어야만 또다른 소리를 들을 수 있고, 평범함을 뛰어넘는 또다른 질서와 척도를 느낄 수 있다고 굳게 믿는다.

나는 무신론자이지만 그와 비슷한 형이상학적 가설을 기꺼이 믿는다. 우리의 눈을 지켜보고 우리를 평가하는 어떤 힘이 인간 세상 위의 어느 곳엔가 존재한다고 믿는다. 또한 그 힘이 현실 속에서 늘 우리에게 암시하고 있다고 믿는다. 두 딸의 순진무구한 천성은 일종의 암시로 여겨진다. 딸들은 나에게 암시한다. 타고난 아름다운 성품을 잊은 채 영원히 만족할 수 없는 외부의 사물을 추구해서는 안 된다고 말이다. 그것은 결코 채울 수 없는 블랙홀이라고 말이다.

"영원한 여신이 나를 이끄신다"고 괴테는 말했다. 여신의 인도에서 벗어난 작가는 상상하기 힘들다. 그래서 무신론자인 나는 두 딸이야말로 나를 이끌도록 하늘이 인간 세상에 보내주신 '여신'이라고 생각한다. 그런데 이 여신은 늘 장난스런 표정을 짓는 작은 요정과 같은 비권위적인 여신이다.

딸의 인도는 결코 세속적 의미의 '지시'가 아니다. 그것은 자연스러운 일깨움이고 자연이 내리는 명령이다. 딸들이 세상에 태어난 후 나는 묘하게도, 아득히 먼 곳으로부터 오는 맑고 상쾌한 숨결이 내게 영향을 미치고 있음을 느꼈다. 이는 무언의 영향이다. 출셋길과는 멀리 떨어진 피안에서 자연스럽게 살고 있는 딸들은, 다툼과 시기와 증오와는 멀리 떨어져 있다. 그래서 자연스럽게 딸들은 인간을 절대적으로 신뢰한다. 특히 작은딸 류렌은 시적 감수성이 풍부하다. 렌은 초등학교에 들어가기 전부터 이미 진융의 소설을 읽었다. 아주 똑똑하지만 계산하고 따지는 걸 몰랐고 '계산'이라는 것이 어떤 것인지조차 알지 못했다. 밴쿠버로 왔을 때 열다섯 살 소녀였던 렌은 신학대학 교수의 인생 강연을 듣고서 그리스도를 믿게 되었다. 고작 33년을 살고서 십자가에 못 박했고 신이 된 목수의 아들이, 가난한 이를 위하여 애쓴 본보기이자 배울 가치가 있는 존재라고 롄은 생각했다. 이렇게 해서 롄은 『성경』에 담긴 아름다운 사랑을 받아들였다.

큰딸 젠메이는 롄보다 열 살 위다. 젠메이는 천성적으로 정치를 좋아하지 않고 늘 문학에 빠져 있었다. 명예와 이익의 추구와는 당연히 거리가 멀었다. 젠메이의 생활은 순조로웠다. 중국에서는 베이징대 중문과를 다녔고, 미국으로 떠난 뒤 컬럼비아대에서 박사학위를 밟는 과정에서는 왕더웨이라는 젊고 능력 있는 교수의 지도를 받았고, 박사학위를 마치고서 순조롭게 메릴랜드대의 조교수가 되었다. 그래서 나는 젠메이가 좋은 성품을 유지할 수 있기를 더더욱 바랐다. 좋은 성품을 계속 갖는다는 일이 정말 어렵다는 것을 나는 중년이 지나면서 더욱 절실하게 느꼈다.

젠메이는 이미 지식사회에 발을 들여놓았다. 지식은 사람을 키워내기도 하지만 사람을 부패하게 만드는 권력으로 변질될 수도 있다. 일단 지식 혹은 그에 상응하는 명칭을 갖게 되면, 자신을 '고등한 인간'으로 여기고서 명성과 지위를 다투며 사회 하층민인 노동자와 농민을 무시하곤 한다. 많은 학자가 대외적으로 이름을 날릴지라도 안으로는 부패하여 매우 이기적일 뿐 아니라 냉담하다. 이런 인생은 악마를 상대로 자신의 성품과 지식을 교환하는 것이다. "지식이 사람을 부패하게 만들 수도 있다"는 사실을 수많은 지식인이 충분히 깨닫고 있는 것은 아니다. 하지만 젠메이는 이런 사실을 천성적으로 알고 있는 듯하다. 그래서 젠메이는 그런

식의 부패에 반항하겠노라고 나에게 거듭 말했다. 이런 점에서 젠메이는 나를 이해해주는 지음知音과 같다. 그리고 이것이 바로 우리 대화의 기본이 되었다.

1989년 여름, 나는 조국의 남쪽 지방에서 한 달 남짓 망설이고 있었다. 중국을 떠날지 말지 계속 마음을 결정하지 못했다. 나중에 아내 천페이야陳菲亞가 아이들에게 물어봐야 한다며 샤오메이小梅(젠메이. 샤오小는 친근함을 전달하는 애칭)에게 전화했다. 뜻밖에도 샤오메이의 목소리는 단호했다. "가세요. 멀면 멀수록 더 좋아요!" 나라를 떠난 뒤 나는 샤오메이에게 왜 그렇게 생각했는지 물어보았다. 아주 단순하게 생각했기 때문에 문제될 것이 많이 없었다고 샤오메이는 대답했다. 특히 남성이기 때문에 고려해야 할 문제, 유명인이기 때문에 고려해야 할 문제 같은 것들을 생각하지 않았기 때문이란다. 샤오메이는 오로지 아빠의 시간을 더 이상 잃으면 안 된다고 생각했다. 그리고 '투쟁의 장'에서 좋은 품성이 더 이상 소모되어서도 안 된다고 여겼던 것이다. 더욱이 먼 곳이라야만, 침착하게 사색할 수 있는 마음을 안착시킬 수 있다고 보았던 것이다.

중국을 떠난 지 이제 벌써 꼬박 10년이 되었다. 옛일을 돌이켜보면, "멀면 멀수록 더 좋아요!"라고 샤오메이가 했던 말이 정말로 일리가 있다고 생각된다. 공간적 거리가 있어야만 모든 사색이 비로소 진솔함과 침착함으로 되돌아갈 수 있다. 투쟁의 장을 떠난 뒤 세계가 정말 넓다는 것을 알게 되었다.

2.

　딸로부터 얻은 '하늘의 계시'로 인해 나는 '딸'이라는 개념이 문학에서 매우 중요하다는 것을 깨달았다. 그리고 조설근曹雪芹이 소녀를 미의 상징으로 여겼던 것도 매우 일리가 있다고 여겨진다. 소녀는 천성적으로 '출셋길' 바깥에 있다. 즉 자연스럽게 '진흙처럼 혼탁한 세계'의 피안에 서 있는 것이다. 진흙처럼 혼탁한 세계는 명성과 지위와 돈으로 남성을 끌어들여, 서로 뒤엉켜 싸우게 만들고 모두 진흙에서 뒹굴게 만든다. 그들 몸에 묻은 진흙은 대자연의 소박한 진흙이 아니다. 그것은 시큼한 냄새와 돈 구린내를 풍기는 더러운 것이다.

　『홍루몽』의 주인공 가보옥賈寶玉이 진흙 속에 있으면서도 더러워지지 않을 수 있었던 것, 끝까지 천진함과 맑음을 지킬 수 있었던 것은 전적으로 젊은 여성들이 인도해준 덕분이다. 하늘에서 버려진 막돌이었던 그는 생명을 얻어 인간 세상에 태어났다. 그는 인간 세상의 더러움 때문에 부패하여 진흙이 되거나 다시 차가운 돌이 될 수도 있었다. 하지만 임대옥林黛玉 등 여러 소녀의 눈물이 그를 부드럽게 만들었고 그를 구원했다. 세속의 먼지에 더렵혀지지 않은 그녀들은 가장 깊은 곳에서 나오는 천성의 눈물을 흘린다. 그것은 바로 하늘에서 내리는 단비다. 이러한 생명의 이슬이 가보옥의 생명과 성품을 키워냈고, 그가 피안의 세계에서 가져온 보옥寶玉이 변함없이 순수한 빛을 내고 세속세계의 더러움에 동화되지 않도록 해주었다.

녜간누轟紺弩는 임종 전에 거듭 탄식하길, 그의 생애에서 가장 유감스러운 일은 「가보옥론賈寶玉論」을 쓰지 못한 것이라고 했다. 그가 최후의 논문을 통해 어떤 뛰어난 말을 하고자 했는지는 알 수 없다. 하지만 만약 그를 대신하여 나더러 쓰라고 한다면, 내가 말하고자 하는 가보옥은 눈물에 의해 부드러워진 돌이다. 또한 여성세계의 여신에 의해 인도되어 참된 본성과 마음을 지킨 생명이다. 여성들의 세계인 대관원大觀園(『홍루몽』 속의 가공의 중국 정원 —옮긴이)에서는 오직 한 남성만 머물 수 있는데, 그가 바로 가보옥이다. 다른 남성은 이 여성들의 세계를 그저 엿보거나 노리고, 약탈하거나 침범할 뿐이다.

조설근의 심미안에 따르면 '여성'이 바로 아름다움이자 참이고, 여성들의 세계야말로 미의 공화국이자 사방 가득한 먼지 속의 정토淨土이다. 가보옥은 다행스럽게도 정토淨土에 속한 사람이 될 수 있었다. 그가 마지막에 집을 떠난 것은 스스로의 추방이었다. 그 당시 그의 부모는 생존해 있었지만 그가 참된 본성과 마음을 지킬 수 있도록 해주었던 여성들의 세계는 이미 사라진 뒤였다. 막돌에게 영원성을 부여해줄 수 있었던 눈물도 이미 말라버렸기에, 부모의 고향이 그에게 줄 것이라곤 거짓과 미혹뿐이었다. 그에게 '작별' 말고 더 이상 다른 선택은 있을 수 없었다. 조설근의 대작에서 '여성'이란 가보옥을 인도해준 순수한 여신이었음이 분명하다.

3.

　대학에 다닐 때 서양문학사를 가르치셨던 정차오쭝鄭朝宗 선생님은 특히 나를 아껴주셨다. 그는 서양문학에 나오는 영웅과 미인, 특히 젊은 여성에 주의를 기울여야 한다고 거듭 나를 일깨우셨다. 그리스 서사시에서 영웅은 가장 아름다운 여성인 헬레나를 놓고서 전쟁을 일으킨다. 전쟁 당사자들은 정의나 비정의에 대해선 개의치 않는다. 양쪽 모두 미인 때문에 엎어지고 피를 흘린다. 단테의 『신곡』에서는 로마 시인 베르길리우스가 단테를 지옥의 입구로 안내하는데, '로마 시대의 호메로스'라고 칭해지는 이 대시인은 단테가 사모했던 여성인 베아트리체의 부탁을 받고 온 것이다. 시인들은 영원한 여신의 이끌림에 의해 세계의 과거와 미래를 인식했다. 셰익스피어가 창조한 세계문학의 최고봉, 그 위에 존재하는 별들은 모두 여성이다. 미란다(『템페스트』), 줄리엣(『로미오와 줄리엣』), 데스데모나(『오셀로』), 오필리아(『햄릿』), 클레오파트라(『앤토니와 클레오파트라』), 이모젠(『심벨린』), 포셔(『베니스의 상인』), 베아트리체(『헛소동』), 로잘린드(『뜻대로 하세요』), 바이올라(『십이야』), 이 여성들은 온유함과 굳은 절개로써 남성들이 해내지 못하는 일을 해낸다. 여성은 남성이 따라갈 수 없는 미모를 지니고 있을 뿐만 아니라 남성이 갖지 못한, 사랑에 대한 굳은 절개도 지니고 있다. 엥겔스조차 "사랑스럽고 이상한 여성"이라는 표현을 썼다. '이상하다'는 것은 바로 남성에게는 없는 신성神性, 즉 남성세계의 권력욕을 벗어난 깨끗하고 우아한 속성을 지니고 있다는 말이다.

『로미오와 줄리엣』의 경우, 적대적인 두 집안이 공존할 수 없는 알력의 세계인 호화로운 저택 안에서는 열전과 냉전이 그치지 않았지만, 두 연인은 얼음처럼 맑고 옥처럼 깨끗하여 그런 가족들과는 아무런 관계가 없었다. 줄리엣은 로미오를 그리워하며 말하길, "그대의 이름만이 나의 원수일 뿐"이라고 했다. 그녀는 순수한 감정의 세계에서 생활했으며, 오직 사랑하는 이의 이름만이 그녀의 마음을 밤낮으로 괴롭혔다. 사랑하는 이란, 증오하는 것 같으나 사실은 사랑하기 때문에 고뇌를 일으키는 원수였던 것이다. 게다가 명성과 지위와 권세로 인한 남성세계의 조바심 역시 그녀에게는 없다. 아버지 세대의 적도 그녀의 적이 될 수 없었다. 그녀에게는 천성적으로 원한이나 원수나 파벌이 없다. 나는 줄리엣의 이러한 성품이야말로 우리가 지향해야 할 '커다란 방향'이라고 젠메이에게 말한 적이 있다. 셰익스피어가 그려낸 아름답고 똑똑한 수많은 여성은 모두 우리를 인도해주는 여신이다.

4.

젠메이와 소식을 주고받으면서 나는 한 번도 그 애를 가르치려 한 적이 없다. 하지만 정말로 젠메이에게 바라는 게 있는데, 딸아이가 셰익스피어 작품에 나오는 여성들처럼 사랑스러운 여성이 되는 것이다. 그 애가 학교에서 배운 '페미니즘 이론'을 따라 자신의 성격을 만들어가는 것은 원치 않는다. 페미니즘은 나에게 줄곧 두려운 것이었다. 만약 페미니즘을 신봉하게 된다면 결코 사랑스러울 수 없기 때문이다. 페미니즘의 전제는 남성이 여성을 억압한다는 것이고, 여기에는 분명 사회학적 의의가 있다. 하지만 사회학적 의의는 문학적 의의와는 다르다. 만약 페미니즘을 문학으로 끌어들인다면, 여성미를 없애버리는 결과를 초래하게 될 것이다.

만약 셰익스피어가 그 당시에 페미니즘의 지배를 받았다면, 세계문학사에 줄리엣, 데스데모나 같은 감동적인 여성 이미지는 존재하지 못했을 것이다. 또한 인간 세상의 감정세계 역시 굉장히 무미건조해졌을 것이다. 톨스토이는 셰익스피어를 좋아하지 않았다. 그는 셰익스피어가 그려낸 여러 가지 성격의 인물들이 동일한 논조와 언어를 지니고 있다고 생각했다. 하지만 톨스토이의 성공은 오히려 셰익스피어와 동일한 절대적인 미학의 규칙을 따랐기 때문에 가능했다. 즉 여성을 미의 상징으로 보고, 정신의 깊은 곳에서 여성이 남성을 이끌도록 한 것이다. 톨스토이는 『전쟁과 평화』에서 나타샤를 창조했고, 『안나 카레리나』에서는 안나, 『부활』에서는 마슬로바를 창조했다. 이 불후의 세 여성은 바로 톨스토이의 정신을 인도한 이들이다. 톨스토이의 심미안에서 여성은 절대적으로 남자와 구별되어야 한다. 그녀들에게는 여성의 온정이 있어야만 한다. 만약 남성화된다면 그 온정은 사라지고 만다. 톨스토이는 여성이 남성처럼 '강자'로 변하는 것을 결코 용인할 수 없었다. 톨스토이가 말하길, 자신은 여성이 유약하거나 심지어는 늘 병약하길 바란다고 했다. 결코 병에 걸리지 않을 것 같은 강한 여성은 그야말로 야수라고도 말했다. 이런 극단적인 견해는 문학에 대한 톨스토이의 확고한 인식을 말해주는 것이다. 즉 문학에서 '우아미'의 범주는 영원히 여성에게 속하는 반면, '웅장미'의 범주는 남성에게 속한다는 것이다. 여성이 순간적으로 웅장미를 지닐 수는 있겠지만 그것이 여성의 기본적인 심미적 특징이 되어서는 안 된다. 이러한 심미관은 여성을 존중하지 않는 것이 아니라, 여성의 권리를, 나아가 여성의 특징을 아울러 존중하는 것이다. 여성을 남성과 같이 만들려는 것이 지금 시대의 유행이다. 중국 현대문학에서는 리쐉쐉李雙雙·장수이잉江水英 같은 캐릭터가 출현하는데, 이들은 남성의 거친 성격에 동화된 여성이다. 이러한 여성이 표현해내는 것은, 비정상적인 성격에서 나오는 호언장담에 불과하며 조금도 사랑스럽지 않다.

사회학적 의의에서 페미니즘은, 여성이 남성과 동등한 사회적 지위와 권리를 지니고 있음을 확인했다. 이것은 일리가 있다. 문화적으로 볼 때, 남성우월주의 서사는 분명 비합리적인 권력 서사이다. 여성을 '화근'으로 간주하는 중국 역사서의 서사 역시 잘못된 것이다. 이러한 것들에 대한 페미니즘의 비판은 정당하다. 하지만 문학 창작에서는, 남성과 여성이 생리적·심리적으로 차이가 있음을 반드시 인정해야만 한다. 문학에서는 인간을 생리적 존재, 특히 심리적 존재로 바라본다. 그리고 남성과 여성의 심리적 차이를 중요시한다. 생리적으로 남성은 수염이 나지만 여성은 그렇지 않다. 심리적으로 여성의 감정은 더 섬세하고 민감하며, 감정을 최후의 진실로 여긴다. 여성의 특징을 똑바로 보아야만 문학이 감동을 줄 수 있다. 페미니즘은 문학에 심각한 손상을 끼칠 수 있다. 즉 성별의 혼란을 조성하고, 사람을 감동시키는 여성의 미학적 특징을 와해시킴으로써 정신의 인도라는 문학의 가장 근본적인 속성을 잃게 하고 문학의 심미적 울림을 잃게 만든다. 이는 매우 첨예한 문제로, 문학의 전체적인 변질과 관련된 근본적인 문제다. 그래서 이렇게 서문을 통해서 진지하게 말할 수밖에 없다.

이런 내 생각은 아주 고전적이고, 페미니즘의 현대 비평과는 전혀 어울리지 못할 것이다. 또한 젠메이 역시 결코 기꺼이 받아들이지 않을 것이다. 하지만 그렇다고 해서 우리의 대화가 이로부터 영향을 받지는 않을 것이다. 도리어 우리의 토론은 더 깊은 영역으로 나아갈 수 있을 것이다.

1999년 10월 3일
류짜이푸

아버지·개체·어린아이

1.

　나는 스스로 행운아라는 생각을 자주 한다. 공부하는 집안에서 자라날 수 있었고, 인생길을 닦아나가는 데 도움을 주시는 정직한 아버지가 계시기 때문이다. 내가 열 살이 되기 전, 부모님은 서로 떨어져 지내셨다. 그래서 1년에 겨우 한 번 아버지를 만날 수 있었지만 나는 아버지의 사랑이 부족하다고 생각해본 적이 결코 없었다. 그 당시 나는 어머니, 할머니와 같이 푸젠福建의 외진 산골 작은 마을에 살고 있었고, 아버지는 해마다 멀고 먼 베이징에서 우리를 보러 오셨다. 그때마다 나를 위해 가져오셨던 초콜릿 덕분에 나는 아버지를 볼 수 없을 때에도 늘 달콤한 상상의 세계에 빠져들 수 있었다. 그래서 어린 시절 아버지에 대한 그리움은 늘 초콜릿과 연결되어 있었다.

열 살이 되자 나는 어머니를 따라 베이징으로 갔다. 그 당시 아버지는 이제 막 본격적으로 일을 시작하셨기 때문에 나와 동생을 위해 내줄 수 있는 시간이 별로 없으셨다. 하지만 내가 기억하기로, 아버지는 매번 책을 쓰실 때면 그 구상을 내게 말씀해주셨다. 그리고 나를 아버지의 어린 지음으로 대해주셨다. 사실 그 당시 나는 겨우 중학생이었는데, 아버지의 말씀을 어설프게 알아들은 상태에서 정말 아는 척하며 내 의견을 말하기도 했다. 문학에 대한 나와 아버지의 대화는 그때부터 시작되었던 것 같다. 베이징대 중문과에 다니면서 나는 곧잘 도전적이 되곤 했다. 아버지의 문학 이론에 대해서 나의 주도면밀하지 못한 견해를 즐겨 말하곤 했다. 젊은 열정 때문에 나의 말투는 늘 과격했지만 아버지는 결코 화를 내신 적이 없다. 도리어 그런 나를 격려해주셨다. 나중에 우리 가족은 모두 해외로 나가게 되었고, 나는 미국 대학에서 계속 문학을 공부했다. 그러면서 우리의 대화 역시 편지로 진행되었고, 그 결과 이 책이 나올 수 있었다.

아버지는 나와 동생을 매우 사랑하셨다. 우리 자매를 아버지의 거울이라고 말씀하시곤 했다. 아버지는 우리 둘에 대한 당신의 관심을 다른 방식으로 표현하셨다. 나한테는 좀 엄격하셔서 일을 집요하게 할 것을 요구하신 반면, 동생은 훨씬 더 귀여워하시면서 자연스럽게 커나가도록 놔두셨다. 내가 동생보다 생각이 더 많고 동생이 나보다 더 순진무구한 까닭도 바로 그 때문일 것이다. 우리 자매는 아버지와 나누지 못할 이야기가 없었다. 심지어는 결혼

상대를 찾는 '사적인 일'에 대해서도 아버지와 기꺼이 이야기를 나누었다. 아버지는 중국을 떠나신 뒤로 사회의 요란스러움에서 멀리 떨어질 수 있었고, 점점 더 여유로워지셨다. 아버지의 심리 상태는 아마 나보다도 젊을 것이다. 나와 동생이 건강한 성격을 줄곧 간직할 수 있었던 것도 전적으로 아버지 덕분이다. 아버지는 시골 들판의 순박함과 드넓음과 유순함을 지니고 계셔서 모든 것을 포용하신다. 아버지의 영향으로 나와 동생 역시 경계심이 없다. 경계심이 없기 때문에 더 홀가분하고 즐겁게 살아갈 수 있다.

2.

중국에서 아버지의 이미지는 언제나 엄한 것이었다. 사회의 고정된 가치관에 따르면, '아버지'가 대표하는 것은 가정의 권위였다. '5·4'의 철저한 반전통이 가져온 것은 그와 상반된 '살부殺父 문화'였다. 그리고 부계 문화를 무너뜨린 '문화대혁명'은 우리에게 더 심각한 부정적 영향을 초래했다. 그것은 '홍위병 심리'로서, 모든 것을 쓸어버리고 파괴하며 무턱대고 권위에 반대했다. 심지어는 그저 권위에 반대하기 위하여 맹목적으로 반권위를 외쳤다. 마치 그렇게 해야만 개성을 드러내고 진리에 다가갈 수 있다는 듯이.

아버지와 나의 관계는 그런 식의 단순한 '권위/반권위'의 틀을 일찌감치 뛰어넘었다. 아버지는 나와 같은 세대의 사상에 호기심을 가지셨고, 나의 성장 과정을 '기쁨'의 눈빛으로 바라보셨다. 아버지의 격려로 인해 나는 기꺼이 아버지와 교류하고 소통할 수 있었다. 아버지의 사상은 끊임없이 '흐르고 움직였으며', 나에 대한 아버지의 생각 역시 정체되어 있지 않았다. 아버지가 보시기에 나는 '영원히 자라지 않는' 말 잘 듣는 딸이 아니었다. 아버지의 사상이 고정불변의 것이 아니었던 만큼, 아버지는 남성사회가 주시하는 눈빛으로 나를 속박하지 않으셨다. 그리고 나 역시 아버지의 사랑과 영향을 단순한 '살부 문화'로 거부하지도 않았다. 이처럼 특수한 부녀지간의 대화 덕분에 나는 아버지 세대의 문화에 대해, 우선은 이어받은 뒤에 의문을 제기할 수 있었다. 또한 아버지에 대한 사랑과 존중이 먼저이고 논쟁은 그다음일 수 있었다.

아버지와의 계승관계는 일에 있어서 더 명확하다. 아버지가 아니었다면 나는 문학을 내 평생의 일로 삼을 수 없었을 것이다. 나는 예전에 친구에게 이렇게 말한 적이 있다. "나한테는 큰 포부가 없어. 내가 문학을 공부하는 것은 조국을 위해서도 아니고 나 자신을 위해서도 아니야. 우리 아빠를 위해서야." 물론 농담이었지만 그 안에는 약간의 진실도 담겨 있었다. 베이징대에 응시하면서 전공을 택할 때부터 미국에서 석사와 박사과정을 밟기까지 모두 아버지의 영향을 받았다. 미국 대학에서 문학은 이미 위기에 처해 있었다. 문학을 자신의 전공으로 삼으려는 학생은 극히 일부였다. 더군다나 이제 막 미국에 온 이민자는 대개 경제나 컴퓨터처럼 일자리를 찾기 쉬운 전공을 택했다. 하지만 아버지가 펼쳐 보여주신 문학의 세계는 나로 하여금 미련을 떨쳐내지 못하게 했다. 아버지의 격려는 문학에 대한 내 열정과 추구를 멈추지 않게 만들었다.

    문학에서 아버지의 일을 이어받은 것 외에 내 성격 역시 아버지를 닮았다. 아버지의 가장 큰 가르침은 '동심설童心說'이다. 『하늘가에서 홀로 말하다獨語天涯』라는 신작에서 아버지는 이렇게 말씀하셨다.

> 동심으로 돌아가는 것, 이것은 내 인생 최대의 개선凱旋이다.
> 지난날의 푸른 들판이 다시 내 마음속에 들어올 때, 나를 바라
> 보시던 어머니의 눈동자가 다시 내 눈에 들어올 때, 인간 세상
> 의 선악이 더 이상 내 앞에서 전도顚倒되지 않을 때, 나는 인성
> 人性의 승리를 깨닫는다. 이것이 바로 나의 인성이다. 심오한 이
> 의 눈에는 얄팍하게 보이는 인성이고, 얄팍한 이의 눈에는 심
> 오하게 보이는 인성이다.
> 이 순간 나는 어린아이의 시야에 빠져 있다. 대지의 광활함과
> 깨끗함, 하늘의 신선함과 박애, 초월적인 것의 신비와 영원. 이
> 모든 것이 나로 하여금 또다시 동경하게 만든다. 가면을 벗어야
> 비로소 생명의 진실과 세계의 진실을 볼 수 있다.
> 나에게 있어서 승리를 거두고 돌아온다는 것은, 생명의 진실과
> 세계의 진실을 다시금 영유하는 것이다. 그 개선문에는 어린아
> 이가 조각되어 있다. 실오라기 하나 걸치지 않고 벌거벗은 채
> 시골 들판의 향기를 온몸으로 내뿜는 어린아이, 넋을 놓고 인
> 간 세상을 바라보면서 매우 당혹스러워 하는 어린아이 말이다.

‘동심’ ‘적자지심赤子之心’은 품격이자 시야다. 이것은 아버지가 주신 가장 큰 재산이다. 아버지는 늘 내게 말씀하시길, 인생의 고단함과 사회 환경의 열악함 때문에 사람은 쉽게 세상에 물들기 마련이지만 우리는 마땅히 그것을 거부하며 영원히 천진함을 지켜야 한다고 하셨다. 세상에 물들기를 거부한다는 것은, 이해관계를 따져서 무엇인가를 쓰고 말하는 것을 거부하는 것이며, 순박한 어린아이의 마음으로 사실과 진리를 직시하는 것이다. 아버지의 말씀을 들으면 난 언제나 마음이 쿵쾅거렸다. 이제 겨우 서른이 넘었는데 천진함을 이미 많이 잃었다는 생각이 들어서 조심해야겠다고 다짐했다. 만약 순수한 어린아이의 마음을 잃어버린 채 세상에 물들어서 학문을 하게 된다면, 그런 학문은 별 의미가 없을 것이다.

3.

장아이링張愛玲은 「여성에 대해 말하다談女人」라는 글에서 이렇게 말했다.

남성은 어느 한쪽으로만 발전하는 경향이 있는 반면 여성은 보편적이고 기본적이다. 여성은 사계절의 순환, 토지, 생로병사, 음식과 번식을 대표한다.
초인超人은 남성이지만, 신은 오히려 여성의 요소를 지니고 있다. 초인과 신은 다르다. 초인은 진취적이며, 생존의 목표다. 반

아버지 역시 온화한 여성을 '신성'으로 여기셨다. 또한 아름다운 여성은 영원한 여신과 같아서, 시인들이 비상하도록 이끌 수 있고 남성이 속세의 온갖 유혹에서 멀어지도록 이끌 수 있다고 생각하셨다. 아버지는 여성이야말로 미의 상징이라 여기셨고, 내가 '약한 여자'의 온화함과 아름다움을 간직하길 바라셨다.

박사논문을 쓰면서 나는 아카데미즘 차원에서 페미니즘 이론을 자주 활용했다. 아버지는 내가 과격한 '페미니스트'나 남성화된 '철의 여인'이 될까봐 늘 걱정하셨다. 이런 측면에서 아버지의 생각은 고전적이다. 아버지는 리솽솽 같은 성격과 이미지를 좋아하시지 않는다. 여성미를 잃어버린 혁명문학 속의 거친 여성상을 탐탁지 않게 여기시는 것이다. 아버지는 『홍루몽』에 나오는 여성들의 세계에 도취되셨고, 진실한 마음을 가진 여성만이 문학의 심미성을 구현할 수 있다고 생각하신다.

사실, 아카데미즘 영역에서 페미니즘 이론은 다양하고 복잡하며 단순히 남권에 반대하는 것은 결코 아니다. 시몬 드 보부아르가 『제2의 성』에서 지적했듯이 "여성성이란 타고나는 것이 아니라 만들어지는 것이다". 이는 여성이란 본성에 따라 결정되는 것이 아니라 사회적·정치적 문화에 의해 규정되는 산물임을 말하려는 것이다. 즉 페미니스트들의 작업은 남권사회의 권력 구조가 여성을 어떻게 만들어내고 정의하고 제약하는지 명확히 밝히려는 것이다. 여성과 젠더에 대한 정의는 결코 역사적 맥락을 벗어나서 단독으로 존재할 수 없다.

여성과 젠더에 관한 정의는 종족·계급·윤리·성애·지역 등의 여러 담론과 뒤얽혀 있다. 따라서 페미니즘 이론은, 성별을 고정된 정체성으로 정의하는 것에 반대함은 물론이고 여성을 전 세계적으로 통일된 총체로 여기는 것에도 반대한다. 페미니즘은 억압과 반항이라는 이분법에 국한되어 있지 않다. 그것은 담론과 권력의 관계에 관한 토론에 적극적으로 참여한다. 오늘날 페미니즘 이론에서는 역사성과 차이성을 중시하고 있다. 예를 들면 제3세계의 페미니즘은 제1세계 백인 여성의 페미니즘과 다르고, 동성애의 성적 정의는 이성애의 성적 정의와 같을 수 없다.

나는 페미니즘 이론의 영향을 받았고 여성에 대한 아버지의 견해를 완전히 받아들일 수는 없다. 그리고 수많은 국내 여성 작가가 자신은 페미니스트가 아니라고 구태여 강조하는 이유도 잘 모르겠다. 내가 아름다운 여성이 되길 바라는 아버지의 소망을 이해할 수는 있지만 '아름다운 여성'을 신화화하는 것에는 반대한다. 물론 여성의 남성화도 반대한다. 나 자신이 결코 완전하지 않기 때문에 나는 '신성'보다는 '인성'을 중시한다. 나 자신이 다른 여성들과 다르듯이, 나의 지적 배경과 문제를 바라보는 시각 역시 다른 여성들과 분명 다른 점이 있을 것이다. 여성 주체로서 나의 정체성은 서술자로서의 입장과도 관련이 있다.

나는 「진용 소설 속의 젠더정치金庸小說中的性別政治」라는 글에서 진융이 그려낸 여성들이 아버지 세대의 가치체계를 뛰어넘으려는 젊은 협객들을 인도하는 역할을 했음을 분석한 적이 있다. 그 여성들 가운데는 선녀처럼 아름답고 사람들이 감히 다가가서 볼 수 없을 정도로, 인간 세상의 음식일랑은 먹지 않을 것처럼 아름다운 소녀들이 있다. 이런 신화는 여성을 굉장히 존경하는 것이지만 결코 진실은 아니다. 이는 인간 세상 여성들의 구체적인 고통을 간과한 것이다. 나는 그런 여성들보다는 황룽黃蓉(『사조영웅전射雕英雄傳』의 여주인공—옮긴이)을 훨씬 좋아한다. 그녀는 활달하고 독특한 구석이 있다. 또 좀스럽기도 하면서 매우 사랑스럽다. 진융이 그려낸 '나쁜 여성'과 '이상한 여성'의 군상群像은 여신과 같은 미녀의 군상보다 낫다. 그 나쁜 여성들은 남성중심 사회가 여성에게 부여한 규정과 고정된 '응시'를 뛰어넘었기 때문이다.

나는 '신성'에 가까운 여성을 선망하지만, 여성인 나로서는 여성의 진실한 고통을 너무나 잘 알고 있다. 그래서 여류 작가의 글 가운데 진실한 여성의 모습에 좀더 다가간 작품을 좋아한다. 예를 들면 장아이링의 소설에서는 평범한 여자가 부딪히는 일들을 통해, 생존의 곤경 속에서 몸부림치는 인간을 표현해내고 있다. 딩링丁玲의 소설 『내가 샤춘에 있을 때我在霞村的時候』는, 정치적 개념이 소설의 문학적 가치를 떨어뜨리긴 했지만 그녀의 여성적 관점은 여성 신체의 묘사를 통해 강력하게 표현되어 있다. 샤오훙蕭紅의 『생사장生死場』은 여성적 글쓰기를 통해, 항일 배경 하에 여성과 국가의 관계를 놀라우리만큼 적나라하게 드러내고 있다. 왕안이王安憶·시시西西·리앙李昂과 같은 당대 작가의 소설에서 말하고 있는 젠더정치 역시 매우 의미심장하다.

페미니즘에 대한 나의 관점은 아버지와 다르지만 나는 아버지가 말씀하신 '신성'의 의미를 잘 알고 있다. 그것은 바로 인간다움에 대한 아버지의 기대라는 것을 나는 안다. 아버지는 내가 명예와 이익을 다투는 곳에 빠져들기를 바라지 않으신다. 아버지는 내가 초월적인 힘을 갖기를 바라신다. 문학의 전당에 들어선다는 것은, 대관원 속의 속세에 물들지 않은 여성들의 세계에 들어서는 것과 같다.

4.

내가 아버지와 주고받는 이 편지는 사실상 아버지가 중국을 떠나 생활하시면서 생각하셨던 것들의 연속이다. '갓난아이 상태' '모성애의 비극성' '고난 콤플렉스' '인생의 단계' '세상에 물들기를 거부하다' 등은 모두 인생의 영원한 명제에 대한 사색이다. 아버지로서 나와 더불어 이런 문제들에 대해 이야기를 나누신 것이긴 하나, 대화의 형식은 결코 설교식이 아니었다. 그것은 한 개인으로서의 목소리다. 이 목소리는 아버지 세대 전체를 대표하는 것이 결코 아니다. 어느 한 세대의 목소리가 아니라 아버지 자신에게 속하는 한 개인의 목소리다.

'『도화선桃花扇』 바깥의 생활'이라는 편지에서, 아버지는 왕귀웨이王國維가 말한 두 가지 세계, 즉 『도화선』의 세계와 『홍루몽』의 세계를 통해 인생을 논하셨다. 아버지는 내가 아주 행복하다고 생각하신다. 내 경우에는, 철학·우주·문학을 상징하는『홍루몽』의 세계에서 애초부터 생활할 수 있었고 정치·국민·역사를 상징하는『도화선』의 세계와는 천성적으로 떨어져 있기 때문에 그렇게 생각하시는 것이다. 아버지는 그렇지 못하셨다. 아버지는 두 세계에서 늘 배회하고 방황하신 분이다. 아버지가 나를 부러워하신 이유는, 개인화된 세계 속에서 생활할 수 있는 것이 너무나 행복하다는 사실을 깊이 깨달으셨기 때문이다.

아버지는 스스로를 분열된 사람이라고 말씀하시지만, 그리고 무거운 사명감을 완전히 벗어버리실 수도 없지만, 그래도 아버지는 매우 개인화된 시각으로 가정과 세계와 역사와 생활을 바라보실 수 있다.『하늘가에서 홀로 말하다』에서 아버지는 이렇게 말씀하셨다.

나는 더 이상 빚지지 않았다. 나는 계급과 민족에 대한 무거운 책무에서 이미 해탈했다. 이것은 생명의 커다란 해탈이다. 엄청난 홀가분함이 바닷바람처럼 몰려온다. 홀가분함 속에서 나는 깨닫는다. '앞으로 내겐 또 걱정거리가 생기겠지. 하지만 난 이미 나 자신으로 되돌아왔다. 내 생명의 알맹이는 이제부터 개인의 진실하고 자유로운 소리만을 방출할 것이다.'

아버지는 또 이렇게 말씀하셨다.

나는 군중의 눈빛에서 멀리 떨어져 홀로 땅을 갈고 김매는 것을 좋아한다. 미국 작가 에머슨은 "나는 인류를 사랑하지만 군중은 사랑하지 않는다"고 말했다. 인류 전체는 진실하다. 각각의 개체 역시 진실하다. 하지만 무리지은 군중의 진실은 의심할 만하다.

『하늘가에서 홀로 말하다』는 아버지 개인의 목소리를 오롯이 대변하는 것이라고 할 수 있다. 이 목소리는 창조사創造社(1921년에 결성된 문학 단체로, 예술지상주의를 기치로 내걸었다가 나중에 좌익화하여 혁명문학을 주장했다—옮긴이) 같은 집단의 목소리에 대한 거절이자 분리다. 그렇기 때문에 나는 우리의 편지에 나타난 아버지의 목소리가 아버지 세대 전체를 대표한다고 생각하지 않는다. 이와 반대로 아버지의 목소리는 아버지 세대와는 아주 다른 목소리를 담아내고 있다. 고향에 대한 새로운 정의, 고향 밖에서의 사색에 대한 글, 이것들은 아버지 세대에 대한 반성적인 성찰이다.

아버지의 목소리는 매우 개인화된 것이지만 니체식의 개인주의는 결코 아니다. 작가는 조국과 현실과 인류가 겪는 생존의 곤경에 큰 관심을 가져야 하고, 이 관심은 결코 공허해서는 안 되며, 개인적이고 구체적이어야만 깊이를 지닐 수 있음을 아버지가 주장했다는 사실을 우리 대화를 통해 알 수 있을 것이다. 개인이 될수록 인류에 더 가까이 다가갈 수 있다고 아버지는 늘 말씀하셨다. 인류에 대한 관심에 있어서 나는 아버지의 열정에 한참 못 미친다. 아버지의 애착에는 더더욱 미치지 못한다. 그래서 나는 도피를 택했다. 대학의 담장 속으로 숨어들어간 것이다. 이 점에 있어서 나는 마음속 깊이 아버지를 존경한다.

우리의 편지에서 세대차는 그다지 두드러지지 않는다. 아마도 아버지가 손윗사람이긴 해도 훨씬 더 자유로운 개체로서 존재하기 때문일 것이다. 아버지는 각각의 개체를 존중하시고 물론 나의 목소리도 존중하시기 때문에 우리의 대화는 평등한 대화다. 그래서 나는 편지를 주고받는 우리의 일이 더 즐겁게 느껴졌다.

1999년 12월 20일
류젠메이

共悟人間

제1부

사랑하라

내가 사랑하는
그 세계

아빠!

아빠가 보내주신 『고향을 찾아 서쪽으로西尋故鄉』 세 권 모두 잘 받았어요. 한 권은 제가 갖고 다른 두 권은 샤즈칭 선생님과 왕더웨이 선생님께 드렸어요.

주말마다 그 책에 실린 글들을 모조리 자세히 읽고 있어요. 읽고 나서는 저도 산문을 쓰고 싶어서 마음이 근질거린답니다. 산문을 통해서 제가 사랑하는 모든 것을 자유롭게 표현해낼 수 있으니까요. 아빠가 『표류수기漂流手記』를 쓰시고서 마음이 얼마나 흐뭇하셨을지 상상이 가요.

아빠의 산문에서, 녜간누·마쓰충馬思聰·푸레이傅雷·쑨예방孫冶方·스광난施光南처럼 아빠가 가장 아끼시는 이름들을 제외하면, 저와 동생 그리고 엄마가 주인공이지요. 아빠가 중국에 계셨을 때에는 사회의 수많은 '중요한' 일에 늘 얽매여서 우리를 돌볼 겨를이 없으셨지요. 저는 우리 집이 늘 시장처럼 느껴졌어요. 항상 사람들이 들락날락하는 바람에 집이 아니라 여관 같았지요. 아빠는 우리와 너무 멀리 떨어져 계신 듯했답니다. 1989년 아빠가 중국을 떠나신 뒤로 오히려 늘 우리를 생각하게 되셨지요. 아빠는 조국을 멀리 떠나셨지만 저와 동생은 오히려 우리의 아빠를 다시 얻게 되었답니다. 아빠의 표류가 우리에게는 도리어 기쁜 일이었어요. 우리 집이 공공의 공간에서 사적인 공간으로 돌아왔고 더 완전해졌으니까요.

아빠가 책에서 저를 두고 너무 이성적이라고 말씀하셨지만 사실 저는 곧잘 기분에 휘둘리곤 하는 걸요. 저에게는 확실히 장선莊禪(장자莊子 철학과 선종禪宗 사상)의 기질이 있어요. 명리名利를 담담하게 보죠. 하지만 저도 때로는 남보다 뛰어나고 싶고 인생의 영광을 쟁취하고 싶어요. 루쉰魯迅이 말한 것처럼 장자에 중독되어서 마음 가는 대로 자유롭다가도, 또 어떨 때는 스스로를 매섭게 몰아붙여요. 사람은 정말 완벽하기가 쉽지 않아요. 인간은 불완전하다는 말이야말로 진리겠지요. 어쨌든 아빠가 저를 격려하신다는 것을 알아요. 제가 더 나은 곳으로 가도록 북돋우시는 거죠.

아빠는 새 작품에서 '고향'과 '조국'을 새롭게 정의하셨는데, 이것은 그 의미하는 바가 커요. 요 몇 년 아빠는 국가의 의미를 해체하시고자 했지요. 문학에서 권력의 의미를 지닌 국가를 추방하고 감정의 의미를 지닌 국가를 찾고자 하신 거죠. 이러한 해체와 새로운 정의 덕분에 아빠의 산문은 '향수'의 틀을 깨뜨릴 수 있었어요. 중국의 문학은 굴원屈原에서부터 시작해서 줄곧 향수의 틀을 지켜왔지요. 굴원과 그 이후의 수많은 작가와 시인이, 향수를 노래한 글과 시를 지었어요. 현대문학과 당대문학은 샤즈칭의 말처럼 '시국과 국가에 대한 걱정'이라는 주제에 빠져들어 있거나, 류사오밍劉紹銘의 말처럼 '흩날리는 눈물'에 관한 주제에 빠져들어 있지요. 떨쳐낼 수 없는 이런 영원한 애착은 물론 중국의 전통적인 문화심리와 관련이 있지요. 아빠는 고심하시며 '향수'의 틀을 깨뜨리셨어요. 그것도 아주 자연스럽게요. 자신의 개인적인 경험을 녹여내 기존의 문화 모티프들을 반성하셨는데, 저는 그것이 아주 흥미로워요. 이전 사람들이 표현해내지 못한 것을 표현하셨기 때문이지요.

  중국 작가에 의해 고향은 종종 이상화·낭만화되었어요. 그렇지만 고향은 영원히 변하지 않는 땅이 아니에요. 고향은 밝을 때가 있고 어두울 때도 있죠. 고향을 아름답고도 아득히 먼 몽환처럼 생각할지라도 이 몽환은 유동적인 상태로 보아야만 해요. 고향은 사람을 따라 옮겨다녀요. 이런 고향이야말로 살아 있는 것이자 풍부한 의미를 지닌 것이지요. 아빠가 『표류수기』의 첫 부분에서 언급하셨던 토마스 만은 "내가 어딜 가든 그곳이 바로 독일"이라고 말했지요. 독일은 토마스 만의 조국이었지만, 독일이 파시즘에 의해 지배될 때 그는 히틀러의 정권 하에 있는 조국을 인정하지 않고, 독일의 우수한 문화가 담긴 자신의 마음이야말로 조국이라고 생각했지요. 토마스 만은 바로 그런 의미의 조국을 품고서 미국으로 망명했던 거죠. 그 당시에 이렇게 망명을 선택했던 이들 중에는 아인슈타인이나 브레히트 같은 세계 최고의 지식인이 있었어요. 아마 그들 역시 조국에 대해 토마스 만과 같은 관념을 지니고 있었을 거예요. 그래서 저는 아빠가 새롭게 정의하신 조국이 결코 뜬금없다고 보지 않아요. 저는 아빠가 고향과 국가에 대한 생각을 계속 심화시켜나가셨으면 해요. 저 역시 이 주제에 대해 관심을 기울여볼 거예요.

아빠가 심혈을 기울여 '향수'의 틀을 깨뜨리셨다 하더라도 아마 아빠에게는 또다른 향수가 있으실 거라는 생각이 드네요. 다른 종류의 애착이라고도 할 수 있겠지요. 이게 대체 어떤 감정일지 지금 당장은 정확히 모르겠어요. 시간이 나실 때 이에 대해 말씀해주실래요?

샤오메이 올림
1997년 5월 20일 밤

샤오메이!

네 졸업논문이 거의 끝나가는구나. 기운을 내서 잘 완성하도록 해라. 산문도 앞으로 잘 써나가도록 하렴. 산문은 말하듯이 자연스러운 것이지만 궁극적으로는 생명의 격정이 담겨 있어야 한단다. 이성적인 논리를 견지하는 한편 생명의 파도가 끊임없이 소용돌이치도록 하는 것은 굉장히 피곤한 일일 게다. 어쨌든 네가 정말 하고 싶어하는 말을 표현하지 못해 마음이 편치 않다면 주말에 내게 편지를 쓰려무나. 편지 역시 산문이란다. 네가 이번에 내게 보낸 편지는 훌륭한 산문이었단다.

"산문을 통해서 제가 사랑하는 모든 것을 자유롭게 표현해낼 수 있다"고 네가 편지에서 했던 말이 참 맘에 드는구나. 내 산문 역시 그렇단다. 나는 펜으로 마음을 빚어내고 내가 사랑하는 그 세계를 펼쳐 보인단다. 모든 개개인과 작가에게는 각자 자신이 사랑하는 세계가 있어. 너, 네 동생, 그리고 우리의 산문에 자주 언급되는 녜간누·마쓰충·푸레이 등은 모두 내가 사랑하는 그 세계에 속한단다. 우리가 잘 아는 대작가, 『백 년 동안의 고독』을 지은 가르시아 마르케스는 세상에 이름이 알려진 뒤에 온갖 찬사를 들었지. 그 가운데 1981년 프랑스 대통령 미테랑이 한 말이야말로, 마르케스의 눈에 뜨거운 눈물이 가득 고이게 할 정도로 그에게 가장 큰 감동을 주었단다. "당신은 내가 사랑하는 그 세계에 속합니다"라는 말이었지. 미테랑이 엘리제궁에서 가르시아 마르케스에게 레지옹 도뇌르 훈장을 수여할 때 했던 말이란다.

나는 지금껏 이 말을 마음속에 간직해왔단다. 이 말을 떠올릴 때마다 내 마음속에서는 억제할 수 없는 감정이 치솟는구나.

내가 사랑하는 그 세계는 어떤 것인가? 그것은 어디에 있나? 그것은 국가인가, 아니면 부락인가? 그것은 노란 꽃으로 뒤덮인 땅인가, 아니면 온갖 풀이 자라는 뜰인가? 그것은 지금 이 세상에 있는가, 아니면 피안에 있는가? 이에 대해 명확하게 말할 수도 없고 이름 붙일 방법도 없단다. "이름 지을 수 있는 이름은 항상성을 지닌 이름이 아니다"라는 노자老子의 말이 나의 변명이라고나 할까. 너는 내가 지리적 의미의 '향수'의 틀을 깨뜨린 다음에 다른 종류의 향수, 다른 종류의 애착이 생겨난 듯하다는 것을 발견했구나. 사실 그렇단다. 나의 애착은 바로 '내가 사랑하는 그 세계'에 대한 애착이란다. 나의 향수 역시 '내가 사랑하는 그 세계'를 깊이 생각하고 동경하고 그 세계에 빠져드는 것이란다. 내 마음속에 늘 맴도는 이 세계는, 바로 내 양지良知의 고향이자 감정의 고향이란다. 그러니까 나의 아련한 향수는, 양지와 감정에 대한 향수지. 이만큼 말했으니 내가 찾으려는 고향이 어떤 것인지 어느 정도는 이해할 수 있을 게다. 그것은 바로 '내가 사랑하는 그 세계'란다.

진정한 시인과 작가에게는 그들 자신이 사랑하는 세계가 있게 마련이지. 이 세계는 현실에 속하는 것이 아니고, 대중에게 속하는 것도 아니란다. 그것은 오로지 자기 자신에게 속하는 것이란다. 바로 시인과 작가 스스로가 만들어낸 이상국, 즉 정신의 왕국이란다. 이것은 인간 세상의 권세나 돈이나 기세가 침범할 수 없는 왕국이지. 이 세계는 '공空'이란다. 현실의 모든 망상과 욕망을 배제하기 때문이지. 바로 그렇기 때문에 이 세계는 네가 진심으로 사랑하는 모든 것을 받아들일 수 있는 가장 광활한 공간이 된단다. 이 세계는 너의 동경과 지향과 기대를 받아들일 수 있고 네 생명의 참된 모습을 받아들일 수 있단다. 갓난아이의 마음으로 마음껏 미소 짓고 자유롭게 노닐고 말할 수 있는 곳이자, 형이상적 사색이 자유롭게 나래를 펼칠 수 있는 곳이란다. 사람에게는 현실 체험만으로는 불충분하고, 신비 체험과 꿈의 세계도 필요하지. 내가 사랑하는 세계는 꿈의 세계라고 할 수 있어. 하지만 이 세계에도 스스로의 질서와 기준과 눈이 있단다. 나는 자주 꿈의 세계의 눈으로 너를 보면서, 네가 초경험적인 세상에서 지구로 온 나의 어린 동반자라고 생각한단다. 내게는 너 말고 다른 동반자도 많이 있지. 정신상의 친구·연인·형제자매인 그녀들은 중국에 있지 않을뿐더러 내가 볼 수 있는 곳에서 숨 쉬고 있는 것도 아니란다. 하지만 그녀들은 모두 내가 사랑하는 그 세계에 속한단다.

너는 다행히도 문학에 종사하고 정신 깊은 곳에서 생활하고 있단다. 너 역시 자신이 사랑하는 세계를 점차 구축해나갈 수 있을 거야. 무가치한 것들은 그 세계 밖으로 배제시킬 수 있을 게다. 아직 그 세계가 형성되지 않았다면, 먼저 네가 진실로 사랑하는 세계를 찾도록 하렴. 내 경우는, 지금 이 세상에서 내가 가

장 사랑하는 세계가 셰익스피어·조설근·괴테·톨스토이가 창조
한 세계임을 아주 명확히 알고 있단다. 그들의 세계는 나에게도
속하는 것이지. 그 세계는 나의 마음을 다해 체험하고 깨달아가
는 아름다운 밤하늘에 속하는 것이란다. 네가 진정으로 사랑하
는 아름다운 세계를 찾아내고 그 세계를 구축하게 된다면, 너는
영원한 행복과 영감의 근원을 찾을 수 있을 게다.

아빠가

1997년 5월 21일

아빠!

아빠의 편지를 읽고서 너무 기뻤어요. 아빠가 절 사랑하신다
는 걸 잘 알고 있지만, 아빠가 사랑하는 그 세계에 제가 속한다
고 정중히 말씀해주셔서 유달리 깊은 정을 느낄 수 있었답니다.
생활을 위해서 아빠가 '반드시' 해야만 하는 일들을 하실 수밖에
없다는 걸 알아요. 신문에 사회비평과 문화비평을 쓰는 일도 포
함해서 말이지요. 그런 일들도 물론 아빠의 인격의 경지를 표현
해주지만, 아빠의 마음속에는 영원히 아빠에게 속하는 또다른
세계가 있지요. 아빠의 화원, 아빠의 영혼과 마음의 나라. 그것
은 바로 아빠의 꿈의 고향인 '도화원'이자 '유토피아'이지요. 시인
과 작가에게는 굳게 지키고 싶은 깨끗하고도 애정 어린 곳이 있
어요. 도연명陶淵明은 '다섯 말의 쌀'을 삶에서 제거한 뒤에 자기

가 뜨겁게 사랑하는 그 세계로 돌아가서 불후의 시를 남겼지요. 이백李白이 궁궐에 있을 때, 진귀한 음식과 사치는 어느 곳에서나 넘쳐났지만 그곳은 그가 사랑하는 세계가 아니었어요. 이백이 사랑하는 세계는 산과 물과 달에 있었고, 시의 정취에 있었고, 그가 상상하던 신선이 사는 산과 누각에 있었지요. 아빠가 사랑하는 그 세계가 어떤 곳인지 저는 알 수 있답니다.

저는 아빠보다 운이 좋은 것 같아요. 이렇게 말하는 건 제가 앞으로 바다 저편에서 생활하게 되어서가 아니라, 천성적으로 아빠처럼 걱정이 많은 것도 아니고 중국 지식인의 '구세救世' 사상도 그다지 품고 있지 않기 때문이에요. 고향에 대한 걱정이 늘 아빠 곁을 떠나지 않고 있어요. 조금은 내려놓으셨지만 완전히 내려놓으시는 건 불가능하겠죠. 그건 아마도 아빠에게는 일종의 숙명일 거예요. 셰익스피어의 『한여름 밤의 꿈』에서는, 요정 왕의 꽃즙을 잠자는 이의 눈꺼풀에 떨어뜨리면 그가 깨어났을 때 처음 보는 사람을 사랑하게 되지요. 아빠가 눈을 뜨셨을 때 처음 보신 것이 중국이었고, 그래서 중국을 사랑하시게 된 거죠. 사랑의 반대는 증오가 아닌 냉담이에요. 중국에 대해 냉담해지는 건 아빠에게 영원히 불가능한 일이겠지요. 중국에 대한 아빠의 관심은 최후의 날까지 떨쳐내실 수 없을 거예요. 저는 아빠와 달리 '국가 흥망'에 대한 걱정이 애초에 없어요. 심지어는 신문을 읽는 가장 기본적인 흥미조차 없어요. 앞으로도 제가 국가 대사를 걱정할 날이 있을 것 같지 않아요. 황강黃剛은 날마다 여러 신문을 읽어요. 『뉴욕타임스』도 있고 중국어로 된 『세계일보』도 있지만 전 거의 읽지 않아요. 동생처럼 문학예술 소식을 펼쳐보는 것이 고작이랍니다.

앞으로 저 역시 직업을 갖게 되겠지요. 아마도 학생들을 가르치거나 연구자가 되거나 전업주부가 되겠지요. 눈코 뜰 새 없이 바쁘고 땀도 흘려야겠지만, 마음은 분명 복잡하지 않고 홀가분할 거예요. 이 홀가분함이 바로 행운 아닐까요? 하지만 걱정하지 마세요. 홀가분함은 결코 '경박함'이 아니니까요. 제가 선택한 영역 속에서 저 역시 열심히 읽고 쓰고 가르치고, 제가 사랑하는 것에 마음을 쏟을 거예요.

샤오메이 올림
1997년 5월 22일

샤오메이!

나는 정말 네가 부럽구나. 너는 확실히 나보다 홀가분하고 운이 좋아. 나 역시 네가 나와는 다른 방식으로 생활하길 바란단다. 네 편지를 읽고서 왕궈웨이가 말한 두 가지 세계가 생각났지. 바로 『도화선』의 세계와 『홍루몽』의 세계야. 왕궈웨이는 이 두 세계를 비교하면서, 『도화선』의 세계에는 고국에 대한 우려가 있고, 『홍루몽』의 세계에는 인생에 대한 생각이 있다고 했단다. 왕궈웨이는 이렇게 말했지.

『도화선』은 정치적이고 국민적이고 역사적이다. 『홍루몽』은 철학적이고 우주적이고 문학적이다. 이것이 바로 『홍루몽』이 중국인의 정신에 크게 위배되는 이유가 바로 이것이며, 『홍루몽』의 가치도 여기에 있다.

왕궈웨이가 읽어낸 두 작품의 상징적 의미를 빌려서 말하자면, 너는 『도화선』 바깥에서 생활하는 사람이자 『홍루몽』 안에서 생활하는 사람이야. 한편 나는 늘 고국을 걱정하면서도 분열되어 있단다. 나는 『도화선』과 『홍루몽』 사이에서 늘 배회하고 방황하지. 내 본성은 『홍루몽』에 속하지만 현실사회에서는 어쩔 수 없이 『도화선』의 세계에 있단다. 달리 말하자면 몸은 『도화선』에 있지만 마음은 『홍루몽』에 있어. 너에게는 나처럼 배회와 방황이 없고 몸과 마음의 분열이 없지. 덕분에 자신의 마음을 쏟을 수 있는 철학·우주·문학의 세계 속에서 온전히 살아갈 수 있다는 것이 바로 너의 행운이란다. 비록 네 선택이 "중국인의 정신에 크게 위배"되며 시국을 구하고 세상 사람들을 구제하는 인재가 될 수 없다 하더라도, 나는 너를 질책하고 싶기는커녕 도리어 기쁘단다.

『홍루몽』의 세계에서 생활한다는 것은, 귀족의 저택에서 생활하는 것이 아니라 심미적이고 형이상적인 깊은 생각의 나라에서 생활함을 이른단다. 이런 나라에서만이 생명은 진실한 본연의 상태를 유지할 수 있어. 포스트모던의 세계에서 생명은 이미 파편화되었다고 사람들이 탄식하는 소리를 자주 듣게 된단다. 사실 공리를 추구하는 모든 현실세계에서, 생명은 『도화선』의 도화선처럼 조각조각 나뉘게 마련이란다. 애정의 상징인 도화선은 결국 갈기갈기 찢기고 말지. 오직 『홍루몽』의 세계에서만 생명은 온전할 수 있고 참된 본연의 상태 역시 온전할 수 있단다.

왕궈웨이는 『도화선』과 『홍루몽』이라는 두 책을 통해 두 가지 세계를 비유했지. 그는 또 그리스와 로마라는 두 거대한 역사 이미지를 통해, 중국에 결핍된 것은 그리스 정신이라고 말했단다. 그는 이렇게 말했지.

중국의 철학과 미술은 그리스에 한참 뒤떨어진다. 비단 과학만 서양에 뒤떨어져 있는 것이 아니다. 중국의 옛사람들은 본래 정치와 실천논리학에 뛰어났다. 이는 로마인과 가장 닮았 중국에 부족한 것은 로마가 아닌 그리스이며, 『도화선』이 아닌 『홍루몽』임을 왕궈웨이는 우리에게 알려주었단다. 그러니까 해외에서 평온한 마음으로 중국에 부족한 것을 보충하는 것 역시 중국에 공헌하는 것일 수 있단다. '추상적인 이치'와 형이상의 세계, 이것은 가장 훌륭한 세계란다. 너는 운 좋게도 그런 세계 속에 살고 있는 것이지. 즉 네 생명의 출발점은 『일리아스』, 『오디세이』, 비너스를 낳은 그리스임을 의미하는 거란다. 말하자면 너는 세계의 시작과 더불어 살고 있는 사람이니, 이 얼마나 행운이니!

로마가 힘의 상징이자 정복의 상징이라면, 그리스는 이와 대응되는 미의 상징이란다. 그리스를 얘기하면 물론 헥토르와 아킬레우스 같은 남성 영웅이 생각나기도 하지만, 나는 오히려 헬레네와 비너스를 더 떠올리게 된단다. 로마를 얘기하면 여성의 이름은 전혀 떠오르지 않아. 오로지 카이사르, 안토니우스, 옥타비아누스, 콜로세움의 사자만 생각난단다. 그리스에서 구현된 인류의 영원한 천진함, 여성의 매력, 심미성만이 시인과 학자가 진정 몰두할 만한 가치가 있는 것들이란다. 왕궈웨이는 정말 대단해. 선지자 같은 이 인물은 량치차오梁啓超 등의 근대 계몽주의자와는 다르단다. 왕궈웨이는 중국에 스파르타 정신이 필요하다고 주장하는 대신 그리스의 미와 형이상이 필요하다고 했지. 그는 최후에 쿤밍호昆明湖에 뛰어들어 자살했어. 그가 깨달았던 이상적인 왕국은 이미 현실 속에서 철저히 훼멸되었고, 그리스와『홍루몽』이 암시하는 세계는 다른 공간에 있었지. 그는 생명을 걸고 그 공간을 찾고자 했단다.

중국을 떠난 뒤 나는 심미적 관점에서 중국 현대문학을 살펴보고,「중국 현대문학의 전체적 차원 및 그 한계論中國現代文學的整體維度及其局限」라는 논문을 썼단다. 이 논문에서 말하려는 바는, 중국 현대문학에는『도화선』의 차원, 즉 '정치·국가·역사'의 차원만 있다는 것이야. 반면에 그것과는 다른『홍루몽』의 차원, 즉 존재의 의의를 묻는 철학, 신과 자연에 대해 묻는 우주의 차원은 결핍되어 있다는 것이지.『홍루몽』에는 다양한 차원의 공간이 존재한단다. 즉 '국가·사회·역사'의 차원, 그리고 철학·초경험·자연의 차원이지. 20세기 중국문학의 상태는『도화선』의 상태란다. 헬레네의 그리스와 임대옥의『홍루몽』의 상태로 들어가지 못했어. 20세기 중국문학에는 비너스와 임대옥 같은 여신들의 이끌어줌이 없고, 비할 바 없이 아름다운 여신들로 대표되는 심미성과 영원한 매력이 결핍되어 있단다.

내가 말한 이 모든 것을 네가 충분히 깨닫지 못하더라도,『도화선』바깥의 정신적 공간을 자연스럽게 선택하고 철학·우주·문학의 형이상 세계에서 자유자재할 수 있다면 진정한 행복이겠지. 너는 하늘이 준 부채를 가지고 있단다. 그것은 이향군李香君(명나라 말의 공자公子인 후방역侯方域과 함께『도화선』의 주인공인 기생)이 갈기갈기 찢은 부채가 아니라 헬레네에서부터 임대옥에 이르기까지의 이야기들이 그려진 부채란다. 그 부채가 펼쳐졌다가 접히는 사이에 네가 자연스럽게 생각하게 될 문제들은, 네가 애써 사색하는 문제보다 훨씬 더 오래갈 게다. 그 문제들은 장차 온 세상의 마음들이 공유하는 것이 되겠지만, 우선은 너에게 속하는 것이란다.

아빠가
1997년 5월 23일

정신의 여행

아빠!

아빠가 중국을 떠나신 뒤로, 저와 할머니와 동생 모두 아빠를 너무도 그리워하고 있어요. 물론 엄마도 너무 그립구요. 그래도 엄마는 새로운 환경에 잘 적응하시리라 믿어요. 엄마는 안정된 장소와 또 엄마가 사랑하시는 아빠가 계시니 괜찮을 거예요. 그런데 아빠의 마음은 너무 풍부하고 너무 민감하시잖아요. 게다가 고국과 고향과 오랜 벗에 대한 감정이 너무 깊으셔서, 그것들에 대한 그리움이 아빠를 죽음으로 내몰 정도는 아닐지 우리는 정말 걱정돼요. 자신이 살던 곳에 대한 애착이 아빠처럼 강한 분이 이렇게 아득히 먼 곳을 떠도시게 될 줄은 생각지도 못했어요. 저와 황강은 이제 막 토플시험을 치렀어요. 미국으로 공부하러 가기 위한 준비랍니다. 이렇게 하는 것이 우리의 미래에 좋을 거예요. 게다가 미국에 계신 아빠와 엄마의 외로움을 조금이나마 덜어드릴 수도 있겠지요. 지금 저와 동생은 아득히 먼 곳에서 아빠와 엄마께 진심을 다해 문안을 드리는 것밖에 할 수가 없네요. 하늘이시여, 땅이시여, 우리 아빠 엄마가 다른 땅 위에서 잘 지내실 수 있도록 지켜주세요.

동생도 아빠 엄마를 많이 그리워하지만 여전히 즐겁게 잘 지내고 있어요. 동생은 아직 지식과 경험이 부족해서 두 분이 멀리 떠나신 이유를 이해하지 못해요. 덕분에 그 이유를 알게 됨으로써 따라올 불안과 고통을 겪지 않는 거죠. 그러니 안심하셔도 돼요. 가장 가엾은 사람은 할머니예요. 할머니의 세 아들 중 둘은 애초부터 먼 곳에서 지냈기 때문에 할머니는 아빠를 가장 의지하셨잖아요. 그런데 지금 도리어 아빠가 제일 먼 곳으로 떠나시고 말았죠. 저랑 동생이 할머니 곁에서 위안이 되어드릴 수 있어서 다행이에요. 앞으로 저와 동생마저 중국을 떠나면, 할머니의 충격이 더욱 크실 거예요. 할머니처럼 스물여섯에 남편을 잃고 수절하면서 자식을 키운 여인은 아마 앞으로는 중국에서 찾기 어려울 거예요. 중국 문화가 '5·4'라는 혁명을 거쳤는데도 할머니께서 꿋꿋하게 정절을 지키신 것은 정말 불가사의해요. 이런 기적과도 같은 할머니의 인생 역정을 보면, 할머니는 외로움과 쓸쓸함을 견뎌낼 수 있는 강한 마음의 힘을 지니신 것이 분명해요. 그러니 안심하셔도 돼요. 할머니를 통해서 저는 아빠의 모습을 볼 수 있어요. 아빠는 일에 대해 엄청난 끈기를 지니고 계신

분이니, 아무리 힘든 운명일지라도 아빠를 압도하거나 정복하지 못할 거예요. 압력이 클수록 아빠는 더욱 강인해지시잖아요. 이런 성격은 그야말로 할머니께서 주신 가장 소중한 자산이지요. 이런 생각을 하니, 아빠가 중국을 떠나 계셔도 안심이 되네요.

　어제는 외삼촌할아버지(진외종조부, 아버지의 외삼촌)께서 베이징으로 오셔서 우리 집에 묵으셨어요. 아빠의 어린 시절에 대해 말씀해주셨지요. 저와 동생은 포복절도할 정도로 웃었답니다. 외삼촌할아버지께서는 저희를 진지하게 위로하시며 말씀하시길, 마음에서 고향을 내려놓지는 못해도 명예와 이익은 내려놓을 수 있는 사람이 바로 아빠라고 하셨어요. 어렸을 때 아빠의 기억력이 그렇게 좋으셨다면서요? 이미 읽은 책은 세세한 내용도 잊어버리시지 않았다고 들었어요. 그런데 학교에서 준 상장이나 타이틀은 늘 잊어버리셨다면서요? 아빠가 초등학교 5학년 때 상장이란 상장은 다 휩쓰셨다고 외삼촌할아버지께서 말씀해주셨어요. 학습모범상, 노동모범상, 기율모범상 등등. 그런데 정작 아빠는 78마리의 쥐꼬리를 학교에 낸 '쥐잡기 영웅'이었다는 것만 기억하시고 계신다면서요? 외삼촌할아버지의 이야기를 듣고서 저는 아빠가 정말 그렇겠다는 생각이 들었어요. 명예와 이익을 가볍게 여기시는 아빠의 그런 성격은, 외국생활에서 너무 큰 공허함을 느끼시지 않도록 많은 도움이 될 거라 믿어요.

　인간은 유명해지면, 명예와 이익에 사로잡히는 바람에 자신이 어떻게 보통 사람으로 생활해왔는지 잊게 마련이지요. 미국의 유명 작가 스콧 피츠제럴드의 비참한 최후, 헤밍웨이의 자살은 모두 명예와 이익의 거대한 압력을 감당하지 못한 것과 떼어놓을 수 없답니다. 저는 포크너처럼 단순한 생활을 선택한 작가를 좋아해요. 포크너는 평소에 집에서 글만 썼어요. 사람들이 문학에 대해 물을 때마다 "난 그저 농장주인일 뿐입니다"라고 겸손하게 말했지요. 대중의 동경과 미디어의 관심에서 벗어난 그런 단순한 생활이야말로 뛰어난 작가의 모범이겠지요. 물론 작가가 세상을 떠난 뒤 그의 전기에 적어 넣을 그의 훌륭함에 관한 내용이 줄어들긴 하겠지만, 그런 작가가 도리어 더 많은 사람의 존경을 받을 수 있어요. 제 생각에는, 미국에서의 생활이 분명 적막하고 단조로우실 거예요. 하지만 아빠는 틀림없이 그런 새로운 생활을 용기 있게 헤쳐나가실 거라는 걸 전 알아요.

외삼촌할아버지께서 그러시던데, 대학에서 아빠의 러시아 실력은 최고 수준이었다고요. 그런데 안타깝게도 그 당시에는 영어를 배울 기회가 없으셨다면서요. 지금 연세가 많긴 하지만 아빠는 분명히 영어도 잘하실 수 있을 거라고 믿어요. 영어를 잘 배우시면 날개가 달린 것처럼 외국의 구석구석까지도 자유롭게 날아다니실 수 있을 거랍니다.

샤오메이 올림
1989년 11월 5일

샤오메이!

네 편지를 읽고 나니 정말 기쁘고 안심이 된다. 나와 네 엄마가 중국을 떠나온 지 순식간에 벌써 넉 달이 지났구나. 어린 시절에 시간이 정말 느리게 가는 것처럼 느껴졌듯, 그 넉 달이 유난히도 길었단다. 전에는 그리움이란 달콤한 것이라고 생각했는데, 그리움이란 정말로 사람을 괴롭게 만든다는 것을 이제야 알게 되었단다. 다행히도 너희와 몇 번 전화한 덕분에 그리움의 고통이 줄어들었단다. 그렇지 않았더라면 아마 숨이 막혀서 죽었을 게다. 오늘 너의 편지를 읽고서 홀가분한 느낌이 들었단다.

내가 명예와 이익은 내려놓을 수 있지만 고국과 고향과 오랜 벗에 대한 그리움의 정을 떨쳐내지 못한다는 외삼촌의 말씀은 정말 맞는 말이란다. 전에는 나 스스로를 고국과 고향의 일부분이라고 생각해왔는데, 지금은 고국과 고향을 내 신체의 일부분이라고 생각하게 되었단다. 바다 건너 이곳으로 오고서야 나의 뿌리가 확실히 또다른 대륙에 있음을 구체적으로 느끼게 되는구나. 친구와 가족, 그들이 모두 내 뿌리야. 전에는 일상적으로 느껴졌던 거리와 서점과 친구가 이제 모두 내 몸의 맥박처럼 존재한단다. 너랑 네 동생과 할머니에 대한 그리움은 말할 것도 없고. 미시건의 호숫가에는 잠자리·나비·딸기·민들레가 있는데, 난 그걸 보면 가족과 고향이 생각나. 고향에서 내가 자라나는 걸 지켜보셨던 외삼촌께서는 날 이해하시지. 마음에 담아놓은 것은 내려놓지 못해도, 그 밖의 무가치한 것들은 내려놓을 수 있다는

것을 아시지. 이렇게 내려놓을 수 있는 건 확실히 큰 도움이 된
단다. 파리에 두 번 갔는데, 그때마다 위고의 말이 생각났단다.

오두막에서 황궁으로 올라가는 것도 드물고 숭고한 일이라고
할 수 있다. 하지만 오류에서 진리로 올라가는 것은 더 드물고
더 숭고하다. 황궁으로 올라가는 길에는, 한 걸음 옮길 때마다
수확이 있고 더 편안해지고 돈과 권세도 더해지지만 진리로
올라가는 길은 완전히 다르다. 어려서부터 깊이 영향받은 편견
과의 격렬한 투쟁 속에서, 오류를 벗어나 진리를 향해 나아가
는 길고도 험난한 길에서, 인류 진보의 축소판의 상징으로서
한 인간의 일생과 사상의 발전이 이루어지는 길에서, 한 층 한
층 올라갈 때마다 정신의 수확과 물질의 희생이 뒤따른다. 이
익과 허영을 포기해야 하고 세상의 명리를 버려야 하며, 자신
의 재산과 가정과 생명을 걸더라도 아까워하지 않아야 한다.

위고가 망명 생활 중에 남긴 말이란다. 내가 진리를 소유했다
고는 감히 말할 수 없지만, 진리를 향한 고생스러운 길을 선택한
건 확실하단다. 만약 오류가 있다면 그것은 진리의 봉우리를 향
해 올라가는 길에서 잠깐 길을 잃은 것이겠지. 결국에는 진리의
길을 걷게 될 게다. 기왕 이런 선택을 했으니 희생과 포기가 뒤따
르겠지. 그렇다고 해서 하늘을 원망하고 다른 사람을 탓할 필요
는 없단다. 난 그렇게 생각해. 어리석은 생각인지 모르겠지만 이

런 어리석음이 나에게 도움이 된단다. 덕분에 이 호숫가와 이 이국의 풀밭이 아름다운 표지판으로 여겨지는구나. 훨씬 고생스럽겠지만 더 광활한 제2의 인생이 바로 여기서 시작되는 거야.

이 반년 동안 난 고독을 확실히 맛보았단다. 하지만 친구와 책과 대자연이 날 도와주고 있어. 책을 들고 미시건 호숫가의 바위 위에 앉아, 가을날의 상쾌하고 환한 햇볕을 쬐며 책을 읽으면서 지금껏 누리지 못했던 평온함을 누린단다. 지금 내 마음은 역사를 향해 열려 있고 대우주를 향해 열려 있단다. 책에 나오는 위대한 이들의 이름과 그들의 목소리가 하나하나 내 마음속 깊은 곳으로 들어온단다. 그들의 가르침을 평온하게 깨달으면서 내 사상이 조금씩 성장하고 마음도 조금씩 성장하는 것을 느낀단다. 그러다보면 불현듯 이런 생각이 든단다. 이렇게 평온하게 사색할 시간을 가질 수 있어야만 가치 있는 삶이라는 생각 말이야. 바위 위에 앉아 있다가 피곤해지면 호숫가의 풀밭에서 산보를 한단다. 그런데 햇볕이 들지 않는 그늘 속으로는 가고 싶지 않아. 황금빛 태양 아래에서 오래 있다보면 햇볕의 열에너지가 추동력으로 전환되는 것이 느껴진단다. 그 힘은 나를 아주 먼 곳으로 데려다주지. 악몽과는 아주 멀리 떨어진 곳으로 말이야.

아빠가
1989년 11월 7일

문화의 맥

아빠!

이제 등록을 마치고 드디어 미국에서의 공부가 시작되었답니다. 볼더 시에 있는 콜로라도대는 아주 아름다운 곳이에요. 볼더 시는 기본적으로 대학 도시이고, 주로 중산층들이 사는 작은 도시이지요. 큰 부자도 없고 아주 가난한 사람도 없어요. 미국 프로테스탄트의 윤리와 청교도 정신이 아직도 남아 있는 곳이랍니다. 다니엘 벨은 미국의 이 작은 도시를 높이 평가했어요. 이곳은 후현대post-modern 공업사회의 충격을 비교적 덜 받고 현대 향락주의의 영향도 덜 받았기에, 일과 깨어 있는 정신과 절약과 절제와 엄숙을 강조하는 삶의 태도가 존재하기 때문이지요. 할리우드의 영화는 늘 스크린 속에서 미국인의 자유로운 생활 방식을 과장해요. 마치 모든 남녀가 성에 대해 완전히 개방되어 있는 것처럼 말이지요. 그런데 제가 와서 보니 결코 그렇지 않아요. 이 도시 사람들은 도덕관념과 가정에 대한 생각과 종교 관념이 강하답니다. 그리고 지역사회의 엄격한 공공 규칙을 강조해요. 그러니까 '공중도덕심'이 아주 강하다고 할 수 있지요. 길거리는 아주 깨끗하고, 길에서 만난 낯선 사람에게도 호의적으로 인사를 건네요. 이곳에 오기 전에는, 이곳은 분명 중부 고원의 투우사의 야생적 기질이 가득할 거라고 생각했답니다. 이렇게 고전적이고 귀족적인 기운을 느끼게 될 줄은 생각지도 못했어요.

　콜로라도대는 산기슭에 세워져 있어서 자전거를 타고 등교할 때마다 커다란 언덕을 올라가야 해요. 어떨 때는 자전거를 타고서 올라가지 못하기도 해요. 그러면 어쩔 수 없이 자전거를 밀고 가야만 한답니다. 그 언덕은 경사가 아주 가팔라요. 저와 황강은 아직 차를 살 형편이 안 돼요. 차를 사는 건 시간이 더 지난 뒤에 생각해봐야죠. 학교 건물은 붉은 사암석을 쌓아서 만든 건데, 튼튼하고 아름다워요. 구름들 사이로 보이는 로키산맥의 봉우리들이 아주 웅장하답니다. 눈 덮인 산꼭대기가 멀리서도 보이지요. 이것이 바로 우리 학교의 배경이랍니다. 이 산을 오래 보고 있으면, 마치 하늘에 수놓인 커다란 그림 같아요. 가을의 교정은 정말 아름다워요. 푸른 잔디밭과 색색의 단풍이 붉은 건물과 어우러져서 서로를 돋보이게 하죠. 꿈나라처럼 눈부시답니다. 이 넓고 푸른 잔디밭만으로도 아빠를 푹 빠져들게 할 수 있을 정도이지요. 아빠와 엄마도 분명히 이 도시와 이 대학을 좋아하실 거예요.

　저는 콜로라도대 동아시아학과에서 조교장학금을 받아요. 학비도 감면받고, 중국어를 가르치면서 매달 600달러를 받지요. 그래서 생활하는 데 문제없어요. 지도교수이신 하워드 골드블랫은 미국의 번역계에서 명성이 높습니다. 유명한 중국의 당대소설은 모두 그분이 번역하신 거예요. 저는 그분에게서 많은 것을 배울 수 있을 거예요. 미국의 교육 시스템은 중국과 매우 다르답니다. 그래서 한동안 적응할 시간이 필요해요. 저는 자유롭고 활발한 수업 분위기가 마음에 들어요. 미국의 선생님은 학생들이 자신의 의견을 발표하도록 독려하고, 저마다의 독립적인 사고능력을 키워준답니다. 대학원 과정은 주로 토론 형식으로 이루어져요. 선생님은 학생들에게 읽을거리를 먼저 제시해줘요. 수업 중에는 다들 자신의 의견을 발표하죠. 절대 주입식 교육이 아니에요. 어떨 때에는 선생님이 읽어보라고 일러주신 글과 책을 다 읽지 못하기도 해요. 영어 실력은 그런대로 괜찮은데, 무미건조한 이론서를 한 주에 몇 권씩 다 읽어야 하는 건 정말 힘들어요. 다 읽는다 해도, 절반도 이해하지 못할 때가 있어요. 토론할 때에는 당연히 제가 이해한 부분에 대해서 의견을 발표하지요. 이해 못한 부분은 선생님과 친구들의 견해를 듣고요.

　제가 막 미국에 왔을 때, 시카고대에서 리어우판李歐梵 선생님의 대학원 수업을 청강할 기회가 있었어요. 그 당시에 리 선생님께서는 자주 많은 분들을 초청하셨지요. 아빠를 비롯해서 리퉈

李陀·황즈핑黃子平·간양甘陽·쉬즈둥許子東, 그리고 벤야민 리 Benjamin Lee 등 여러 분이 리 선생님의 강연과 토론에 참가하셨어요. 때로는 세계 각계의 유명 학자가 초청되어 강연하기도 했지요. 그 당시 그 모든 분의 격렬하고도 날카롭고 탁월한 논쟁은 저에게 많은 도움이 되었답니다. 그때 저는 서양 이론에 대한 기초와 사고방식을 다질 수 있었어요. 그런 기초 덕분에, 지금 데리다·푸코·라캉·바흐친 그리고 프랑크푸르트학파의 저작들을 읽을 때, 아무것도 몰라 쩔쩔매지 않을 수 있는 거랍니다. 서양의 형이상 체계는 이미 두려울 정도로 방대한데, 새롭게 등장한 철학자들은 그것을 분석하는 또다른 체계를 세워나가요. 그래서 더 무섭긴 하지만, 이미 이 길을 걷고 있으니 잘 헤쳐나가야만 하겠죠.

샤오메이 올림

1990년 9월 20일

샤오메이!

콜로라도대에 갔으니, 정식으로 미국 유학생활이 시작된 셈이구나. 네가 앞으로 학교에서 공부하게 될 몇 년 동안 미국 학문의 장점을 확실히 배울 수 있을 거라는 걸 난 조금도 의심하지 않는단다. 하지만 네가 공부를 하면 할수록 지적 능력이 저하될까 걱정이 되기도 해. 미국 대학의 문과 계열은 독창성이 그다지 강하지 않거든. 창조적 활력이 살아 있는 곳은 학교가 아닌, 뉴욕처럼 문화에 관한 정보들이 밀집해 있는 도시란다. 그렇기 때문에 네가 전공 공부와 더불어서, 여러 간행물과 잡지를 읽어보는 게 좋겠구나. 미국사회에 관심을 두고서 미국이라는 이 거대하고 살아 있는 책을 주의 깊게 읽어보는 거야. 책에 나오는 미국은 나도 일찌감치 읽어보았지만 실제로 와서 보니, 직접 보는 미국과 책 속의 미국은 아주 다르더구나. 미국 정부가 중국을 인식하는 것도 주로 책을 통해서이지. 그 결과 곧잘 오류를 범해. 중국에 대한 미국 학계의 인식 수준 역시 높지 않단다. 그들이 보는 것은 단지 표면적인 중국이야.

많은 유학생이 미국에 오면, 전공 공부와 미국에서 자리 잡는 것 말고는 미국에 대한 이해가 굉장히 부족하지. 그들은 학교와 책 속에서만 생활하면서 미국사회의 심층 속으로는 결코 들어가지 못해. 미국사회를 이해하려면, 생명을 투입해야 한단다. 생명을 투입해서 체험하고 느껴야만 하는 거야. 미국 문화와 서양 문화를 제대로 이해하기 위해서도 마찬가지란다. 우선은 그것을 포용하고, 그다음에는 반드시 생명을 통해 그것을 체험하고 그 것을 고양시켜야 한단다. 그래야만 미국 문화, 나아가서는 전체 서양 문화의 맥을 파악할 수 있어. 중국 문화의 맥과 서양 문화의 맥을 동시에 파악하고 이 두 개의 커다란 맥을 연결·소통시 킴으로써 인류사회가 전진하는 데 정말로 유익한 의견을 말하고 글로 써낼 수 있다면, 유학하러 온 것이 헛되지 않겠지.

문화의 독립성은 당연히 인정해야지. 예전에 우리 세대가 배웠던 이치는, 문화가 정치와 경제에 의해 결정된다는 거였어. 문화의 독립성에 대한 이해는 부족했지. 사실, 큰 문화는 각각 제 나름의 장점을 지니고 있단다. 그래서 상호 보충할 수 있는 것이지. 문화의 충돌을 강조해서는 안 돼. 문화의 충돌을 통해 정치적 충돌을 암시함으로써 세계에 새로운 긴장을 조성하는 것은 더더욱 안 된단다. '문화의 맥'이 서로 통할 수 있다고 내가 말하는 것도 바로 이런 의미란다. '맥'이라는 것은 중의中醫의 용어인데, 추상적이고 이해하기 어려운 것 같지만 사실은 구체적으로 파악할 수 있는 거란다. 하지만 그렇게 하기 위해서는 지식을 축적하고 견문을 넓혀야지. 그래야 맥의 핵심인 '혈穴'을 장악할 수 있는 거야. 중국의 근본적인 문화 혈에는, 『산해경山海經』, 은殷·주周의 문화, 춘추전국시대의 제자백가, 위魏·진晉의 풍골風骨, 한漢·당唐의 기백, 송宋·명明의 이학理學, 명나라 말의 산문, 『홍루몽』등이 있단다. 미국의 핵심 문화 혈은 간단해. 독립선언, 인권선언, 제퍼슨의 사상, 먼로주의, 루스벨트의 개혁, 존 듀이의 실용주의

등을 들 수 있겠지. 문화 비교를 위해서는 물론 구체적인 텍스트와 인물을 다루어야 하지만, 양대 문화의 맥과 기본적인 문화 혈을 파악하는 것이 너의 깨달음에 유익할 게다.

　너는 스물두 살에 대학을 졸업한 뒤 바로 중국을 떠났잖니? 중국 문화의 기본 상식만 배웠을 테니 중국 문화의 맥에 대해서는 아직 깊이 있게 느끼지 못한 터이고, 유학을 떠나 미국 문화의 대문에 이제 막 들어선 상황이니, 양쪽 모두에 대해 공허한 느낌이 들고 자신감이 없을 게다. 하지만 네가 의식적으로 책을 읽으면서, 두 문화의 맥이 자리하고 있는 곳을 느끼고 깨닫게 된다면, 나날이 성장할 것이 분명하단다. 단지 박사학위를 얻기 위한 유학이라는 비극에 빠지지는 않을 게다.

아빠가
1990년 10월 8일

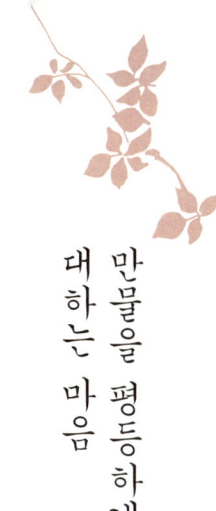

만물을 평등하게
대하는 마음

아빠!

아빠랑 엄마랑 동생에게 좋은 소식을 알려드려요. 드디어 박사논문 심사에 통과했답니다. 오늘부터 저는 류 박사에요. 제 논문심사위원회의 교수님 다섯 분께서는 아주 만족스러워 하셨고 왕더웨이 선생님께서도 굉장히 기뻐하셨어요. 심사 과정에서 어려운 질문도 많았지만, 저는 마음을 가라앉히고 교수님들의 논박에 침착하게 답했답니다. 심사를 마친 뒤, 페미니즘 전공이신 여교수님께서는 논문을 잘 썼다고 칭찬해주셨어요. 그리고 친구들이 축하해주면서 저를 술집으로 데리고 가서 파티를 열어주었답니다. 어디로 가셨는지 연락이 안 되기에 일단 팩스로 소식 먼저 알려드려요.

박사가 되기까지의 길은 정말 멀고 먼 여정이었어요. 미국에

온 지 7년이 됐지요. 2년 동안은 콜로라도대에서 공부하며 석사학위를 받았고, 5년 동안 컬럼비아대에서 공부하며 박사학위를 받았어요. 참으로 많은 난관을 극복하고 아주 어렵게 학위를 받았지요. 7년의 힘든 학업을 견뎌내고 마침내 결실을 맺어 박사가 되었으니 마땅히 기뻐해야 할 일인데, 저는 그다지 흥분되지 않아요. 이제 막 새로운 여정이 시작된 것 같고 앞으로 어떻게 가야 할지 막막한 느낌이랍니다. 그러고 보니 논문 심사에서 제기되었던 간단한 문제에 제대로 대답하지 못했던 게 생각나요. "중국 여성 작가에 관한 장章에서 제1세계의 페미니즘 이론을 많이 인용했는데, 당신의 연구 대상은 제3세계의 여성 작가이지요. 그렇다면 당신은 어떻게 이 문제를 비평적 시각으로 볼 건가요?" 이 문제는, 그 장에서 저의 비평적 목소리와 입장이 선명하지 못했기 때문에 제기된 것임을 알고 있답니다. 저는 잠시 목이 메었고, 정말 부끄러웠어요. 그런 문제에도 제대로 대답하지 못하면서 박사라고 할 수 있나 싶어요. 아빠에게 편지를 쓰는 지금도 얼굴이 여전히 빨갛답니다.

서양 대학에서 이론 훈련을 받는 데는 장점뿐 아니라 단점도 있어요. 이에 대해서는 제가 아주 잘 알고 있답니다. 장점은 동양과 다른 사유 방식을 시도할 수 있다는 것이지요. 그건 바로 이성과 논리를 중시하는 사유 방식이에요. 전에 중국어로 글을 쓸 때에는, 이론적인 글을 쓰면서도 문학성을 중요시하느라 말을 에둘러 하기가 일쑤였지요. 그런데 영어로 글을 쓰기 시작하면서부터 논리를 중요시하게 되었어요. 첫 번째 논점에서 두 번째 논점으로 가고, 거기서 다시 세 번째 논점으로 나아가요. 하나의 고리가 다른 고리로 긴밀하게 연결되는 거죠. 하지만 단점도 있어요. 서양 대학의 문학 이론에는 고정된 패턴이 있기 때문에, 저는 그 패턴과 언어를 장악하려다가 도리어 그것에 속박되어버렸답니다. 예를 들어 당대소설을 읽을 때, 전에는 날카로웠던 문학적 감각이 둔해져요. 저의 직관보다도, 어떤 이론으로 이 소설을 분석할 것인지 어떤 새로운 비평 이론을 동원할 것인지 하는 생각이 앞서고 만답니다. '구조주의, 아니면 해체주의? 모더니즘이나 포스트모더니즘과 관련이 있을까, 아니면 페미니즘이나 포스트식민주의와 관련이 있을까?' 제일 큰 문제는, 서양 이론을 인용할 때 빈사賓辭나 학술용어를 그대로 모방하는 잘못을 자주 저지르게 되고 자신의 언어와 자신의 비판적 목소리는 부족해진다는 거예요. 앞으로 가장 주의해야 할 점은, 이론의 속박에서 벗어나 의미 있는 문제로 본격적으로 들어가서 자신만의 비평 스타일을 차츰 구축해나가는 것이겠지요.

서양 대학의 인문학은 끊임없이 '새로운 조류'를 추구한답니다. 제가 미국에 막 왔을 때에는 마침 해체주의를 따라잡는 게 한동안 유행이었지요. 동아시아문학 연구자들은 중국학 연구의 오래된 방식을 타파하기 위해서, 데리다·바흐친·라캉 등의 이론을 잇달아 차용하여 문학작품을 해석했어요. 해체주의 시각에서 문학과 역사를 보는 것은 나름대로 뛰어난 점이 있답니다. 그것은 우리가 배운 것들을 의심해보게 하지요. 통일성·연관성·정합성을 지닌 사상사에 질문을 던지고, 전지전능한 서사의 목소리에 질문을 던지고, 본질론과 이분법에 질문을 던지지요. 역사도 결국 인간이 쓴 것이기 때문에, 역사를 허구의 문학과 어느 정도까지 구분해낼 수 있는지도 사람들의 논쟁을 일으키는 뜨거운 화젯거리였답니다. 나중에는 페미니즘과 포스트식민주의 연구가 한동안 유행하면서, 부호 분석에만 맴돌던 데서 벗어나도록 일깨워주었지요. 그래서 역사의 진실을 만들어내는 데에 담론과 지식이 어떻게 참여하는지, 지식과 그 배후에 있는 권력의 관계는 무엇인지 등의 문제를 탐구하게 되었답니다. 지금은 또 학제적學際的 연구가 유행하고 있어요. 그리고 문화역사, 대중문화 연구가 유행하지요. 결국 이런 이론들의 '새로운 조류'는 너무 많아서 도저히 다 들여다볼 수가 없을 정도예요. 그중에서 많은 것을 배우긴 했지만, '새로운 조류' 속에서 종종 길을 잃고 만답니다.

다행인 것은 제가 왕더웨이 선생님에게서 배울 수 있었다는 거예요. 그분은 영어도 잘하시고, 중국어 글쓰기는 더욱 탁월하시죠. 그분은 서양 이론을 어떻게 적용할 것인지 가르치실 때, 우리 자신의 비판적 목소리를 키울 것을 매우 중요하게 여기신답니다. 가장 중요한 건, 그분이 서양 이론을 능숙하게 장악하고 계실 뿐만 아니라 그분의 문학적 감각과 문학사에 대한 지식 역시 일류라는 사실이에요. 그래서 그의 학생인 저 역시 '사론史論(사실史實과 이론) 결합'을 중요시하고, 문학사의 명제들을 새롭게 살펴보는 것을 중요시하지요. 저도 이제 박사학위를 받았으니 곧 일자리를 찾아야 하는데, 이건 또 새로운 단계의 일이지요. 아빠, 저는 아직도 아빠의 격려가 많이 필요해요.

미국의 박사논문에는 고정된 격식이 있어서, 감사의 글 Acknowledgement을 통해 논문이 나오기까지의 과정과 고마운 분들에 대한 감사를 나타낼 수 있답니다. 메달을 딴 국가대표선수들이 늘 하는 상투적인 인사말을 전에 친구들과 농담 삼아 했지요. "먼저 당에 감사드리고, 다음으로 인민에게 감사드리며, 그 다음으로 소속 기관장에게 감사드립니다……" 이렇게 모두에게 감사하면서도 정말 도움을 준 사람은 정작 잊고 언급하지 않잖아요. 저에게는 박사논문에 있는 감사의 글이, 제가 학위를 받는 데 도움을 준 모든 이에게 감사할 수 있는 좋은 기회예요.

먼저 저를 지도해주신 왕더웨이 선생님께 감사드립니다. 그리고 석사지도교수 거하오원葛浩文 선생님의 가르침에 감사드립니다. 또 샤즈칭 교수님, 리어우판 교수님, 류사오밍 교수님, 정수썬鄭樹森 교수님, 류허劉禾 교수님, 린페이루이林培瑞 교수님, 시미奚密 교수님의 보살핌과 가르침에 감사드립니다. 저를 가르쳐주셨던 폴 라우저 교수님, 마이클 친 교수님, 탕샤오빙唐小兵 교수님에게도 감사드립니다. 학우들과 친구들의 지지에도 감사드립니다. 그 친구들 가운데에는 저를 도와 영어논문을 고쳐준 앤 후스도 있답니다. 제가 가장 감사드리는 분은 바로 아버지입니다. 아버지께서는 제가 문학의 전당에 들어갈 수 있도록 가장 먼저 이끌어주셨습니다. 뿐만 아니라 항상 저를 격려해주시고 일깨워주시고 가르쳐주셨습니다. 아버지로서 선생님으로서 친구로서, 아버지께서 저에게 베풀어주신 모든 것에 감사드립니다. 할머니와 어머니와 동생에게도 감사의 말씀을 드립니다. 그녀들은 저의 영원한 고향입니다. 마지막으로 황강에게 고맙다는 말을 전합니다. 오랫동안 그의 사랑과 이해와 보살핌 덕분에 제가 기나긴 학업을 완주할 수 있었습니다.

샤오메이 올림
1997년 12월 15일

샤오메이!

　네가 박사논문 심사에 통과했다니 정말 기쁘구나. 축하한다. 다섯 살 때부터 공부하기 시작해서 꼬박 25년을 했으니 졸업할 때도 되었지. 우리는 본래 농사꾼 집안이야. 네 할아버지께서 애쓰시긴 했어도 고등학교까지만 다니셨고, 나는 대학까지만 다녔어. 너는 석사뿐 아니라 박사까지 마쳤구나. 25년 동안 힘든 학업생활을 한다는 건 쉽지 않은 일이다. 기세를 몰아서 단숨에 해치우는 것의 중요성을 네가 알고서 중간에 학업을 게을리하거나 그만두지 않았지. 아주 잘한 거란다. 중년이 될 때까지 학위를 미루는 이들이 많은데, 그랬다가는 이후의 독립적인 창조의 시간이 얼마 남지 않게 되거든. 나는 학위를 숭배하진 않지만, 네가 일정 기간 서양의 엄격한 학술 훈련을 받고 논리와 텍스트 분석을 중시하는 서양 학문의 장점을 흡수하는 동시에 영어 독해와 글쓰기 수준을 향상시킨 것에는 찬성한단다. 중국 유학생들 사이에서, 이중언어로 사고하고 글을 쓸 수 있는 지식인들이 대거 출현하고 있어. 네가 그 대열에 합류하게 된 것은 정말 행운이야. 중국의 인문과학 연구는 이중언어의 세계로 진입함으로써 시야가 확대되고 수준도 향상될 거야. 나와 내 친구들은 모두 너에게 큰 기대를 하고 있단다.

　넌 박사학위를 얻은 것에 별로 흥분되지 않고 자신의 결점 때문에 얼굴이 붉어진다고 했는데, 그건 좋은 거야. 내가 말해줄 수 있는 건, 네가 그런 평상심을 영원히 지킬 수 있기를 바란다는 거란다. 네가 딴 석사학위와 박사학위를 평상심으로 대하려무나. 네가 곧 얻게 될 조교수의 직위, 네가 미래에 얻게 될 영예, 그리고 맞닥뜨리게 될 우여곡절도 평상심으로 대하려무나.

나는 병적인 정서를 지니고 있는 중국 유학생들을 자주 본단다. 그들은 자신이 중국의 젊은 세대 가운데 최고라고 생각하지. 그들은 무수한 관문을 거쳐서, 토플과 비자라는 마지막 관문까지 지나 비로소 망망대해 건너편까지 왔어. 그런데 생각지도 않게, 미국에 와서는 식당과 도서관에서 아르바이트를 해야 하지. 자신을 탑 꼭대기의 인물로 생각했는데 사회의 하층으로 내던져졌기 때문에 큰 대비가 생겨나게 마련이란다. 이러한 대비에서 비롯되는 심리적 불균형이 병적인 정서를 일으키지. 설령 격렬한 '반제국' 정서가 생기지 않는다 하더라도 냉정하게 세계를 관찰하는 데 영향을 받게 된단다.

해외에 표류하고 있는 일부 지식인들은 자신이 중국에 있었을 때 명성이 굉장했기 때문에 서양에 가서도 또다른 세계가 레드카펫으로 그들을 환영해주리라 생각하지. 이 세계 역시 자신의 두 발로 가시나무와 모래와 자갈을 밟으며 길을 개척하도록 압박하리라는 걸 그들은 생각하지 못해. 그래서 그들은 실망하고 불평하게 된단다. 그런 학자들과 작가들은 중국에 있을 때 사회에서 떠받들어지고 총애를 받았기 때문에 결국 망가지고 만 거야. 1980년대 이래, 자유의 기치를 높이 들면 서양에 가서 대우받을 거라고 생각한 이들이 생겨났지. 그들의 심리 상태는 10월

혁명의 승리 이후에 우유와 빵으로 시인을 대했던 러시아 신정권(루쉰의 말)의 심리 상태와 마찬가지로 평상심이 결여되어 있어. 너는 학위를 받은 이후에 그로 인해 자신을 높은 탑 꼭대기에 두고서 우쭐해하지 않는구나. 그런 평상심은 품격이자 역량이란다. 그것은 네가 교만과 맹목에 빠지지 않도록 도와주고, 끊임없이 앞으로 나아가도록 도와줄 거야. 일단 교만해지면 멀리 갈 수가 없단다.

평상심은 자연스러운 마음이야. 중국을 떠나온 이후에 근본적으로 나를 구원해준 것은 바로 평상심이란다. 중국에 있었을 때에는 나 역시 엄청난 명성을 얻었고 아주 활기차게 살았지. 하지만 중국을 떠난 뒤로는 단숨에 끝도 없는 적막 속으로 떨어지고 말았단다. 그런데도 내가 마음의 평정을 빨리 되찾을 수 있었던 것은, 애당초 나 자신을 결코 대단하게 여기지 않았기 때문이야. 「나 자신은 그다지 중요하지 않다自己並不那麼重要」라는 내 산문을 너도 읽어봤겠지. 인간의 존엄은 자신을 '중요한 인물'이라고 생각하는 데 있지 않고 자신을 '인간'이라고 생각하는 데 있단다. 평범하지만 존엄을 지니고 있으며 의미를 추구하는 인간, 자신에 대한 신뢰로 가득하지만 자아를 치켜세우거나 부풀리는 것은 거절하는 인간 말이지.

나는 장자로부터 '무위無爲'의 소극적인 측면을 받아들이지 않고 그의 제물관齊物觀을 받아들였단다. 그리고 그것을 통해 '만물을 평등하게 대하는 마음齊物之心'을 갖게 되었단다. 평상심이라는 것이 바로 제물齊物의 마음이야. 즉 다른 사람과 다른 사물을 평등하게 대하는 마음의 원칙이지. 박사가 되면 마치 남보다 높은 사람이 된 것 같지만, 절대 그렇게 생각하지 않고 여전히 마음의 평등과 인격의 평등을 확인하는 것이 바로 '제물'이란다. 앞으로 언젠가 네가 쓴 책이 많아지더라도, 자기가 남보다 낫다고 생각하지 않는 심리 상태 역시 제물의 심리 상태이지. 돈이 많아지면 돌변하고 권세를 얻으면 난폭해지는 사람은 제물의 심리 상태와 가장 거리가 멀어. 신기질辛棄疾(남송 시기의 시인이자, 호방파豪放派의 일인자로 일컬어지는 사詞의 대가—옮긴이)의 사에 이런 구절이 있단다.

내가 청산을 보니 너무도 아름다운데, 청산도 나를 보며
똑같은 마음이겠지.
나의 감정과 산의 모습은 서로 비슷할지니.

이 역시 제물의 마음 상태이지. 자연도 평등하게 대할 수 있다면 하물며 다른 사람에게는 어떻겠니?

인간의 존엄은 남들보다 높은 곳에 있지 않단다. 평등하게 남을 대할 수 있고, 평상심으로 만물을 대할 수 있는 넓은 마음이 바로 존엄이야. 기독교의 존엄은 높이 구름 위에 앉아서 아래를 내려다보는 존엄이 아니라, 사람을 평등하게 대하고 모든 사람을 사랑하며 모든 사람을 용서하는 넓은 마음의 존엄이란다. 나는

기독교를 존중하지만 기독교인은 아니야. 나는 종교 조직의 하나님을 좋아하지 않거든.

　나는 선종의 대사大師인 혜능慧能 같은 인물을 좋아한단다. 그는 선종의 6대 조사祖師인 '육조六祖'로서, 실로 천하에 많은 신도가 있었고 명성도 자자했지. 그는 종사宗師가 된 다음에도 평상심을 유지하면서 여전히 일반 백성의 모습으로 지냈단다. 어려서는 가난해 땔나무를 팔아 생계를 꾸려나갔고, 대사가 된 뒤에도 농부와 장사꾼과 어민과 사냥꾼 사이에서 뒤섞여 살았지. 평상심이 있었기 때문에 그는 어디에서나 도를 깨달을 수 있었던 거야. 물을 긷고 땔나무를 하면서도, 이전 사람이 생각하지 못했던 큰 이치를 철저히 깨달을 수 있었단다.

　명나라 때 노동과 참선을 일치시키고자 했던 농선農禪의 대표자 혜경慧經 역시 혜능과 같은 인격을 지닌 이란다. 그는 출가한 후에, 2~3년의 행각승 생활을 빼고는 40여 년 동안 아봉산峨峰山 밑에서 밭을 일구며 수고를 꺼리지 않았어. 그는 선종의 대사가 되어 '수창고불壽昌古佛'로 받들어진 다음에도 여전히 평상심으로 쟁기를 끌며 밭을 갈았지. 곡괭이를 선장禪杖으로 삼아 직접 농사를 지으면서 불법을 깨달았어.

　혜능과 혜경, 선종의 두 대사는 형이상의 정신세계에서 사는 동시에 일상세계에서 살았단다. 그들의 사고는 사회 기층의 생명의 맥박과 연결되어 있었기에 더욱 깊고 넓은 사고를 가질 수 있었던 거야. 그들의 존엄은 목표를 추구하는 신성 속에 깃들어 있었어. 이런 신성의 감각은 끝이 없는 것이라서, 몇 계단을 올라가도 최후의 목표는 여전히 멀리 있지. 그래서 한 계단을 올라간 뒤에도 그 마음은 여전히 평상시와 같고 자연스러운 거란다.

시야를 멀리 두라는 말을 사람들이 자주 하는데, 참 중요한 말이란다. 작가나 학자가 먼 시야를 갖고 있다면, 자신이 원래는 우주 깊은 곳의 생명임을 생각할 수 있다면, 먼 곳에서 지구와 인간을 볼 수 있어. 아인슈타인은 임종하면서 가족에게 부탁하길, "아인슈타인이 이곳을 한번 다녀가다"라는 묘지명을 써달라고 했어. 그는 정말 먼 곳에서의 눈으로 지구와 인간을 보았단다. 그래서 그는 우주에서 인간은 작은 먼지에 불과하다고 했지. 나무 한 그루, 산 하나와 마찬가지로 인간도 먼지인 거란다. 남과 비교할 것도 없어. 지위가 있다고 해서 득의양양하지 말아야 하고, 지위가 없다고 해서 의기소침하지 말아야 해. 아인슈타인은 세속적인 성공과 실패로 인해 번뇌하는 경우가 별로 없었단다. 그는 자만에 빠지지 않았어. 오늘날 우리 시대의 유명인과는 아주 다르지. 아인슈타인의 눈이 바로 만물을 평등하게 보는 눈이란다. 박사가 된 네가 이런 '제물'의 눈을 갖는 것이 가장 중요한 일이겠다는 생각이 드는구나.

아빠가
1997년 12월 18일

아빠!

드디어 메릴랜드대에 자리를 잡았답니다. 아파트를 임대했는데, 방 하나와 거실이 있어요. 임대료는 매달 800위안이고요. 이곳 집값 역시 뉴욕처럼 비싼 것 같아요. 학교에 가봤는데, 규모가 상당해요. 수도와 가깝기 때문에 엄격한 건축 양식을 띠고 있어요. 학교 건물은 기본적으로 붉은 벽돌식 건물이에요. 건물 앞쪽으로 굵은 흰색 기둥이 몇 개씩 있어 기백이 넘쳐요. 백악관 건축의 영향을 받은 게 분명해요. 학교 교정은 콜로라도대처럼 아름답지는 않지만 나름의 특색이 있답니다. 학교가 너무 커서 자가용이 없으면 일을 하러 갈 수가 없어요. 그래서 차를 한 대 샀어요. 제가 속한 아시아·동유럽 언어문학과는 규모가 작아요. 그 안에는 러시아어문학, 헤브라이어, 일본어문학, 중국어문학,

한국어 등의 전공이 있지요. 중국 분야에는 교수 세 명과 강사 두 명이 있답니다. 교수들 중에서는 제가 문학을 담당하고, 다른 두 명은 언어학을 담당해요.

이곳에서 지내기 위한 준비를 황강도 함께 했어요. 그와 의논한 결과, 시간이 지나면 좀더 큰 집을 사기로 했답니다. 적어도 네 칸의 침실이 있고, 지하실이 있는 이층으로 된 집을 말이죠. 2년 뒤에 그곳에서 아빠의 일이 끝나면, 엄마랑 같이 이곳으로 오셔서 우리와 함께 지내셨으면 해요. 아빠와 엄마가 한 층을 쓰시고, 우리가 다른 한 층을 쓰면 서로 방해받지 않을 거예요. 아빠랑 엄마가 오시면 우리로서는 "큰 나무 아래에서 서늘한 바람을 쐬기가 좋다"는 기대도 물론 있답니다. 엄마가 우리를 돌봐주시면 세 끼 따뜻한 밥과 반찬을 먹을 수 있겠죠. 그리고 저는 아빠랑 문학에 관해 자주 이야기를 나눌 수도 있을 거고요. 앞으로 아이가 생기면, 아빠 엄마는 하늘이 내려주신 가장 훌륭한 선생님이 되어주시겠죠. 하지만 이런 사사로운 마음만 있는 건 아니에요. 앞으로 2~3년만 더 지나면 두 분도 곧 환갑이시잖아요. 더 이상 생계를 위해 애쓰지 마시고 좀 편히 지내셔야지요. 하고 싶은 일을 맘 편히 하시면서 말이죠. 우리가 지내는 곳에서 백악관을 비롯해 그 근처에 있는 많은 박물관과 도서관을 가는 데는 30분밖에 안 걸려요. 바닷가까지는 한 시간 정도 걸리고요. 아빠가 계신 그곳에 비하면 대자연과 조금 더 멀리 떨어져 있긴 하지만, 필라델피아나 뉴욕까지 차로 몇 시간이면 갈 수 있고 동부의 아이비리그와도 멀지 않답니다. 그래서 문화적 분위기는 볼더 시보다 더 농후하지요. 이런 점들이 아빠에게는 매력적으로 느껴지실 거예요. 어제 저녁에 말씀드렸던 것처럼 책의 흡인력, 바다의 흡인력, 동부 문화의 흡인력, 게다가 혈육의 흡인력이 아마도 아빠를 끌어당길 거라고 생각해요.

　이곳의 문화적 성격은 도시 문화와 시골 문화의 중간쯤 된다고 할 수 있답니다. 뉴욕 문화처럼 번화하고 다양하지는 않지만, 미술전시회와 영화제가 많이 열려요. 볼더처럼 웅장하고 아름다운 로키산맥은 없지만 차를 타고 해변에 가서 돛단배를 볼 수 있지요. 이처럼 두 문화 사이에서 자유롭게 배회하면, 너무 시끄럽지도 너무 적막하지도 않답니다. 『고향을 찾아 서쪽으로』에서, 제가 전에 아빠에게 써드렸던 대련對聯에 대해 언급하셨죠. "높은 지위에 있을지라도 산림의 기풍이 없어서는 안 되며, 산림 속에 살고 있더라도 조정의 경륜을 품고 있어야만 한다居軒冕之中, 不可無山林的氣味, 處林泉之下, 須要懷廊廟的經綸."(『채근담菜根譚』 전집前集 제27장—옮긴이) 그리고 제 말도 인용하셨지요. "현대인의 눈으로 산을 보면, 전혀 오염되지 않은 인간 세상의 정토와 같은 느낌이 든다. 반면에 늘 깊은 산속에서 사는 사람이라면 대도시의 문화적 숨결을 자주 느끼는 것이 좋다." 그때 저는 도시 문화와 시골 문화의 상호관계에 대해 말하고자 했답니다. 아빠는 집 뒤에 있는 풀밭을 너무 좋아하셔서 날마다 책 읽고 글을 쓴 다음에는 그곳에서 일하고 거닐고 명상하시죠. 아빠의 친구 분이 '진융 소설 연구토론 모임'에서 농담 삼아 아빠를 '콜로라도의 늙은 농부'라고 하신 것도 당연해요. 지금 아빠는 충분히 안정된 상태이시니까, 북적거리고 다양한 도시 문화와 좀더 가까워지실 필요가 있어요. 그래야 인생이 더 풍부해질 수 있으니까요.

　최근 2년 동안 저는 영어로 된 책을 많이 샀어요. 중국어로 된 책도 좀 샀고요. 며칠 전에는 1930년대의 화보인 『양우良友』 복사본을 800달러에 샀어요. 앞으로는 일차 자료를 더 많이 구입하려고 해요. 방금 『양우』를 들춰봤는데, 마치 역사책을 읽는 것처럼 재미있어요. 겨우 몇 시간 읽었을 뿐인데도 시간이 정말 냉혹하다는 걸 알 수 있었답니다. 그 당시에 유행하던 그 많은 것이 몇십 년이 흐르는 사이에 도태되었지요. 게다가 훌륭한 것들도 그 당시 소위 주류 문화에 의해 소홀히 취급되었고요. 『양우』를 통해서 1930~1940년대의 상하이 도시 문화에 대해서 어느 정도 이해하게 되었답니다. 역사란, 자신이 직접 발견하고 해석해야만 해요. 단지 교과서에만 의지해서는 안 되겠지요.

샤오메이 올림
1998년 8월 6일

샤오메이!

나와 네 엄마가 한두 해 뒤에 메릴랜드에 정착했으면 하는 너의 바람에 대해서는 잘 생각해봐야겠구나.

사실 나 역시 너희와 함께 지냈으면 좋겠다. 다만 이곳을 떠나는 것이 아쉽구나. 어제는 차를 몰고서 산속에 있는 작은 성으로 놀러갔단다. 가는 길에 눈앞의 푸른 하늘을 보면서, 그것이 진짜인지 믿을 수가 없을 정도였어. 너무도 투명하고 깨끗하고 높은 하늘이라, 떠나기가 아쉬웠단다. 차를 몰고 가면서, 영원히 도달할 수 없는 푸른 하늘이라는 것을 분명히 알면서도 꿈나라를 향해 달려가는 것 같은 기쁨이 일었어. 그때 나는 도취감에 빠졌을 뿐 아니라 행복감도 느꼈단다. 큰 바다에서 떠다니면 침몰할까 걱정되겠지만, 푸른 하늘에 빠져들면 상상의 나래를 펼치게 되고 즐겁지. 볼더에 온 뒤로 대자연에 대한 감각이 날로 예민해지고 있단다. 인간의 존엄과 가치는 대자연의 투명함과 깨끗함과 높음과 떼놓을 수 없다는 생각이 들어. 네가 있는 그곳의 하늘도 이토록 사람의 마음을 잡아끄는지 모르겠구나.

그리고 집 뒤에 있는 풀밭은 더더욱 떠날 수가 없단다. 진융 소설 연구토론 모임을 열었을 때, 풀밭에서 60~70명의 친구와 파티를 열었지. 이곳을 처음 본 손님들은 모두 놀라며 의아해했단다. 일본의 오카자키 유미岡崎由美는 풀밭을 몇 바퀴씩이나 걸으며 믿을 수 없다는 듯 말하길, 이런 풀밭이 일본에 있다면 기적이라고 했어. 내가 이 풀밭을 좋아하는 건, 이곳에 앉아 있으면 마음이 차분해지기 때문이야. 풀밭 위에는 너와 네 동생이 보내준 흔들의자가 놓여 있단다. 그 흔들의자에 앉아서 셰익스피어의 『한여름 밤의 꿈』이나 진용의 『천룡팔부天龍八部』를 읽는 거야. 얼마나 행복한 일인지 생각해보거라.

5년 동안 푸른 하늘과 풀밭과 풀밭 위 자작나무가 내 곁에 '장場'을 형성했단다. 이것이 물리적 장인지 아니면 심리적 장인지, 물질감각의 장인지 아니면 영감의 장인지 명확하게 말할 수가 없구나. 일단은 '생명의 장'이라고 부르자. 나는 나무 아래에서 사색에 푹 빠져든단다. 정말 이상하게도, 바로 그때 나 자신을 유달리 명확히 볼 수가 있어. 마음속에 아직 남아 있는 경박함과 역사가 남긴 상처를 보게 되지. 모든 결함이 유달리 뚜렷하게 드러난단다. 더 이상한 것은, 바로 이 장 안에 있을 때 내 몸속에 있는 문화의 맥이 완전히 뚫리고 생각에 막힘이 없음을 느끼게 된다는 거야. 『홍루몽』이나 셰익스피어의 작품을 펼쳐놓고 있으면, 책에 나오는 인물 하나하나가 명확해지는 느낌이 들지. 그 순간, 작품에 나오는 그녀들을 묘사하고 싶은 충동이 생겨나는 동시에 언어의 무력함을 느끼게 된단다. 아무리 많은 말로도 그 순간의 감각을 표현할 수 없거든. 그것은 그 어떤 개념이나 이념에 의해서도 차단되지 않은 감각이야. 대자연의 생명의 장에서 뿜어져 나오는 가장 맑고 산뜻한 감각이란다.

내가 지리 문화에 대해 많이 공부하지는 않았지만, 지리 환경이 모든 것을 결정할 수 있다는 건 믿지 않아. 하지만 서로 다른 자연환경과 역사 문화의 전통이 생명의 장을 만들어낸다는 건 믿는단다. 이런 생명의 장을 자연과학의 언어로는 묘사하기가 어렵지만, 중국 문화의 특수한 범주인 '기氣'를 통해 묘사한다면 '기'의 장이라고 부를 수 있을 거야. 중국의 유연幽燕 지역(전국 시대에는 연燕나라에 속했고 당나라 이전에는 유주幽州에 속한 지역으로, 오늘날 허베이河北 북부 및 랴오닝遼寧 일대—옮긴이)에는 협기俠氣(호협한 기)가 많고, 강절江浙(장쑤江蘇와 저장浙江) 일대에는 여기戾氣(포악한 기)가 많지. 우타이五臺산과 어메이峨嵋산에는 상기祥氣(상서로운 기)가 많아서, 많은 사원과 스님이 이곳에서 나왔을 게다. 이상은 중국인의 공통된 느낌일 거야. 베이징은 관기官氣(관료적 기)가 많고, 상하이는 상기商氣(상업적 기)가 많다는 것 역시 중국인의 공통된 느낌이란다. 저우쭤런周作人은 「상하이의 기上海氣」라는 글에서, '상하이의 기'는 유난히 밉살스럽다고 말했지. 저우쭤런은 온화한 사람이었지만 '상하이의 기'에 대해서는 가차 없이 비난했어. 그는 이렇게 말했단다.

난 중용주의자이다. 나는 한담을 좋아하지만 '상하이의 기'를 지닌 한담은 좋아하지 않는다. 정도가 너무 지나친 데다 용속하기 때문이다. 상하이는 서양인의 식민지였고, 매판 건달과 매춘부의 문화로 뒤덮여 이성과 풍격이라곤 조금도 없다. 이런 상하이의 정신이 상하이의 기가 되어 곳곳으로 퍼져나갔다. 그 결과, 상하이의 기를 지닌 밉살스러운 문장들이 허다하게 만들어졌다. (…) 상하이 문화는 재색財色이 중심이고, 퇴폐적인 공기가 일반 사회에 가득하다. 이곳에서는 간절히 바라며 열렬히 추구하는 것을 찾아볼 수 없다. 그 결과 욕망에 만족하고 마는 냉소적인 태도만이 남아 있다.

저우쭤런은 이 글을 1926년에 썼단다. 그때로부터 70여 년이 지난 지금, '상하이의 기'가 약화되었는지는 잘 모르겠구나. 그런데 문화대혁명 이후, 베이징 역시 '상하이의 기'에 많이 물들었다는 건 확실히 알아. 그래서 문학의 언어 역시 정도가 지나쳤고, 세상에 냉소적인 건달 문학이 생겨났지. '상하이의 기'가 이미 '곳곳으로 퍼져나갔다'는 저우쭤런의 말은 불행하게도 들어맞았단다.

유연 지역의 호협한 기와 어메이산의 상서로운 기는 이미 사라진 반면, 상하이의 냉소적인 기는 곳곳으로 퍼져나가고 강절의 포악한 기가 전국에 성행하고 있어. 나는 '맑고 산뜻한 기'를 지닌 곳을 동경한단다. 로키산맥과 우리가 살고 있는 작은 도시에는 정말로 맑은 기가 깃들어 있어. 난 그것을 아주 구체적으로 느낄 수가 있단다. 로스앤젤레스의 서래사西來寺 스님은 늘 산에서 맑은 기를 받아들이고 대우주의 일깨움을 받는다고 해. 내가 이곳에서 쓴 글들이 중국에서 쓴 것보다 원망이 적은 까닭도 아마 이 맑은 기 덕분일 거야.

이 생명의 장에서 언제나 나는 곁에 있는 풀들을 본능적으로 어루만진단다. 한 포기 한 포기의 작은 풀이 어쩌면 그리도 부드러우면서 강인한지, 이 세상에서 내가 사라진 뒤에도 이 풀들은 계속 살아갈 거야. 이 녹색의 군체는 하늘의 뭇별처럼 영원히 존재하겠지. 광대한 하늘도 신비하고 곁에 있는 작은 풀들도 신비하단다. 내가 어루만지는 것은 작은 풀이지만, 내가 접촉하는 것은 영원이란다. 바로 이곳에서 나는 스스로에게 물어본단다. '왜 고국을 떠나 이곳으로 왔는가? 이곳에는 친구도 친척도 없고 삶을 가득 채워줄 영광도 없다.' 하지만 난 즉시 대답할 수 있단다. '이곳은 나에게 가장 진실하고 가장 믿음직스러운 곳이다. 오직 여기에서만이 사색이 교란되지 않고, 내가 정말로 원하는 곳에 내 마음을 둘 수 있다. 내 마음을 우주에 두기도 하고, 역사에 두기도 하고, 자연에 두기도 하고, 꿈과 명상 속에 두기도 하고, 꽃과 풀잎에 두기도 한다. 모든 것은 나의 선택에 의해 이루어진다.' 사람들은 오로지 자신의 무거운 육신이 기거할 곳만 찾을 줄 알아. 심지어는 육신을 위해 휘황찬란한 전당을 만들기도 하지. 하지만 아주 소수의 사람들만이 마음을 위한 장소를 찾는 게 얼마나 중요한지 안단다. 마음이 편히 머물 수 있고, 자유롭게 사색하고 자유롭게 표현할 수 있는 그런 곳 말이지. 샤오메이, 내가 이곳을 떠나 너희가 있는 그곳으로 가게 된다면 바로 이런 장소를 잃을까 두렵구나.

아빠가
1998년 10월 8일

삶 속의 죽음

아빠!

황강의 아버지께서 돌아가신 지 벌써 1년이 지났어요. 작년에 저는 황강과 뉴욕에서 메릴랜드로 온 다음에 곧장 그의 아버지와 2년 전에 돌아가신 그의 어머니를 위한 묘지를 찾기 시작했답니다. 우리는 열 군데도 넘는 곳을 계속 둘러봤고 결국엔 묘지공원 하나를 골랐지요. 파크론Parklawn이라고 하는데, 메릴랜드대에서 차로 20분 걸리는 곳에 있어요. 이 묘지공원은 아주 조용하고 아름다워요. 모든 묘비는 잔디에 뉘여 있고 세워져 있는 묘비는 거의 없어요. 푸른 잔디는 빽빽한 숲에 둘러싸여 있고, 잔디 위에는 가족들이 보내온 온갖 색깔의 생화가 놓여 있으며 비탈 위아래로는 연무가 깔려 있답니다. 그 사이를 걷다보면 마음속에는 오직 그리움과 추억뿐이지요. 삶과 죽음의 경계는 지적

지간이에요. 뚜렷하기도 하고 모호하기도 해요. 녹음과 꽃향기와 햇빛이, 하늘과 땅처럼 이곳에서 영원히 어우러져서는 우담화가 꽃을 피운 듯한 환상을 만들어낸답니다. 우리는 황강의 부모님이자 저의 시부모님이신 그분들을 여기 아름다운 하늘과 땅에 묻어드렸어요. 상서로운 기운이 그분들의 아름다운 영혼과 영원히 함께하기를 기원합니다.

황강은 저와 동갑이에요. 그런데 2년이라는 짧은 시간에 그는 갑자기 부모님을 모두 잃고 말았지요. 그와 함께 얼마나 많은 눈물을 흘렸는지 몰라요. 외아들인 그는 부모님이 돌아가시자 홀로 남겨졌고, 제가 그의 가장 가까운 사람이 되었답니다. 그가 가장 유감스러워하는 것은, 부모님께 아직 보답도 못 해드렸는데 부모님이 그를 남겨두고 떠나신 거예요. 이는 황강에게 평생 만회할 수 없는 유감이겠지요. 최근 2년은 그에게 가장 힘든 시간이었어요. 왜 이렇게 고통스러운 일이 자신에게 잇달아 일어나는지, 그가 늘 저에게 물어요. 다른 사람의 부모님은 건강하게 살아 계신데, 왜 자기는 부모님을 다시 볼 수 없는지 물어요. 그가 이런 질문을 할 때마다 저는 아무 대꾸도 하지 않죠. 그저 그를 위해 마음 아파할 뿐이에요. 앞으로 분명히 천국에서 부모님과 다시 만날 날이 있을 거라고, 그에게 위로의 말을 건네는 수밖에 없답니다. 황강의 부모님은 모두 기독교인이셨고 그도 기독교인이기 때문에 저의 그런 말을 통해서 그는 위로를 받아요. 천국에서 부모님과 만나기 위해서라도 반드시 삶에 새롭게 임하고 계속해서 삶을 사랑해야 하는 거죠. 만약 그가 죽음 이후의 세계를 믿지 않는다면, 저는 그를 어떻게 위로해야 할지 알 수 없을 거예요.

아빠! 아빠는 일곱 살 때 아버지를 여의셨는데 그런 슬픈 일을 어떻게 마주하셨어요?

유물론자는 과연 어떻게 죽음을 대면할까요? 유신론자보다 더 대범할까요? 차라리 저는 사람이 죽은 뒤에 가는 천국과 지옥이 있다고 믿겠어요. 차라리 저는 먼 하늘에 주재자가 있다고 믿겠어요. 차라리 저는 윤회와 환생, 열반과 해탈을 믿겠어요. 이런 초현실적인 신앙은 제가 생명의 비밀을 더 존중하게 해주고 세계를 이해하는 또다른 시각을 갖게 해준답니다. 공자는 "삶도 모르는데, 어찌 죽음을 알겠느냐?"라고 했지요. 하지만 저는 죽음을 이해하지 못하면 마찬가지로 삶도 이해하지 못한다고 생각해요.

이미 돌아가신 푸웨이쉰傅偉勳 교수는 생전에 생사학 연구에 힘쓰셨어요. 그분이 추천하신 『티베트 사자의 서』를 읽은 적이 있어요. 이 책에서는 이렇게 말하고 있답니다.

생명의 본질은 마음에 있는데, 마음의 본질은 순수한 빛이다. 영원히 유동하는 현상세계는 결코 진실이 아니다. 모든 사물은 마음 혹은 마음 간의 관계의 반영이며, '절대의식'이 만들어낸 일반적인 힘을 통해 서로 연결되어 있다. 따라서 사후의 순간에 절대의식이 위대한 빛으로 표현되어 나온다. 이 빛은 만물을 생성하는 모체이고, 모든 생각의 근원이다. 그것은 외부 세계의 표상表象 속에 존재하는 게 아니다. 명상과 수행을 통해 자신의 존재를 의식했을 때만이 내재된 눈부신 빛을 체험할 수 있다. 위대한 시인과 수행자는 모두 이 빛과 하나로 융합되기를 바란다. 사후의 망령이 본질적이고 순수하고 눈부신 이 빛을 두려워하지 않는다면 윤회를 초월하여 열반에 도달할 수 있다.

확실히 이 책은 사자를 인도할 뿐만 아니라 산 자에 대한 '죽음 교육'이기도 해요. 이 책에서 말하는 빛은 죽은 자가 육체에 집착하지 않도록 인도해주지요. 마찬가지로 우리 살아 있는 사람들도 죽음을 두려워하지 말고, 현세의 눈부시고 찬란한 표상에 미련을 두지 말고, 자아의식에서 당혹과 혼란을 빚어내지 말고, 진실과 마주하고 우리 생명의 본질을 껴안고 위대한 본성의 빛을 껴안으라고 가르쳐준답니다.

로빈 윌리엄스 주연의 〈천국보다 아름다운〉이라는 영화를 최근에 봤어요. 이 영화는 죽음에 관한 문제를 다루고 있지요. 로빈 윌리엄스가 맡은 남자 주인공 크리스는 선량한 소아과 의사예요. 그에게는 아들과 딸이 있고 진실로 사랑하는 아내가 있죠. 부부 모두 그림을 좋아해서 평소에도 그림으로 애정을 표현해요. 그런데 그의 행복한 가정에 재난이 닥쳐오죠. 먼저 그의 아들과 딸이 모두 교통사고로 죽어요. 그리고 그도 교통사고가 나서 인간 세상을 떠나 천국으로 가게 되죠. 이 천국은 바로 크리스의 것이에요. 그는 아내가 그려준 그림이랑 천국이 같은 모습이라는 것을 한눈에 알아봤죠. 그곳은 평화롭고 밝고 아름다운 대자연의 세계예요. 산과 강 사이에는 그가 아내와 함께 설계했던 '꿈의 집'이 있고, 모든 것이 더할 바 없이 아름다워요. 천국에서 그는 교통사고로 죽은 아들과 딸을 만나게 돼요. 그런데 머지않아 그는 아내가 고통을 견디지 못해 자살했다는 것을 알게 된답니다. 기독교에서는 자살을 용납하지 않기 때문에 그의 아내는 지옥으로 가게 되죠. 아내에 대한 사랑 때문에 그는 지옥으로 가서 아내를 구하기로 결정해요. 아내는 어둠과 고통 속에 빠져 있었기 때문에 크리스를 알아보지 못하고 크리스의 충고와 안내 역시 들으려 하지 않았답니다. 결국 크리스는 천국을 포기하고 지옥에서 영원히 아내와 함께하기로 결정하지요. 이 결정이 아내를 감동시키고 일깨워주었죠. 그래서 그들은 영화의 마지막에서 함께 천국으로 돌아가요. 그들의 '꿈의 집'으로 돌아간 거죠.

　놀라운 건 이 영화의 촬영언어예요. 아주 독특한 방식으로 우리를 그림 같은 천국으로 데려가죠. 그 천국에서 가장 사람을 매료시키는 것은 너무도 아름다운 빛깔이에요. 인상파의 선명한 색조를 띤 형형색색의 빛깔이 밝은 빛의 움직임과 어우러지면서, 순식간에 변화하는 자연의 아름다움을 나타내주죠. 크리스가 자신의 천국에서 걷는 장면은 마치 선명한 물감 위를 걷는 것처럼 하나하나의 표현이 모두 생동적이에요. 영화 전체가 회화적 상상력과 결합되어 색채의 언어로써 사유하고 대화한답니다. 모든 색채가 생각과 명상에 잠기도록 만들어요. 저는 현악 연주 같은 천국의 색채에 푹 빠져서, 그 또렷하고 사랑스러운 '심상心像'을 저도 모르게 사랑하게 되었답니다. "천국은 당신의 마음속에 있고, 지옥도 당신의 마음속에 있다"는 주제를 충분히 표현한 영화예요. 크리스의 개인화된 천국은 바로 그의 '심상'으로, 그가 살아 있을 때 꿈꾸었던 곳이지요. 그의 아내가 지옥으로 가게된 것 역시, 그녀의 마음속에 고통과 어둠과 죽음이 가득해서 마음속의 지옥으로부터 스스로 벗어날 수 없었기 때문이지요. 결국 크리스의 굳건한 사랑이 아내의 심상을 변화시켰고, 두 사람은 기적처럼 함께 천국으로 돌아가 다시 살게 되지요.

사후의 세계가 어떤지 저는 몰라요. 불교에서 말하는 윤회일까요? 기독교의 천국과 지옥일까요? 저는 동생처럼 기독교를 선택하지 않고 엄마처럼 불교를 택했지만, 하느님을 믿고 신령을 믿어요. 만물은 각자 돌아갈 곳이 있음을 믿고, 선량한 사람은 아름다운 영혼을 지니고 있음을 믿고, 육체가 죽은 다음에도 아름다운 영혼은 여전히 존재함을 믿어요. 또 우리 살아 있는 사람은 끊임없이 수행하며 마음속의 정토를 보존하기 위해 노력해야 한다고 믿어요. 신앙이 사라져가는 20세기 말, 욕망이 과도하게 팽창하는 세계 속에서 우리는 자기 마음속의 천국을 더욱더 지켜내고, 큰 용기를 가지고 마음속의 눈부신 빛을 직시해야 해요.

황강은 부모님을 잃은 고통을 평생 잊지 못하겠죠. 하지만 그는 전보다 많이 성숙해졌어요. 2년 새에 우리가 받은 '죽음 교육'은 지금 가진 모든 것을 더 귀중하게 여기도록 해주고, 정신없이 바쁜 중에도 삶과 죽음에 대해 생각하는 것을 잊지 않게 해준답니다.

샤오메이 올림

1998년 11월 2일

샤오메이!

아버지가 돌아가셔서 황강은 슬픔에 빠졌고, 그의 영향을 받아서 너의 글에도 '슬픔의 안개'가 가득하구나. 너희가 그런 감정을 갖게 되는 건 정말 드문 일이지. 전에는 네가 종교와 거리가 멀었는데, 황강의 아버지가 돌아가신 뒤로 신에게 가까이 다가섰구나. 나는 무신론자이지만 종교를 존중한다. 종교와 유사한 너의 독특한 신앙도 지지하고. 하느님을 믿고, 만물은 각자 돌아갈 곳이 있음을 믿고, 육체가 죽은 다음에도 선량한 사람의 영혼은 여전히 존재함을 믿고, 우리 살아 있는 사람은 끊임없이 수행하며 마음속의 정토를 보존하기 위해 노력해야 한다고 믿는 것, 이게 너의 신앙이지.

죽음에 대한 너의 사색은 적극적이구나. 슬픔이란, 의기소침함을 의미하는 소극적인 게 결코 아냐. 나 역시 죽음에 대해 자주 생각한단다. "삶도 모르는데, 어찌 죽음을 알겠느냐?"라는 공자의 명제에 네가 관심을 기울였지. 나는 "죽음을 모르는데, 어찌 삶을 알겠느냐?"라는 하이데거의 철학을 좋아한단다. 이 상반된 두 명제 모두 일리가 있지만 난 후자를 더 좋아해. 그건 아마도 죽음에 대한 인식이 생명과 생활에 대한 인식을 더 심화시켜주기 때문일 거야. 즉 죽음에 대한 깨달음은 내일이 아닌 오늘을 위한 거야. 내일의 천국을 위해서가 아니라 바로 오늘 더 적극적으로 온갖 지옥을 허물기 위해서란다. 외부의 지옥(사회)과 내부의 지옥(자아)을 모두 허물기 위해서지. 지옥은 영원히 존재하는 것이며 어떻게 해도 허물 수 없다고 종교철학자들은 말하겠지. 하지만 나는 불가능하다는 걸 알면서도 그것을 허물고자 한단다. 지옥, 무엇보다도 '자아'라는 이 최후의 지옥에 도전하고자 한단다.

자아라는 지옥은 어디에나 존재하지. 그것은 네가 어딜 가든 너를 따라다니는 지옥이란다. 허영의 추구, 끝없는 욕망, 타인에 대한 배척과 질투의 사념邪念, 분발하기를 멈춘 나태, 먼지 같은 성취가 빚어낸 교만 등이 모두 자아의 지옥이란다. 어쨌든 인간은 죽는다는 것을 생각하면, 이런 욕망(사념)이 허망하게 느껴지지. 그리고 인간이 최후에는 피할 수 없는 공허 속으로 떨어지게 된다는 것을 생각하면, 인간 세상의 눈부신 허영이 죄다 아무런 의미도 없다는 것을 느끼게 된단다. 난 네가 청춘일 때, 자아의 지옥에 대해 깨닫기를 정말 바란단다. "타인은 자아의 지옥"이라는 사르트르의 명제에 주목해야 하지만, "자아는 자아의 지옥"이라는 명제에 더 주목해야 해. 앞의 것은 네가 온갖 압력과 유혹 앞에서도 독립적으로 꿋꿋하게 결정을 내릴 수 있도록 도와준단다. 한편 뒤의 것은 네가 허황된 생각과 제멋대로의 행동을 일삼는 미치광이가 되지 않도록 깨어 있으면서 겸손할 수 있게 도와준단다.

죽음에 관한 철학적 사색은 굉장히 풍부하단다. 거의 모든 철학자가 죽음에 대한 견해를 내놓았지. 하지만 나에게 가장 큰 영향을 주었고 내가 적극적으로 생활할 수 있도록 도와준 것은 중학교 시절에 읽었던 셰익스피어의 말이란다. 셰익스피어는 이렇게 말했지.

생명이라는 것은 도대체 귀중하게 아낄 가치가 있는 것인가? 우리의 생명에는 천만 번의 죽음이 감추어져 있다. 하지만 우리는 이 모든 고통을 끝내줄 죽음을 그토록 두려워한다.

『자에는 자로Measure for Measure』에 나오는 이 말을 난 지금까지도 외우고 있단다. 이 말은 죽음에 대한 공포를 덜어줄 뿐만 아니라 우리가 시간을 더 아껴가며 열심히 생활하고 생활을 끌어안도록 해주지. "우리의 생명에는 천만 번의 죽음이 감추어져 있다." 이는 모두가 경험하고 있는 생명의 사실임에도 불구하고 이를 의식할 수 있는 사람은 극히 드문 생명의 진리란다. 셰익스피어가 이 진리를 일깨워주었고 소년 시절에 이 진리를 알게 해줘서 나는 정말 그에게 감사해. 그의 말은 총체적인 죽음에 대해서 깨닫게 해주는 것은 물론, 생명의 모든 과정에 있는 매번 매번의 죽음에 대해서도 자각적이고 지속적으로 깨닫게 해주지. 이런 죽음을 일상의 죽음이라고 한다면, 나의 적극적인 생활 태도는 모두 일상의 죽음에 대한 깨달음에서 비롯된 것이라고 할 수 있단다. 흰 머리카락이 처음 생겨났을 때부터 나는 생명의 일부가 이미 시들고 있음을 의식했어. 흰 머리카락 한 올의 출현이 한 차례의 죽음이지. 적극적으로 나아가려는 생각을 스스로 내

쳐버리는 것이 한 차례의 죽음이지. 아름다운 날을 헛되이 보내는 것이 한 차례의 죽음이지. 자신의 영혼과 밀접하게 연결되어 있는 스승과 친지와 친구의 죽음은 자신의 혈맥 일부가 죽는 것을 더욱 구체적으로 느끼게 한단다. 진지하게 독서하고 글을 쓰고 열심히 일해서 깨달음이 있는 밤이면, 이날 밤의 생명이 살아 있음을 느낀단다. 하지만 만약 무료한 탄식으로 이날 밤을 소모한다면, 이날 밤의 생명이 이미 죽어버렸음을 느끼게 된단다. 이날 밤의 생명은 붙잡을 수 없는 어둠의 일부가 되어버리고 마는 것이지.

문화대혁명의 10년 세월 동안 내 생명은 기나긴 공백이었단다. 그때 나는 날마다 여러 차례의 죽음을 느꼈어. 정직한 생각을 날마다 여러 번 죽이려 했고, 진실한 마음을 날마다 여러 번 매장하려 했단다. 심지어는 그때까지 쌓아온 지식과 도덕적 신념마저도 시대의 세찬 흐름과 함께 죽어버릴 뻔했지. 광란의 정도가 가장 심했던 시절에는 부모님과 스승에 대한 사랑마저도 죽음에 직면했단다. 이러한 죽음을 금방 의식하고서 굽히지 않고 그 죽음에 맞서 싸웠다는 것이 나의 영광이란다. 이런 의미에서의 전사라면, 나는 '전사'라는 칭호를 기꺼이 받아들이련다.

아빠가
1998년 11월 4일

여명을 만끽하다

아빠!

아빠랑 통화하면서 많은 걸 하소연했지요. 현대 여성들은 정말 힘들답니다. 두 어깨가 모두 무거워요. 가르치고 연구하는 것만으로도 한쪽 어깨가 무거운데, 이제 아이를 낳아 길러야 하는 무거운 짐까지 다른 쪽 어깨에 짊어지게 되니 부담을 이겨내기가 더 힘들어요.

아빠가 말씀하시길, 5·4 운동의 최대 수혜자는 여성 지식인이라고 하셨죠. 임대옥이나 설보채薛寶釵(『홍루몽』의 등장인물) 같은 여성들이 집에서 나가 사회로 진입하여 남성과 마찬가지로 자신의 명성과 업적을 쌓을 수 있게 해주었다고 하셨어요. 혹시 비꼬려는 의도가 담긴 말씀이 아닌지는 잘 모르겠어요. 물론 5·4 운동은 여성의 사회적 지위를 향상시켰고, 여성에게 전통적 윤리

관념의 속박에서 벗어난 자유를 가져다주었지요. 하지만 여성의 어깨에는 무거운 짐이 더해지기도 했답니다. 가정에 대한 부담 외에 사회적 부담이 더해진 거죠.

인간사회 곳곳에 역설이 가득하답니다. 여성이 사회로 진입하는 것이 해방이라고 말하는 데에는 물론 충분한 이유가 있지만, 여성은 부엌에서 밥이나 하고 한가할 때 책을 읽으라는 말에도 일리가 없는 건 아닌 것 같아요. 저는 지금 여성의 두 어깨가 짊어져야 하는 이중의 중압감을 받고 있어요. 두 다리의 힘이 쫙 빠질 정도의 중압감이랍니다. 만약 황강이 생활비를 충분히 벌 수 있다면, 저는 가정주부로 사는 것도 괜찮을 것 같아요. 집안일을 한 뒤에 안정된 마음으로 책을 읽고 글을 쓰면서 임대옥이나 설보채와 같은 평온함과 홀가분함을 만끽하는 거죠. 임대옥과 설보채의 시 모임은 사회로 진입하지 않았기 때문에 그녀들의 뛰어난 작품이 출판되어야 할 필요도 없었고 명성으로 인한 피곤함도 없었지요. 가정과 사회의 스트레스에 눌려 조각난 지금의 저와 달리, 그녀들의 생명은 온전할 수 있었어요. 시간만 조각난 게 아니라 정신마저도 집중하기 어려워요. 사람들이 그 조각을 알아채지 못하는 건, 그저 제가 온힘을 다해서 버텨낸 결과랍니다.

이중의 부담에 눌리고 있더라도, 부지런하다면 그럭저럭 대처해나갈 수 있겠죠. 하지만 저는 천성적으로 아빠처럼 그렇게 부지런한 사람이 아니잖아요. 저는 잠을 많이 자는 나쁜 버릇이 있어요. 잠이 충분하지 않으면 머리가 멍해지고 생기가 없어져요. 지금 뱃속에 아기가 있어서 게으름의 변명거리가 되기도 하고요. 사실 지금의 이런 정신 상태는 저도 마음에 들지 않아요. 그런데도 일찍 일어나지 못하는 습관을 고칠 수가 없어요. 다행히 오전에는 수업이 없어요. 그렇지 않다면 전 날마다 자유를 구속당한 느낌이 들 거예요. 이건 아마도 제가 어렸을 때 아빠와 엄마가 길러주신 습관이겠죠. 아니면 제가 열여덟 살 때 앓은 뒤의 후유증일 수도 있고요. 저의 정신 상태에 대해서, 정말로 아빠의 '구원'이 필요해요!

샤오메이 올림
1998년 12월 5일

샤오메이!

네가 늦잠 자길 좋아하는 건 다 내 탓이란다. 네가 어렸을 때 내가 진지하게 일깨워주지 않아서 그런 거니까. 그런데 이것이 네 장래의 성취에 영향을 미칠 수도 있겠다는 생각이 드는구나. 너의 생활 방식이 바뀌길 바라면서, 오늘은 편지로 조언해줄 수밖에 없겠구나. 글쓰기에 쫓겨서 부득이하게 밤을 새야 하는 경우 외에는 꼭 일찍 일어나려무나.

낮잠을 자야만 하는 게 내 단점이라면, 아침 일찍 일어날 수 있다는 건 내 장점이야. 린위탕林語堂이 『생활의 발견生活的藝術』에서 말하길, 밤에 잠자기 전과 아침에 일어난 후에 책 읽는 습관이 그에게 무척 유익하다고 했지. 그의 말에 나도 정말 동감한단다. 아침에 읽고 깨달은 바를 낮에 다시 생각해본다면 자신의 지식으로 만들 수 있지. 마음속으로 들어간 그 지식은 자신의 혈맥과 심성이 된단다. 이렇게 오랜 세월 쌓이면, 그 역량은 가늠하기 힘들 정도로 엄청나단다.

네가 『증국번가서曾國藩家書』를 읽어보았는지 모르겠구나. 편지에서 증국번은 동생에게 일찍 일어날 것을 거듭 당부했어. "'교만'을 없애기 위해서는 경솔하게 남을 비난하거나 비웃지 않는 것을 진리로 삼아야 한다. '게으름'을 없애기 위해서는 늦게 일어나지 않는 것을 진리로 삼아야 한다."(함풍咸豊 11년 정월 초나흗날) 증국번의 이 말은 내가 늘 떠올리는 것이란다. 교만함과 게으름을 경계하려면 이 두 가지 '진리'를 기억해야 해. 증국번은 집안의 자제들에게 다음의 여덟 가지 근본을 가르쳤단다.

- 옛 책을 읽을 때는 훈고訓詁를 근본으로 하라.
- 시문詩文을 지을 때에는 성조聲調를 근본으로 하라.
- 부모님을 봉양할 때에는 마음을 기쁘게 해드리는 것을 근본으로 하라.
- 양생養生을 위해서는 분노를 줄이는 것을 근본으로 하라.
- 입신立身하기 위해서는 함부로 말하지 않는 것을 근본으로 하라.
- 집안을 다스리기 위해서는 늦게 일어나지 않는 것을 근본으로 하라.
- 관직에 있을 때에는 돈을 요구하지 않는 것을 근본으로 하라.
- 군사를 부릴 때에는 백성에게 폐를 끼치지 않는 것을 근본으로 하라.

너는 이미 다른 사람의 스승이니 내가 이래라저래라 하기가 조심스럽지만, 증국번의 이 여덟 가지 근본을 네가 거울로 삼는다면 많은 도움이 될 거야. 그중에서도 특히 "입신하기 위해서는 함부로 말하지 않는 것을 근본으로 하라. 집안을 다스리기 위해서는 늦게 일어나지 않는 것을 근본으로 하라"는 말은 우리가 함께 기억할 만한 가치가 있어. 증국번을 어떻게 평가해야 할 것인가는 현재도 그렇고 앞으로도 여전히 논쟁거리란다. 하지만 인격은 정치적 측면과는 또다른 것이지. 그의 인격과 품성은 존경할 만

하단다. 그는 고위 관료였지만 자기 아들 증기홍曾紀鴻에게 이렇게 말했어. "남들은 자손이 고관대작이 되길 바라지만 나는 그렇지 않다. 난 나의 자손이 독서하며 이치를 아는 군자君子가 되길 바란다." 증국번은 자신이 "20년 넘도록 관료로 지내면서 관료사회의 풍조에 감히 물든 적이 없다"고 말했어. 그는 아들에게 사치스럽고 나태한 풍조에 물들지 말라고 충고하면서, "책읽기와 글쓰기를 그쳐서는 안 되고, 아침에 일찍 일어나야 한다. 내 아버님과 숙부께서도 모두 동틀 녘에 일어나셨다"고 말했단다.

일찍 일어나는 것은 생활의 작은 일부분에 불과한데, 증국번은 이것을 왜 그토록 중요하게 여기면서 거듭 당부했을까? 최근에 나는 분명히 알게 되었단다. 증국번은 관직의 높고 낮음이 아닌, 사람의 생명의 상태를 염두에 두었다는 것을 말이다. 일찍 일어나는 것, 이것은 바로 건강하고 진취적인 생명의 상태란다.

네가 늦게 일어나는 건, 여명을 만끽하는 즐거움을 알지 못하기 때문일 거야. 만약 네가 습관을 고쳐서 날마다 여섯 시에 일어날 수 있다면, 하루 중 가장 아름다운 시각이 바로 여명이라는 걸 느낄 수 있을 거야. 여명 속의 맑은 공기와 부드러운 아침 햇살은 심성을 기르는 데 가장 좋은 약이지. 우주와 인간 세상과 생활에 대한 사랑을 나는 대부분 여명 속에서 얻었단다.

이번 여름, 나는 날마다 이른 새벽에 원두막 곁에서 책을 읽었어. 아직 태양은 뜨지 않은 때이지만 대지에 흩뿌려진 새벽빛을 볼 수 있지. 새벽빛 속에서 생각에 잠겨 있다보면, 천지의 맑은 공기와 상서로운 기운이 책과 가슴속으로 흘러들어와서 인간 세상에 대한 수많은 편견을 말끔히 씻어내는 것을 느낄 수 있단다. 바로 이때 글을 쓰면 조급함이나 난폭한 기운이 글속에서 자연스럽게 줄어들지. 망언의 대부분은 머리가 맑지 않은 때에 나오기 마련이야. 망언을 던져버릴 수 있게 여명이 늘 나를 일깨워준단다. 언제나 나를 고무시키는 카뮈의 말이 있단다.

> 이 한 줄기 빛이 나를 아련하고도 숨 막히는 기쁨으로 가득 채워준다. (…) 만약 아직도 불안이 자리한다면, 그것은 잡을 수 없는 순간이 마치 수은 방울처럼 손가락 사이로 미끄러져 나가는 것을 느끼기 때문이다. 세상으로부터 떨어져 있고자 하는 이들을 가만히 내버려두자. 이 시각 나는 나 자신의 탄생을 보고 있기 때문에 더 이상 서럽지 않다. 나는 이 세상에서 행복하다. 이 세상이 바로 나의 왕국이기 때문이다.

카뮈의 『작가수첩』에 나오는 거야. 여명의 빛을 보면서 나도 두려움과 기쁨이 뒤섞인 느낌이 든단다. 여명의 빛이 사라지는 것이 두려워. 기쁨과 자신감을 준 빛이 소실될까 두렵단다. 여명의 빛이야말로 신성을 지니고 있는 대자연의 정화精華란다.

아빠가
1998년 12월 10일

부성애의 방식

아빠!

이 편지를 쓰는 오늘은 마침 미국의 '아버지 날'이랍니다. 요즘 졸업논문을 쓰느라 바빠서 아빠께 카드와 선물 부쳐드리는 걸 잊었어요. 저를 탓하시진 않으시겠죠? 아버지의 날이 미국인의 기념일이긴 하지만, 제가 지금 미국에 있으니 이곳 풍속도 따라 야겠지요. 게다가 제가 아버지 곁에 없는 만큼 더더욱 이날을 잊으면 안 되는 것이지요. 제 마음에서 아빠는 아주 특별한 아버지 예요. 평범한 아버지가 줄 수 있는 사랑을 저에게 주셨을 뿐만 아니라 제 마음의 친구이시기도 하죠.

중국의 전통적인 아버지는 항상 지나치게 엄숙해요. 마음은 아무리 약하더라도 권위 있는 이미지를 세우려고 하지요. 마치 그렇게 하지 않으면 자식이 올바른 길을 가지 않고, 공명을 추구하지 않고, 효도를 다하지 않을 것처럼 말이에요. 그런데 아빠는 달라요. 열 살 전에 저는 아빠를 1년에 한 번밖에 볼 수 없었지요. 그때 아빠와 엄마가 서로 다른 곳에서 사셨기 때문에 전 아빠를 기다리면서 묵묵히 성장할 수밖에 없었어요. 푸젠의 산간지역에서 살면서 저는 친구들에게 늘 자랑했답니다. 우리 아빠는 베이징에서 사시고 마오毛 주석을 만나신 적도 있다고 말이지요. 날마다 아버지의 사랑을 받고 있던 친구들이 다 저를 부러워했어요. 아빠는 저를 보러 오실 때마다 각별히 신경 써주셨어요. 입고 먹는 것을 아끼신 걸로 베이징의 초콜릿과 베이컨을 사오셨죠. 산간지역에서는 보기 드문 것들이었지요. 아빠는 이야기도 많이 해주셨어요. 소설 이야기, 아빠가 직접 '지어내신' 이야기가 모두 저의 '몽매한 상태'를 깨우쳐주었고, 덕분에 저는 문학을 사랑하게 되었답니다. 나중에 저와 어머니는 아빠가 계신 베이징으로 이사를 갔고 얼마 뒤에 아빠께선 유명해지셨지요. 저에게 관심을 쏟으실 시간은 여전히 부족했지만, 제 기억에는 제가 저의 모든 일을 아빠에게 알려드리고 싶어했던 것 같아요. 제가 좋아하는 남자아이에 관한 일까지 말이지요. 아빠의 마음만이 저의 모든 것을 포용해줄 수 있었답니다. 저의 희로애락과 저의 '비밀' 모두를요. 아빠는 저에게 허위적인 위엄을 느끼지 않게 해주셨고, 서로의 마음이 통하게 해주셨죠. 우리 두 세대의 마음과 사상이 소통하는 가운데 저는 많은 영향을 받았고, 그것을 통해 저라는 존재를 만들어갔어요. 아랫세대의 마음과 통하는 자애로움이야말로 견고한 자애로움이지요.

주변에 있는 친구들은 모두 저랑 나이가 비슷해요. 그런데 저는 그들로부터 부모님과 진정한 대화를 나누기 어렵다는 원망을 자주 들어요. 부모는 늘 일방적으로 자식에게 효도하라고 요구할 뿐, 자신의 아이가 중국과 서양 문화 사이에서 방황하는 것은 전혀 모르지요. 게다가 개인의 생활공간은 부모일지라도 침범하면 안 된다는 것도 이해하지 못하죠. 저와 아빠 사이에는 여태껏 이런 심리적 장애물이 없었지요. 아빠와의 교류는 늘 저에게 따스함을 느끼게 해주었어요. 아빠의 마음은 너그러우셔서 우리가 대화할 때마다, 제 주장에 담긴 저희 세대의 다른 사고방식과 저의 활발한 사상을 좋아하셨지요. 아빠가 그렇게 이해해주셔서 저는 기뻤답니다. 그리고 한 인간으로서 아버지로서 학자로서 아빠의 마음속에 있는 고통과 행복을 저도 이해하고 싶어졌지요.

아빠가 아니었다면 저는 문학의 길을 걷지 못했을 거예요. 특히 미국에서 공부하는 요즘, 아빠의 격려와 채근이 아니었더라면 아마 일찌감치 진로를 바꿨을 거예요. 자기 자식을 고난과 광명의 길로 나아가도록 채근하는 것, 애태움과 희열이 가득한 인생으로 나아가도록 채근하는 것, 무거운 짐을 지고서 진리의 봉우리로 올라가도록 채근하는 것, 이것이 바로 세상에서 제일 훌륭한 부성애의 방식이겠지요.

제가 문학을 사랑할 수 있게 해주셔서 감사드려요. 문학 덕분에 저에게는 하나의 세계가 더 생겼어요. 이 세계는 너무나 매력적이에요. 이 세계의 가장 깊숙한 곳에 있는 핵심은 진정 영원히 꺼지지 않는 인성이라는 태양이지요. 이 세계의 빛이 인간 세상을 위로하고 저를 위로한답니다. 이 세계의 빛은 저를 일깨워준답니다. 풍부한 사람이 되어야 하되, 단순하고 선량해야 하며 인간에 대한 신념을 영원히 잃어서는 안 된다고 말이지요. 이 세계는, 욕망이 가득한 인간 세상에서 저 자신을 잃지 않게 해주고, 인생을 보는 시각을 넓혀주고, 인간 세상의 모든 진실한 감정과 사랑을 소중히 여기는 '시적인 마음'을 더해주었어요.

아빠, 제가 아빠를 존경하는 것은 아빠의 학식 때문만이 아니라 세상에 물들기를 거부하고 권세와 이익을 거절하는 그 정신 때문이랍니다. 이런 아빠가 계셔서 전 자랑스러워요. 그리고 문학과 정신의 세계에서 아빠랑 평등하게 자유롭게 노닐 수 있어서 기뻐요. 아버지 날을 축하드립니다.

샤오메이 올림
1998년 6월 18일

샤오메이!

네가 아버지 날에 쓴 편지를 읽고서 아주 기뻤단다. 너는 중국과 미국의 신문화 속에서 자라났지만 아빠에 대한 참된 존경과 사랑을 간직하고 있구나. 이건 정말 쉽지 않은 일이란다.

중국의 '5·4 신문화운동'에서는 '효에 대한 반대' 사상이 폭탄처럼 폭발했단다. 처음으로 '효에 대한 반대'를 주장했던 이는 스광난의 아버지인 스춘퉁施存統이지. 스춘퉁은 공산당의 제1대 사상가였단다. 그런데 스광난은 자기 아버지에게 늘 효성스러웠어. 문화혁명으로도 아버지에 대한 자식의 존경을 말살시킬 수 없음을 말해주는 것이지. 스춘퉁이 '효에 대한 반대'를 주장했던 데에는 이유가 있단다. 중국은 오랜 역사 속에서 '효'를 명분으로 젊은 생명을 죽여왔지. 루쉰이 극도로 혐오했던 『이십사효도二十四孝圖』에 나오는 이야기들이 명백한 증거란다. 그러니까 그 당시에 제기된 '효에 대한 반대'는 바로 '어린아이를 구하라'는 요구의 일환이었단다. 그 당시의 역사적 맥락에서 분리된 상태에서 '효에 대한 반대'를 보편적이고 절대적인 원칙으로 삼아 아버지에 대한 존경과 이해를 잃어버려서는 안 된단다.

네가 아빠에 대한 존경을 아버지 세대와 조상에게까지, 너를 직접 가르친 선생님과 그렇지 않은 선생님도 포함한 모든 선생에게까지, 그리고 공자와 소크라테스로부터 시작된 인류의 모든 사상가와 문학가에게까지 확장시켜 나갔으면 좋겠구나. 그들에게 영원히 존경의 마음을 갖도록 하렴. 그래야 네가 자신의 위치에 제대로 서 있을 수 있단다. 그들에게 영원히 온정과 존경의 마음을 갖는다면 너는 평생 무궁무진한 것들을 얻을 수 있단다.

문화대혁명 당시에 권력자들은 모든 관계가 계급관계라고 주장했지. 부모와 자식, 형과 동생, 스승과 제자, 남편과 아내의 관계도 모두 계급관계라고 했지. 하지만 그것은 정말로 인륜에 어긋나는 주장이었단다. 인륜은 인성의 한 부분이라서, 없애버릴 수 없는 것이야. 스승과 제자의 관계 역시 인륜의 기본 가운데 하나란다. 이는 중국 대륙보다는 타이완에서 더 확실하지. 타이완은 '스승을 존경하고 도리를 중히 여기는' 전통을 잘 유지해오고 있단다. 아버지나 스승 세대를 쓸어버리려는 반란의 기질이 타이완에도 존재하긴 하지만 대륙처럼 심하지는 않아. 오늘날 중국의 진승陳勝과 오광吳廣(진秦 말기인 기원전 209년, 농민 반란인 '진승·오광의 난'을 일으킨 인물—옮긴이)은 주로 대륙의 문화계에 있단다. '반란'이 지름길인 오늘날, 이론과 학술의 지름길에는 똑똑한 사람들로 가득하지.

문학 연구를 통해 너에게 매력적인 세계가 더해졌음을 느꼈다고 하니, 아주 기쁘구나. 너의 그런 느낌은 정말 정확한 거란다. 문학은 실로 풍부하고 매력적인 마음의 세계야. 그 어떤 세계와도 비교할 수 없는 훌륭한 세계란다. 고난을 두려워하지 않고 그 핵심으로 들어가는 사람만이 그 아름다움을 느낄 수 있지. 「문학의 주체성論文學的主體性」이라는 글에서 이미 말했지만, 문학은 인학人學이자 '심학心學'이란다. 여기에서의 심학은 왕양명王陽明의 사변적인 심학과는 다르단다. 감정적이고도 형상적인 심학이지. 로렌스가 말하길, 문학에도 사상이 있다고 했어. 피를 지닌 사상이자 사상을 지닌 피, 그것이 문학이란다. 그렇다면 이렇게도 말할 수 있겠지. 문학은 피를 지닌 심학이자, 피를 지닌 아름다운 마음의 세계라고. 우리는 운 좋게도 문학에 종사하고 있고, 이를 귀중하게 여겨야 한단다. 이 일에 고난과 역경이 있더라도 너무 원망하면 안 된단다. 네가 나의 '채근'과 잔소리를 이해해주고 그 잔소리를 부성애의 방식으로 생각해주니, 정말 기쁘구나.

아빠가
1998년 6월 24일

아빠!

1999년 5월 18일, 이 날은 제 인생에서 가장 잊지 못할 날이에요. 제가 엄마가 된 날이니까요.

저와 황강은 아들에게 앨런 황Alan Huang이라는 영어 이름을 지어주었어요. 앨런은 기쁨과 조화를 의미해요. 아빠가 앨런에게 지어주신 황쭝쉬黃宗煦라는 중국 이름도 너무 마음에 들어요. '쭝宗(마루)'이라는 글자는 문화적 의미에서의 중국을 기념할 수 있고, 집안의 좋은 전통을 잊지 않고 이어받도록 앨런을 고무시켜줄 거예요. 아빠와 황강의 외할아버지 마쓰충 두 분 모두 앨런의 좋은 모범이 되어주셨지요. '쉬煦(따뜻하게 하다)'라는 글자는 마치 봄바람처럼 다른 사람에게 온화함과 따뜻함을 주지요. 앨런이라는 영어 이름과도 그 뜻이 통하는 데가 있어요. 한 친구가

115

말하길, 아이에게 중국 이름을 지어줄 땐 아이의 일생에 영향을 줄 수 있기 때문에 반드시 조심하라고 했어요. 저는 반신반의했지만 소홀히 할 수 없는 문제이기에 이것저것 생각하다가 결국엔 앨런으로 결정했답니다. 제 아들이 장래에 평온한 인생을 향유하길 바라면서요. 물론 성공을 추구하는 인생일수록 출세할 가능성도 크겠지만, 한 사람이 행복하고 화목하게 일생을 지내는 것 역시 쉬운 일은 아니지요. "인생의 평온에는 영원의 의미가 있다"라고 장아이링이 말한 것처럼 저는 바로 그 영원의 의미를 사랑해요. 어떤 시대에서도 변치 않는 동일한 것이니까요.

아빠가 전에 말씀하셨죠. 아빠 세대에 비해서 저는 별다른 큰 고통이나 큰 즐거움 없이 순조로운 인생을 살고 있다고요. 저는 순조롭게 성장하고 순조롭게 공부했어요. 초등학교를 마치고 중·고등학교를 다니고, 그다음엔 대학에 들어갔지요. 베이징대를 졸업하고 미국으로 유학 와서 컬럼비아대의 학위를 받은 다음엔 메릴랜드대에서 근무하게 되었어요. 우여곡절이 약간 있긴 했지만 그다지 심각한 것은 아니었고, 처음부터 끝까지 모두 굉장히 순조로웠지요. 사랑과 결혼에 있어서도 매우 행복해요. 베이징대에서 황강을 만나 사랑하게 되고 함께 유학을 떠나와 결혼하고 아이를 낳기까지, 줄곧 친구들이 부러워하는 한 쌍이었답니다. 제가 이렇게 순조로운 인생을 살 수 있었던 것은, 시대적인 이유 말고도 아빠와 엄마의 힘이 가장 컸어요. 부모님의 정성스러운 보살핌과 가르침이 없었더라면 저는 이렇게 순조로운 삶을 살지 못했을 거예요. 이 모든 것을 부모가 된 다음에야 진정으로 깨닫게 되었답니다.

'모성애'를 주제로 한 문학작품을 자주 읽었어요. 확실히 모성애는 쓰고 또 써도 끝나지 않는 영원한 주제이지요. 빙신氷心(1900~1999. 중국 현대문학 작가로, 본명은 셰완잉謝婉瑩―옮긴이)의 작품이 많은 독자로부터 사랑받는 까닭은, 어떠한 정치적 풍파에도 침범당하지 않는 사랑에 근본을 두고 있기 때문이에요. 그녀의 작품은 인도주의가 결핍된 시대에 박애의 정신을 가져다주었지요. 모두에게 찬양받는 어머니가 된다는 것이 실로 어렵다는 것을 엄마가 되고 나서야 알게 되었어요. 저에게 가장 어려운 것은 모성애의 '무조건적인 희생'이에요. 위대한 어머니가 위대한 이유는, 어머니의 사랑이 타고난 천성이기 때문이라고 사람들은 말하지요. 그리고 모든 어머니가 다 똑같이 자기 자식을 위해서 모든 것을 희생할 수 있을 정도로 자식을 사랑한다고도 말하지요. 그런데 저는 도저히 그렇게까지는 할 수 없기 때문에 부끄러움을 느낀답니다.

앨런이 태어나기 전후로 저는 항상 초조했고 이 초조함을 통제할 수 없었어요. 엄마가 된다는 것이 이렇게 어렵고 고생스러운 일인지 정말 생각지도 못했어요. 몸이 풍선처럼 부풀어 오르는 것은 물론이고, 몸의 변화에 따라 마음 상태도 변해갔어요. 임신 중에는 무거운 몸을 이끌고서 강의를 계속 해야 했고, 분만할 때에는 거의 4킬로그램이나 나가는 큰 아기를 낳느라고 무척 힘들었어요. 여기까지는 그나마 괜찮았지요. 제일 힘든 건 앨런이 태어난 이후예요. 저와 황강의 생활은 완전히 바뀌었어요. 잠도 제대로 못 자고, 책을 제대로 읽을 수도 없고, 글을 쓰는 것도 엄두가 나지 않아요. 날마다 아이 때문에 쩔쩔맨답니다. 다행히도 이번 여름방학에는 엄마가 저를 도와주러 오셨지요. 안 그랬다면 정말 엉망이 되었을 거예요. 하지만 여름방학이 끝나고 엄마가 돌아가신 뒤에 저는 정말 어떻게 하죠? 어떻게 해야 예전처럼 강의하고 글을 쓸 수 있을까요? 어떻게 해야 적당한 보모를 찾을 수 있을까요? 적당한 보모를 찾는다 하더라도 제가 학술에만 전념할 수 있을까요? 강의와 글쓰기를 제대로 하지 못한다면 몇 년 후에는 '철밥통(확실한 직업)'을 갖지 못할 거예요. 미국의 현실은 이렇게 잔혹하답니다. 조금이라도 게으르면 구렁텅이로 빠져들고 말지요. 이런 것들을 생각만 해도 골치가 아파요. 게다가 모유가 충분하지 않아서 앨런은 울음을 멈추지 않고 내내 칭얼거려요. 아이의 울음소리를 들을 때마다 저는 실패한 엄마라는 생각이 든답니다. 저의 정서 상태가 나쁠수록 모유량도 적어져요. 아이에게 분유를 먹이려고 하니까 의사와 친구들이 모두 모유에 면역력이 있다면서 모유를 포기하지 말라고 하네요. 그런데 제가 별별 방법을 다 써봤지만 소용이 없어요. 엄마가 날마다 생선탕·닭고기탕·갈비탕을 해주시고 한약도 해주셔서 먹어봤지만 별 효과를 거두지 못했어요. 모유가 부족해서 앨런은 늘 칭얼거리고 저는 수시로 젖을 먹여요. 제가 완전히 암소로 변한 것 같은 느낌마저 들어요. 젖을 먹이고 있거나 아니면 모유를 늘리기 위해 분투하고 있고, 다른 생각은 일절 없답니다.

어머니의 이미지는 원래 '암소'의 이미지이지요. 지금 제가 가장 강렬하게 느끼는 것은, 제가 이미 암소로 변해서 저라는 인간은 존재하지 않는다는 거예요. 유일하게 지각이 남아 있는 것은 저의 유방뿐이에요. 우리가 평소에 모성애를 찬양할 때에는 그것을 박애의 정신으로까지 승화시키지만 이제야 저는 확실히 알게 되었어요. 모성애는 매우 구체적인 사랑이고 일상생활에서의 가장 사소한 사랑이라는 것을요. 가련한 여성들은 이 사소한 사랑에 잠기고 말지요. 머리부터 발끝까지 가라앉으면서도 자신을 돌보지 않고 자신을 잊고 자신을 희생한답니다. 이것이 바로 모성애예요. '무조건적인 희생'을 원하든 원치 않든, 숙명으로 정해진 희생이지요.

서양 예술사 화첩에서 조각상 하나를 본 적이 있어요. '빌렌도르프의 비너스'라는 그 조각상은 구석기 시대의 것으로 오스트리아에서 발굴되었지요. 저는 그 조각상에 깊이 빠져들었고 큰 감동을 받았답니다. '빌렌도르프의 비너스'는 전혀 아름답지 않아요. 눈도 없고 코도 없고 입도 없고 귀도 없어요. 얼굴은 볏짚으로 둘둘 감겨 있고요. 마치 감옥에 갇힌 것처럼 개성이라곤 전혀 없는 얼굴이랍니다. 한편 그녀의 유방은 아주 커요. 흉부에 묵직하게 늘어뜨려져 있지요. 그녀는 아주 뚱뚱하답니다. 엉덩이는 아주 크고, 복부는 마치 임신한 것처럼 불룩 나왔어요. 손과 발은 없는데, 허벅지는 아주 굵고 튼튼하지요. 여신인 그녀는 결코 미를 대표하는 것이 아니랍니다. 그녀는 영원히 배태하고 양육하는 어머니를 대표하지요. 그녀는 자신의 신체 속에서 살면서 자신의 신체에 갇혀 있답니다. 눈과 귀가 없어서 밖의 모습을 보고 듣지 못하지요. 그녀는 여성의 본질과 원초성을 가장 잘 나타내고 있어요. 성적인 것과는 가장 거리가 먼 여성을 나타내고 있지요. 세상의 모든 위대한 어머니는 바로 이 여신과 같다는 점에서 저는 감격했어요. 어머니는 대지와 같고 대자연과 같아서 충만하고 따뜻해요. 어머니는 세상 모든 자녀의 근원이자 그들이 궁극적으로 돌아갈 곳이지요. 하지만 어머니 자신은 맹목적이라서 자신을 돌보지도 않고 바깥세상에 신경 쓰지도 않고, 오로지 생육을 위하여 그곳에 우두커니 서 있답니다.

일부 학자들은 빙신의 작품을 평하면서, 그녀가 자신의 성별을 뛰어넘지 못했음을 지적하지요. 특히 모성애의 주제를 벗어나지 못하고 구체적인 현실에 대한 관심이 부족하다고 하지요. 이러한 비평들은 사실, 남권과 부권의 절대적 가치를 기준으로 삼아 사회적 비평의 독단적 척도로 빙신의 여성적 글쓰기를 평가한 것이랍니다. 그들은 빙신이 성별을 뛰어넘지 못하고 모성애의 선율에 지나치게 사로잡혔다고 보았지요. 하지만 지나치게 감정화된 모성애를 주제로 한 빙신의 작품들을 저는 정말 좋아한답니다. 다만 개성이 부족하다는 생각이 들긴 해요. 모두가 약속이나 한 듯이 '모성애'를 인정하지요. 하지만 그 모성애는 일찌감치 사회질서 속에서 규정된 모성애예요. 그녀가 찬양한 여성들은 하나같이 어머니의 이미지를 인정하지요. 모두 희생정신을 지니고 있고 남권사회의 '숭고한 가치'를 위하여 희생합니다. 마치 '빌렌도르프의 비너스'처럼 맹목적인 그녀들은 그 맹목으로 인해 자신의 주체의식마저 잃어버리고 말지요.

아빠는 제 생각에 동의하시지 않을 거예요. 하지만 여성의 신체가 생육으로 인해 받는 고통, 그리고 여성과 어머니가 소소한 일상생활 속에서 느끼는 감옥에 갇힌 듯한 느낌을 진정으로 체험한 뒤라면, 왜 우리가 모성애를 새롭게 정의하고 모성애를 주제로 한 작품을 새롭게 써야 하는지 이해하게 될 겁니다. 어머니 역시 자신의 개성과 가치를 지녀야 하고, 단지 다른 주체를 위하여 무조건적으로 희생해야 하는 객체여서는 안 됩니다. 어머니 역시 아버지와 같아야 해요. 자기 자식을 사랑하는 동시에 자신의 독립적인 존재를 지켜내야 하지요. 저는 어머니의 얼굴이 아름답고 개성이 있기를, 그리고 희생만을 위해 살아가는 것이 아니라 즐거움도 누리기를 바랍니다.

아빠가 「어머니 찬가慈母頌」를 쓰신 것처럼 저도 「어머니 찬가」를 쓸 거예요. 할머니, 엄마, 그리고 저 자신을 위해서 쓰렵니다.

샤오메이 올림
1999년 6월 18일

샤오메이!

엄마가 되는 경험을 한 뒤로 네가 모성애와 인생에 대해 이전보다 더욱 깊이 깨닫게 되었구나. 너에게 여러 번 말했듯이, 마음으로 이해하는 것은 직접 체험하는 것을 대체할 수 없단다. 진정 깊이 있는 깨달음은 모두 체험에서 비롯된단다. 특히 도저히 잊을 수 없는 큰 경험에서 비롯되지. 그래서 자신의 체험만이 가장 신뢰할 수 있는 것이라고 나는 줄곧 생각해왔단다. 모성애에 대한 각성, 그리고 모성애의 탄생은 모두 고통스러운 체험에서 비롯되는 것이야.

사회에 첫발을 들여놓게 된 너로서는 좀 홀가분하게 열심히 분투하고 싶었을 게다. '어머니'라는 부담을 너무 빨리 지고 싶지는 않았겠지. 그건 정말로 너무나 무거운 부담이니까. 하지만 난 이런 상황이 너에게 괜찮을 수도 있다고 생각한단다. 네가 인생의 중요한 측면을 체험하는 데 도움이 될 것이고, 네 인생을 더욱 온전하게 만드는 데에도 도움이 될 테니까. 인문학자인 너에게 이런 경험은 사회와 역사와 인간에 대한 이해와 공감에 도움이 될 거야. 우리 세대의 '노동과 단련'에 대해서, 사람들은 그 강제성에 대해 비판하는 것일 뿐이지 단련의 필요성을 부정하지는 않는단다. 젊은 시절의 고통스러웠던 체험 덕분에, 중국사회에 대한 나의 인식이 많이 성장할 수 있었어. 또 그 덕분에 인간 세상의 고통이 내 영혼 깊은 곳에 뚜렷한 흔적을 남겼단다. 이처럼 체험을 통해 생겨난 동정심은 그 뿌리가 아주 깊기 때문에 어떠한 힘에 의해서도 뽑히지 않는단다. 글쓰기를 통해서 내가 표현해낸 모든 마음의 방향은 바로 나 자신의 체험에 의해 결정된 것이지.

모성애는 인생의 일부분이란다. 그것은 인생 전체와 마찬가지로 강렬한 비극성을 지니고 있어. 여성으로서 자식에 대한 사랑을 실현하기 위해서는, 거대한 대가를 치러야 하고 생각조차 못한 온갖 고통과 괴로움을 겪어야 하지. 게다가 보상을 받는 것도 아니란다. 이게 바로 비극이야. "가련한 세상 모든 부모의 마음"이라는 말이 감동을 주는 까닭은, 이 말이 바로 가련하게 여길 만한 부성애와 모성애의 비극성을 설파했기 때문이지.

네 할머니께서 돈을 달라고 하실 때마다 나는 죄책감과 연민을 느낀단다. 나는 사색에 잠겨 있느라 일상의 책임을 종종 잊곤 하지. 네 할머니께서 말씀하시면 그제야 난 소스라치게 놀란단다. 생각해보거라. 고통스럽게 너를 낳고 키우고 모든 것을 네게 바친 어머니가 백발이 성성해서는 너에게 약간의 부양비를 달라고 한다면, 이것이 바로 비극이 아니고 무엇이겠니? 지금 매달 약간의 돈을 부쳐드리고 있긴 하지만, 돈을 드린다고 해서 이게 무슨 '보상'이 될 수 있겠니? 이걸로 비극성을 감소시킬 수 있겠니? 아마 불가능할 게다. 인간은 결국 늙어. 네 할머니도 이 비극에서 벗어나실 수 없었고 나와 네 엄마 역시 이 비극에서 벗어나기 어렵단다. 우리는 네가 서른한 살이 될 때까지 봐왔지만 네가 우리의 사랑에 보답하는 '행동'을 하길 바란 적이 없단다. 오직 네가 잘 크는 것만으로 우리는 기뻐했지. 너 역시 이런 비극에서 벗어나기 어려울 게다. 네가 샤오쉬(황쭝쉬)에게 쏟은 정성과 땀이 30년 뒤에 보상으로 돌아올 것이라고 기대해서는 안 된다. 그때가 되면 그 애는 너와 마찬가지로 인생의 또다른 단계로 접어들 것이고, 그 아이에겐 그 아이만의 부담이 있을 테니까. 아마도 그 아이에게는 또다른 비극의 수레바퀴가 새롭게 시작되고 있겠지. 우리가 할 수 있는 일이란, 혈육 간의 따뜻한 정을 최대한 지켜나감으로써 인생에서 서로의 마음을 촉촉이 적셔주는 것이란다. '상유이말相濡以沫', 즉 어려움 속에서 미약한 힘으로 서로를 돕는 게지. 내가 「어머니 찬가」를 지은 것 역시 서로의 마음을 촉촉이 적시기 위함이었지만 네 할머니는 글을 모르신단다. 어려움 속에서 미약한 힘으로 서로 돕는 것이야말로 인생의 비극성을 줄이는 유일한 처방일 게야.

진정한 마음이 진실할수록 비극성은 더욱 옅어진단다. 현대사회의 모든 것이 돈에 의해 지배되면서 혈육의 정마저 돈에 지배되고 있어. 서양에서는 인간과 인간 사이의 따뜻함, 혈육의 온정마저 점차 사라지고 있지. 중국 역시 이렇게 되겠지. 그래서 인생의 비극성은 더 짙어진단다. 볼더에는 최근 양로원이 새로 새워졌어. 바로 우리 집 맞은편에 있는 작은 다리 쪽에 말이지. 그쪽으로 산보하러 갈 때면, 의지할 데 없이 외로운 노인들이 멍하니 하늘을 바라보고 있는 모습을 보게 된단다. 그때마다 나는 인생이란 정말 이런 슬픔에서 벗어나기 어렵다는 생각이 들곤 한단다. 그들에게 돈이 없는 것은 결코 아니란다. 그들에게 없는 것은 혈육 간에 있어야 하는 따뜻함이지.

혈육 간의 촉촉한 정은 바로 사랑이고, 이는 어머니의 사랑과 자식의 사랑이 서로를 촉촉하게 적셔주는 것이란다. 생각해보렴. 네 할아버지께서 젊은 나이에 돌아가시고 만약 네 할머니의 사랑이 나를 촉촉이 적셔주지 않았다면 내 인생의 비극은 어린 시절부터 시작되지 않았겠니? 나의 영혼, 그리고 인류에 대한 내 신뢰가 아버지의 죽음으로 인해 상처받지 않았던 것은 오로지 어머니의 사랑 덕분이었단다. 모성애의 위대함은, 임신과 출산의 고통은 물론이고 그 뒤로도 자신의 모든 몸과 마음을 다해 자식을 사랑하고 자식을 키우고 가르치는 책임을 짊어지는 데에 있단다. 만약 자식이 청소년기를 지나면서 잘못된 길로 들어가게 되면 자식의 죄까지도 함께 짊어지게 되지.

너의 모성은 이제 막 눈을 뜨기 시작했고 모성애의 위대함을 깨닫게 된 것이야. 각성한 뒤로 비극작품을 읽게 되면, 각성 이전과는 다른 점이 있음을 느끼게 될 게다. 비극에서 충돌하는 쌍방 모두 나름의 이유가 있음을 이해할 수 있을 거란다. 가보옥과 임대옥에게 충분한 이유가 있듯, 가정賈政과 왕부인王夫人(『홍루몽』의 등장인물)에게도 충분한 이유가 있지. 역설과 이율배반이 존재하기에 비극인 것이란다. 젊은 시절에 『햄릿』을 읽었을 때에는 충돌의 핵심까지 들어가지 못했어. 지금 읽으면 그때랑은 느낌이 아주 다르단다. 이제야 비로소 햄릿의 망설임을 이해할 수 있단다. 햄릿의 복수는 얼마나 어려운 것이었을까! 그는 아버지를 사랑했고 복수는 아버지를 위한 것이었지. 아버지의 영혼이 그에게 붙어 있었고, 그 영혼의 게시揭示와 애원은 햄릿에게 절대적인 명령이었단다. 하지만 햄릿 앞에는 어머니가 있었지. 일찍이 그에게 젖을 먹여주었고 모든 사랑을 쏟아주었던 어머니. 이 모자지간의 사랑이 그를 주저하게 만들었어. 햄릿의 손에 쥔 날카로운 칼에는 자유가 없었단다. 『햄릿』에서 햄릿 자신은 물론이고 햄릿의 아버지, 어머니, 애인 등 주요 인물 모두가 강한 비극성을 지니고 있단다.

편지에서 너는 모성애를 새롭게 정의해야 한다면서, 어머니가 자식 때문에 희생해서는 안 되고 어머니가 되어도 자신의 독립성을 지켜야 한다고 했지. 사실 그런 말은 전혀 새로운 게 아니란다. 어느 부모가 그런 생각을 해보지 않았겠니? 그런 생각을 하는 것은 인생의 비극적인 감옥에서 벗어나고픈 마음 때문일 게야. 하지만 난 너에게 말할 수 있단다. 이 비극적인 감옥은 벗어날 수 없는 것이라고. 자식을 낳은 이상, 너는 세상과의 대결 속에서 인질 한 명을 세상에 넘긴 것이란다. 이 운명적인 인질이 너를 자유롭게 행동하지 못하도록 억누르는 것이지.

1989년에 나와 네 엄마가 서구세계로 오면서 너희 자매와는 바다를 사이에 두고 떨어져 있게 되었지. 우리는 가장 독립적으로 존재할 수 있는 조건을 갖추게 된 셈이었지. 그런데 부성애와 모성애의 비극은 바로 이때 가장 강렬하게 표현된단다. 우리는 명백히 '독립'적일 수 있었지만 도리어 독립적일 수 없었지. 명백히 자유의 가벼움을 향유할 수 있었지만 오히려 책임의 무거움을 깊이 느끼게 되었단다. 바로 이때, '자유' 이론이니 '독립' 이론이니 하는 것들은 그저 자신과 남을 속이는 말에 불과했단다. 이렇게 보자면 부모의 사랑은 비극이지만, 한편으로는 그 비극의 주체가 바로 금수가 아닌 인간임을 증명해준단다. 자식과 멀리 떨어진 뒤에 자식을 생각하지 않는 금수가 아님을 증명해주는 것이지. 인간은 숙명적으로, 자유의 가벼움과 책임의 무거움 사이에서 영원히 방황하고 배회하고 걱정하게 되어 있단다. 또한 숙명적으로, 자신이 원하지 않던 무거운 짐도 짊어져야 하고 자식을 위해 일생을 '내주어야' 하지. 하지만 이러한 '내줌'이 자신의 일을 대가로 지불해야 하는 것은 결코 아니란다. 나와 네 엄마 역시 너와 네 동생을 위해 내주었지만, 일을 그 대가로 지불하거나 자신의 목표를 희생하지는 않았단다. 오히려 우리는 '내줌' 역시 일종의 자아실현이라고 생각했단다. 너는 지금 글을 쓸 수도 있고, 아이를 낳아 키울 수도 있어. 인생이 빛을 발하기 시작한 거야. 너의 이 빛이, 미약하나마 우리의 내줌과 관련이 있다고 생각하니 기쁘구나. 그리고 우리 인생의 비극성도 좀 옅어진 듯하고, 비극에도 웅장미가 있다는 생각이 드는구나.

아빠가
1999년 6월 19일

사랑의 딜레마

아빠!

예전에 아빠가 이렇게 말씀하셨죠. 아기가 이 세상에 태어나는 것은 마치 해가 떠오르는 것과 같다고요. 정말 그래요. 둘만 살던 집에 아기가 생긴 뒤로, 황강과 저는 온 집안에 깃든 빛을 느껴요. 아기 앞에 있으면 갑자기 저 자신이 성숙해진 느낌이 들고 성격마저도 아기 앞에서는 달라진답니다.

해가 뜨면서, 여명이 밝아오고 아침을 알려주고 빛으로 가득한 새날을 알려주지요. 아기의 탄생은 저에게 건강과 책임과 모성을 알려주었고, 저의 청춘이 곧 끝날 것임을 알려주었어요. 바로 이 마지막 것이 저를 초조하게 만들어요. 전에는 시간을 귀중히 여겨야 한다는 것을 정말 모르고 지내왔어요. 아기가 마치 조물주를 대신해서 저에게 이렇게 말하는 것 같아요. "앞으로 당신의 시간은 나의 몸으로 흘러들어갈 것이고, 당신의 시간은 점점 촉박해질 것이며, 생명에 대한 사랑과 일에 대한 사랑의 충돌은 점점 격렬해질 것이다."

사랑이 저를 딜레마에 빠지게 만들 거라는 절박한 느낌이 들어요. 의심할 여지 없이 저는 아기를 뜨겁게 사랑할 거예요. 하지만 아기는 저와 일 사이에 버티고 서 있죠. 아기는 저에게서 시간을 빼앗아갈 거예요. 아기는 저의 긴박감 따위는 전혀 알지 못할 것이고, 제가 소홀히 대하는 것도 절대 용납하지 않겠죠. 한 달이 지나면 저는 학생들을 가르쳐야 하고 영어논문을 고쳐야 해요. 애초에 시간이 부족한 거죠. 그런데 이 혼돈 상태의 강력한 생명이 절 꽉 잡고 있어요. 어떻게 하죠? 이런 생각을 하면 저는 조급해지고 두려워지기까지 해요. 저의 책과 일이 바로 이 '사랑' 때문에 죄다 파괴될까봐 두려워요. 인생의 딜레마는 늘 이런 식으로 생겨나죠. 이 작은 태양이 저를 딜레마에 빠뜨렸답니다.

아기를 낳기 전에, 「널 아무리 사랑해도 부족하다─내 딸에게怎麼愛你也不够─獻給我的女兒」라는 츠리池莉의 산문을 읽었어요. 그녀가 실제로 겪었던 일을 기록한 산문이지요. 어머니가 되어보지 못한 사람, 인생에서 그토록 큰 변화를 직접 겪어보지 않은 사람은 써낼 수 없는 글이에요. 츠리에 비하면 저는 얼마나 행운인지 모르겠어요. 그녀에겐 임신에서부터 출산, 그리고 보모와 방을 구하는 일까지 죄다 너무 힘들었지요. 저는 그녀의 탁월한 '신사실주의' 작품에 정말 감사해야 해요. 어머니의 실생활을 너무도 자세하게 기록한 글이니까요. 그녀 개인의 경험에 관한 글이지만, 세상의 모든 어머니를 위한 공동의 '전기'와 '역사'이기도 하죠. 모성애는 종족과 개인을 넘어선 전 인류의 모티프랍니다. 하지만 똑같이 모성애를 다루긴 했어도 츠리가 써낸 모성애는 추상적이지 않아요. 진실하고 생활에 바탕을 두고 있으면서 개인적이지요. 이런 모성애는 시적인 정취는 덜하지만 모든 어머니의 마음을 어루만진답니다. 그녀의 산문에 이런 말이 나와요.

나는 딸을 품에 안고 베란다에 앉아 젖을 먹인다. 가장 평온한 순간이다. 바로 이때 나는 곰곰이 생각에 잠긴다. 그리고 현실 생활에서 산산조각난 것이 너무 너무 많다는 것을 발견하곤 한다. 어떤 현실은 바로 여기서 출발해서 우리 사방에 존재하는 낭만을 가격할 수도 있고, 또한 시공을 초월하여 역사와 미래를 가격할 수도 있다. 스스로 위안삼는 바는, 작가로서는 힘거운 날들을 통해 생활의 참모습에 대한 깨달음을 많이 얻을 수 있다는 것이다.

원래 사랑은 딜레마이지요. 그것은 생활의 선물이자 생활의 무거운 짐이기도 해요. 사랑에 수반되는 것은 기쁨 말고도 이토록 많은 속박과 초조함과 두려움, 그리고 부득이함과 당혹스러움이 있답니다. 저도 츠리와 마찬가지로, 어머니가 되고 나서야 비로소 생활의 본질을 알게 되었어요. 전에 제가 썼던 시를 지금 다시 보니, 무병신음無病呻吟이 무슨 말인지 이제야 너무 잘 알 것 같아요.

샤오메이 올림

1999년 7월 15일

샤오메이!

'사랑이 사람을 딜레마에 빠뜨린다'는 건 아주 중요한 깨달음 이란다. 아기가 태어난 뒤로, 시간을 포함한 너의 모든 것이 아기에게 점유되었지. 그래서 네가 조급하고 초조한 거란다. 다 정상적인 거야. 이건 겨우 시작이라는 걸 알려줘야겠구나. 앞으로 수없는 고생을 하게 될 게다. 마음의 준비를 단단히 하렴. 지난번 편지에서 네가 말하길, 사랑과 아기가 어머니를 암소로 만든다고 했지. 그래, 앞으로 아이가 너의 생명을 계속 변형시킬 거란다. 보모로, 노예로, 말과 소로 변하게 할 거야. 끊임없이 잔소리해대는 '부엌데기'로 변하게 할 거고, 아주 민감한 신경을 지닌 '무당'으로 변하게 할 거란다. 조심해야 한다. 하지만 네가 마음의 준비를 단단히 한다면 괜찮을 게야.

네가 말한 사랑의 딜레마는 매우 의미 있는 거란다. 마침 너에게 지금 별다른 일이 없으니, 말이 나온 김에 이 주제에 대해 이야기를 나누고 싶구나. 사랑의 대립면이 증오는 아니란다. 증오 속에도 사실은 뜨거운 사랑이 존재하고 있어. 사랑의 진정한 대립면은 아마도 냉담이겠지. 내가 늘 문화를 비평하고자 하는 건, 비평 역시 사회에 참여하는 열정이라고 생각해서야. 나의 비평은 사회에 대한 관심과 사랑인 거란다. 중국 현대작가 중에서 루쉰처럼 중국을 그토록 사랑하면서도 그토록 증오한 사람은 없을 게다. 루쉰의 증오는 아Q 같은 동포의 무기력함에 대한 증오였지. 물론 그가 더 증오했던 것은, 동포를 잡아먹는 어둠 속의 악

당들이지. 이런 증오는 깊은 사랑의 표현 방식이란다. 사랑과 증오는 뒤섞여 있어. 그래서 큰 사랑을 품은 사람은 그 사랑만큼 증오하고 증오받는 큰 딜레마 속에 빠져들게 마련이지. 나는 십자가를 애증이 교차하는 딜레마라고 생각해왔단다. 큰 사랑을 하는 이가 십자가에 못 박힌 것은 인간 세상의 피할 수 없는 비극이란다.

　냉담한 사람은 그 어느 것에도 관심을 두지 않기 때문에 도리어 곤혹에 빠져들지 않는단다. 사람은 나이가 들면 냉담해지기 쉬운데, 그건 사랑이 약해지고 사라지기 때문이야. 나이가 든다는 건 냉담해지는 것이기도 하지. 냉담과 달리 사랑은 늘 뜨거운 거란다. 시비와 고난과 선악을 뜨겁게 끌어안기 때문에 늘 불만과 불평이 존재하지. 바로 이때 생명은 뜨겁게 타오르는 거란다. 하지만 사랑으로 인해 온갖 딜레마 속으로 빠져들게 된단다. 인간 세상의 시비와 선악은 생각만큼 그렇게 간단하지가 않기 때문이야. 흑백 양면만 있는 것이 결코 아니니까. 게다가 진실이라는 건 종종 가려져 있기 때문에 우리가 제대로 보지 못하는 경우가 많단다.

　『오셀로』 같은 비극은 선악의 윤리적 딜레마가 아니라 인류가 태생적으로 진실을 제대로 보지 못하는 데서 오는 딜레마란다. 큰 사랑을 하는 이는 눈도 멀고 마음도 먼다는 게 바로 이런 거란다. 셰익스피어는 인류 문학에서 가장 위대한 작가야. 그의 비극 『햄릿』이 전 세계 모두의 인정을 받는 고전이 될 수 있었던 것은 여러 각도에서 사랑의 딜레마를 보여주기 때문이란다. 사랑은 햄릿을 여러 가지 사랑의 뒤얽힘 속으로 던져 넣었지. 아버지를 위해 복수할 것인가 말 것인가의 배후에서는 여러 가지 사랑이 충돌하고 있었던 거야. 햄릿이 아버지를 위한 복수의 칼을 들었을 때, 그 순간 그는 어머니를 향해 칼을 겨누어야 하는 위험에 빠져들었어. 밀란 쿤데라는 소설이 인류 생존의 딜레마에 대한 모종의 답이라고 생각했는데, 정말 맞는 말이야. 학문이라는 것도 사랑의 큰 딜레마에 대한 깨달음이라고 할 수 있겠지.

인생은 본질적으로 비극이고, 비극의 근원은 욕망이라고 쇼펜하우어가 말했지. 나는 차라리 비극의 근원은 사랑이라고 말하련다. 사람은 늘 사랑하려고 노력하지만 자기가 사랑하는 이를 사랑하지 못하는 경우가 많단다. 그런데 자기가 사랑하는 이를 사랑할 수 있는 경우에는, 그 사람 때문에 딜레마에 빠져들게 되지. 심지어는 절망 속으로 빠져들기도 한단다. 임대옥은 사랑하는 사람 때문에 절망에 빠졌지. 사랑이 가장 깊으면 비극성도 가장 깊은 법이란다.

『오셀로』의 데스데모나는 귀족의 딸로, 고귀하고 고결하고 아름답고 정직했지. 그녀의 사랑은 인종적 편견과 가문의 편견, 아름다움과 추함의 편견을 이겨낸 인간의 위대한 사랑이었어. 그런데 그녀는 도리어 자신이 헌신적으로 사랑했던 사람에게 죽임을 당했지. 이는 영원히 심금을 울리는 비극이란다. 사랑이 그녀를 사지로 몰아넣은 큰 비극이야. 오셀로가 자살한 뒤에야 데스데

모나의 영혼도 비로소 사지에서 나올 수 있었겠지.

피그네르는 러시아 지식인의 비극을 떠올리게 한단다. 19세기의 러시아 혁명가 집단인 데카브리스트 가운데 많은 이가 귀족 출신이었어. 그중에는 여자도 있었단다. 『러시아의 밤』의 저자인 피그네르도 그중 한 사람이야. 조국에 대한 큰 사랑 때문에 그들은 귀족생활을 포기하고 사랑하는 대상을 위해 헌신했지. 하지만 그들은 각각 귀양보내지거나 단두대의 이슬로 사라졌어. 결국 그들의 혁명은 결코 러시아의 빈곤과 독재를 바꾸지 못했어. 지금까지도 러시아는 여전히 변화하지 못한 상태야. 러시아 지식인의 비극성은 사실상 중국 지식인의 비극성보다 더 심각해.

사랑 때문에 딜레마에 빠져드는 비극이 나라고 없었겠니? 중국에 있을 때 나는 감사하는 마음으로 국가와 동포를 사랑했단다. 내가 유명해지자 많은 친구가 나에게 조심하고 신중하라고 충고했어. 조심하기만 하면 전도가 창창하다고 했지. 하지만 세속적인 의미의 '전도'라는 걸 내가 어떻게 생각할 수 있었겠니? 난 단지 사랑을 가지고 끊임없이 앞으로 나아갔단다.

사람을 딜레마에 빠뜨리는 사랑은 역사도 딜레마에 빠뜨린단다. 리쩌허우李澤厚의 사상 가운데 제일 마음에 드는 건, 역사주의와 윤리주의의 비극적 모순에 관한 부분이란다. 윤리주의는 선을 중요하게 여기지만 역사주의는 발전을 중요하게 여기지. 역사가 전진하려면 일부 사람들의 이익을 희생시킬 수밖에 없단다. 또한 인간의 욕망을 동력으로 삼지 않을 수 없고, 도덕을 대가로

치르지 않을 수 없단다. 이런 의미에서 말하자면, 역사는 확실히 무정한 것이야. 즉 역사란, 사랑과 사랑의 짓밟음이라는 비극 속에서 앞으로 나아가는 것이지. 사랑은 숙명적으로 이율배반의 딜레마에 빠지게 되어 있단다.

아빠가
1999년 7월 23일

共悟人間

제2부

생각하라

갓
난
아
이

상
태

아빠!

방금 컴퓨터 앞에 앉아서 글을 쓰려는데, 샤오쉬가 "앙" 하며 울기 시작했어요. 전 그대로 둘 수 없어서 아이에게 가서 **뺨**에다 입을 맞췄지요. 그랬더니 뜻밖에도 바로 울음을 멈췄고, 금방 고요해졌어요. 갓 두 달 된 갓난아이가 벌써 엄마의 사랑을 감지할 수 있다니, 정말 기적이에요. 갓난아기는 제일 바보 같지만 감각은 가장 예민하지요. 인간 세상의 지식이 전혀 관여되지 않은 타고난 감각이죠. 태어난 지 몇십 일밖에 안 된 갓난아이의 감각이지만, 자기 몸에 들어오는 감정의 흐름을 정확하고도 틀림없이 판별해내요.

방금 이 체험 때문에 저는 계속 흥분 상태예요. 인간 세상의 지식이 전혀 관여되지 않은 감각이야말로 가장 진실하고 순수한 감각이라는 생각이 들어요. 만약 지식을 충분히 '배운' 뒤에 이런 갓난아이 상태로 돌아올 수 있다면, 순수하고 잡념이 없는 인성의 제1감각을 지닐 수 있다면, 정말로 행복할 거예요. 이런 생각을 하다보니, 아빠가 최근 몇 년 동안 계속해서 동심에 대해 생각하시면서 '동심으로 돌아가려고' 노력하셨던 것을 깊이 이해할 수 있게 되었어요. 노자가 『도덕경道德經』을 쓸 때 그는 이미 우주와 인생에 대해 손금 보듯 훤히 알고 있었지요. 흔한 말로 그는 이미 '모든 것을 통찰'했지요. 하지만 그는 모든 것을 통찰한 뒤에 갓난아이 상태로 되돌아가 그 상태를 지켰지요. 『도덕경』 20장에서는 이렇게 말했어요.

황막하여 끝이 없도다! 많은 사람이 흥성거리기를, 제사 고기 받아먹듯 하고 망대에 올라 경치 구경하듯 하네. 나 홀로 흐리멍덩 아무런 지각이 없으니, 웃을 줄도 모르는 갓난아이 같고, 돌아갈 곳 없는 나그네처럼 나른하네.

많은 이가 활기차게 북적거리면서 축제를 즐기는데, 혼돈 상태의 갓난아이처럼 멍하니 홀로 있는 상황을 표현한 것이에요. 이것이 바로 노자가 속인과 다른 점이자 그의 몸과 마음이 도달하려던 귀착점이지요. 그래서 그는 "기를 모아 부드러움에 이르면 갓난아이처럼 될 수 있겠지?"라고 말했던 것이지요.

아빠가 중국을 떠나신 지 10년이 다 되어가지만 저는 지금껏 아빠가 남을 원망하시는 말을 들어본 적이 없어요. 특히 최근 몇 년 동안, 아빠의 말과 글쓰기는 더욱 평화스러워지셨어요. 그런데 문학과 예술에 대한 감각은 오히려 더 예민해지셨지요. 무엇 때문일까 궁금했는데, 오늘 갑자기 이런 생각이 들었어요. 아빠는 갓난아이 상태로 되돌아가신 거예요. 즉 가장 좋은 정신 상태와 감각 상태를 얻으신 거죠. 이런 상태는 마치 갓난아이가 소리 내어 우는 것처럼 아빠의 잠재된 에너지를 방출하게 해주지요. 심신의 깊은 곳에서 나오는 가장 진실한 소리를 낼 수 있게 해주는 거예요. 이런 상태로 되돌아갈 수 있었으니, 확실히 아빠는 아주 운이 좋은 사람이에요. 지금 사람들은 세상에 쉽게 물들어요. 제 동년배들 중에서도 속물이 많아요. 하지만 아빠는 세상에 물들지 않으셨고, 운명의 온갖 어려움과 고통에도 압도당하지 않으셨고, 온갖 유혹에도 왜곡되지 않으셨어요. 겉으로는 흐리멍덩하지만 실제로는 민감한 감각과 가장 순진한 상태를 유지하셨죠. 그러니까 아빠는 스스로 기뻐하셔야 해요.

이틀 전에 엄마랑 황강과 『성경』에 대해 이야기를 나누었어요. 하나님이 아담과 이브가 지혜의 열매인 선악과를 먹지 못하도록 한 일은 영원한 논쟁거리라고 저는 말했어요. 그것은 영원한 역설이니까요. 지혜의 열매를 먹지 않았다면 오늘날 인류는 오랑우탄이나 원숭이의 생활과 비슷한 야만 상태에 있겠지요. 누가 이런 삶을 원하겠어요? 하지만 지혜의 열매를 먹은 뒤로, 그 열매의 씨앗이 원자폭탄과 수소폭탄으로 변한 것은 물론이고 사람들은 세상에 물들고 교활해지고 위선적으로 변했어요. 엄청난 대가를 치른 거죠. 지식인은 일반인보다 지혜의 열매를 더 많이 먹어요. 너무 배불리 먹어서 자아가 점점 팽창하지요. 그렇게 팽창하다가 결국엔 요괴가 되는 이도 많아요. 설령 요괴가 되지 않는다 하더라도 아이 상태를 유지할 수 있는 이는 많지 않은 듯해요. 저는 제가 끊임없이 지혜의 열매를 먹을까봐 두려워요. 동양에서부터 서양까지 먹다보면, 어느 날 요괴로 변할 수도 있어요. 그리고 열매의 씨앗이 제 몸에서 거드름과 온갖 마귀의 성깔로 자라날까봐 두려워요. 엄마는 제가 헛소리한다고 하시지만 저는 정말 걱정돼요. 그래도 미리 경계할 수 있어서 다행이에요.

방금 샤오쉬가 요람 안에서 또 "앙" 소리를 냈어요. 이 소리는 가벼워요. 항의는 아닌 거죠. 아마도 제가 오늘 쓴 편지에 찬성하는가봐요.

샤오메이 올림
1999년 8월 1일

샤오메이!

"갓난아기는 제일 바보 같지만 감각은 가장 예민하다"는 너의 말은 정말 일리가 있단다. 노자의 흐리멍덩함 역시 어수룩한 상태이지만 감각이 가장 예민한 상태이기도 하단다. 5000자의 『도덕경』을 후세 사람들은 끊임없이 해석해내고 있지. 우주·자연·인생에 대한 그의 깨달음은 오늘날 우리가 읽어도 신선하다는 느낌이 들어. 그가 갓난아이 상태로 돌아간 것이야말로 큰 깨달음이었지. 니체는 20세기 초에야 '갓난아이 단계'로 돌아가는 것을 얘기했으니, 노자보다 3000년이나 늦은 셈이란다. 노자는 "절성기지_{絕聖棄智}(성스러움을 끊고 지혜를 버려라)"라고 극단적으로 말하기도 했지. 지혜를 버린다면 백성들에게 백배의 이로움이 있을 거라고 했어. 예전에는 이 말을 도저히 이해할 수 없었단다. 그런데 지금은 이렇게 생각하게 됐어. 지식은 재산과 마찬가지로 너무 많이 쌓이면 심신의 건강을 해칠 수도 있다고. 너무 많은 재산이 영혼을 해칠 수 있다는 건 알기 쉽지만, 너무 많은 지식이 영혼을 해칠 수 있다는 건 알기 어렵단다. 학문하는 많은 사람이 마지막에 가서는 학문에서 벗어나지 못할 뿐만 아니라 아주 차갑고도 속물적으로 변하고 말지. 그들이 학문보다 처세술에 더 능해지는 건, 지식에 의해 훼손되었기 때문이란다. 그래서 내 생각에 가장 운이 좋은 학자란 지식을 얻고 이를 통해 우주·사회·인생에 대한 통찰력을 얻은 뒤에 갓난아이 상태로 되돌아갈 힘이 있는 사람이야. 시간의 형식으로는 과거로 회귀하는 것이지만 실질적으로는 미래로 나아가는 것이지. 그래서 나는 이를 두고 '생의 개선'이라고 한단다. 하지만 이렇게 돌아오는 것은 정말 어려워. 이는 고달픈 분투를 통해 얻은 많은 것을 내려놓아야만 한다는 것을 의미한단다. 사람은 명성과 지위에 연연하기 마련이야. 또한 '제사 고기'(연회)와 '망대'(볼거리)를 평생 추구한단다.

갓난아이 상태는 바로 자연의 상태란다. 갓난아이는 바로 대자연이고, 갓난아이의 울음소리는 자연의 소리야. 그래서 갓난아이가 울면, 너는 대자연의 부름을 듣게 되어 감동하는 것이란다. 소년 소녀 역시 대자연이야. 조설근은 『홍루몽』에서 소녀를 맑은 물에 비유했는데, 그것은 바로 대자연의 신선함과 깨끗함이란다. 결혼하고 사회에 진입하면서 사람은 자연을 잃게 되지. 생명의 활력과 정신의 활력도 원래는 자연의 힘이란다. 하지만 지식을 획득한 다음에는 온갖 책이 자연의 활력을 죄다 빨아들여 교조주의자로 변하고 만단다.

나는 하이데거의 '영원한 불꽃'이라는 철학적 이미지를 좋아해. 나는 그 불꽃을 인간 존재의 불꽃으로 이해했단다. 본질에 선행하는 자연의 불꽃은 갓난아이 상태로 되돌아가야만 계속해서 타오를 수 있지. 바로 그렇기 때문에 갓난아이 상태로 돌아가는 것만이, 곧 사라질 생명으로 하여금 다시 에너지를 방출할 수 있게 해주는 방법이라고 말할 수 있단다. 세상에 물든 사람은 이러한 방출이 불가능하지. 그들의 재능은 '속세를 간파'한 닳고 닳은 노련함에 묻혀버리고 '풍부한 경험'에 잠식되고 말았기 때문이란다. 내 마음의 상태가 괜찮다는 것을 네가 알고 있구나. 조금 더 보충해서 말하자면, 그러한 상태의 가장 뚜렷한 증거는 바로 생명의 에너지가 아직도 유년기처럼 왕성하게 방출되고 있다는 거란다. 거기엔 사망의 징후라곤 전혀 존재하지 않는단다.

요 몇 해 동안 네 동생이 우리와 함께 살면서 큰 즐거움을 주고 있단다. 나는 네 동생이 곁에 있는 게 아주 좋구나. 네 동생을 편애해서가 아니라 그 애가 대자연이라고 생각되기 때문이란다. 그 애는 자연과 아주 가깝게 연결되어 있다고 할 수 있어. 사람은 갓난아이 때와 소년 소녀 시기에 외부의 자연과 더 많이 연결되어 있지. 그 시기에는 하늘과 바다와 대지를 좋아한단다. 서재 안에 갇혀 있길 좋아하는 소년 소녀는 아무도 없을 거야. 네 동생은 공부를 하면서 지식을 통해 새롭게 커나가는 한편 자연의 상태를 천진하게 지켜가고 있단다. 사회 속에서 인간과 자연이 합리적인 비율을 유지해야 영혼의 건강을 지킬 수 있단다. 뉴욕의 비율은 균형을 좀 잃은 상태야. 인간은 너무 많고 자연은 너무 적은 곳이지. 우리가 있는 이곳은 인간과 자연의 비율이 딱 맞아서 살아가기 즐겁단다. 가정에서도 인간과 자연이 합리적 비율을 유지하는 것이 좋단다. 죄다 '지식 있는 노인'뿐이고 아이와 소년은 없다면, 자연의 숨결이 부족하여 몸과 영혼의 건강은 손상되고 말지. 『홍루몽』의 영국부榮國府는 임대옥·청문晴雯·원앙鴛鴦 등의 소녀가 죽어버리자 생명과 자연이 결핍되어 숨이 막힐 듯한 곳이 되었지. 나이가 많아질수록 몸과 마음의 내부에 있는 자연의 부분은 점차 퇴화하고 대자연으로부터 점점 멀어지게 된단다. 수련이란 다른 것이 아니라 바로 갓난아이 상태를 유지하는 것이야. 자신의 몸이 자연과 연결되어 있는 부분을 끊임없이 개발하는 것이란다. 수련을 하면 할수록 세상에 물드는 것이 아니라 점점 천진스러워지는 것이지. 똑똑한 사람이 약간 어리석은 듯한 정도까지 수련할 수 있다면 괜찮겠구나.

아빠가
1999년 8월 4일

안일

아빠!

석 달을 쉬고 나니, 정신이 한결 나아졌어요. 일단 아이가 태어나자 해방감이 들었답니다. 생명을 품고 있는 건 자랑스럽긴 하지만 몸이 너무 무거웠어요. 그 짐을 내려놓게 되어 몸이 많이 가벼워졌지요. 생명(나)은 생명(아기)을 낳을 수 있고, 생명(아기)은 생명(나)을 바꿀 수 있어요. 열 달 동안 저는 정말로 아기에게 지배되었고 아기 때문에 저를 바꾸어야만 했답니다. 지금 저는 아기를 바꾸려고 하지 않아요. 어쨌든 아기는 응애응애 크게 소리 내어 울어야 하죠. 아주 우렁차게요.

어느 곳에 있든, 안일 속에 잘못 빠져들지 않도록 하라는 아빠 말씀에 저도 공감해요. 저도 노력하긴 하지만 아빠만큼 열심히는 못하죠. 마음속으로는 고생을 두려워해요. 아기의 환경은 더 좋아지겠죠. 그런데 만약 저보다도 더 고생을 두려워하고 안일을 탐한다면 장래성이 없을 거예요. 그러니까 우리가 아기를 지나치게 총애하면 안 될 것 같아요. 특히 아빠 말이에요. 제가 어렸을 때, 아빠는 "머리를 숙이고 기꺼이 아이를 태우는 소가 되어라"라는 루쉰의 말을 되뇌시면서 정말로 저와 동생을 등에 태우셨죠. 앞으로 샤오쉬에게 이렇게 해주시면 안 돼요.

성장 환경으로 말하자면, 한두 해 뒤에 샤오쉬를 아빠가 계신 곳에서 자라도록 하는 게 제일 좋을 것 같아요. 콜로라도 고원의 산수는 정말 사람에게 좋은 영향을 주지요. 그곳에서 공부할 때 저는 볼더 땅의 기운이 특히 좋게 느껴졌어요. 요 몇 년 사이에 저는 아빠의 산문을 읽으면서, 그곳의 따뜻하고 관대한 땅의 기운이 글 안에 담겨 있다는 생각이 들었답니다. 저는 샤오쉬가 그런 상서로운 땅에서 살았으면 해요.

사실 저는 동생과 인생관이 달라요. 저는 '비극의 철학'이라는 관점을 지니고 있는 반면에 동생은 '쾌락의 철학' 쪽으로 기울어져 있지요. 이건 아마도 우리의 성장 환경이 달랐기 때문일 거예요. 베이징대에 다닐 때, 저는 쇼펜하우어에 중독되어서 인생이란 근본적으로 비극임을 인정했답니다. 우리 모두는 아무런 선택의 여지 없이 이 세상에 던져진 존재이지요. 그 당시 저는 신앙을 잃어버린 세대였답니다. 니체는 신의 죽음을 선포했고, 모더니즘 소설에서 보여준 것은 모두 인간의 곤경이었죠. 아무리 생각해도, 인생이란 『고도를 기다리며』와 같이 터무니없이 황당무계하고, 『캐치-22』처럼 부조리함으로 가득했어요. 우리 인간이 아무리 노력해도 이 악순환에서 벗어날 수 없다는 생각이 들었죠. 이렇게 생각하면 할수록 막다른 골목으로 걸어 들어가 스스로 빠져나올 수 없게 되지요. 그때 같은 반이었던 젊은 시인 거마이戈麥가 자살했어요. 갓 스물을 넘긴 나이였죠. 85학번 문학반에는 시인이 유달리 많았답니다. 인생은 비극이라는 생각을 갖고 있는 이도 많았죠. 다행히도 그 당시에 저는 늘 아빠와 이야기를 나누었고, 아빠의 적극적인 인생 태도가 저를 많이 변화시켰어요. 그때 아빠가 하신 말씀을 기억해요. 인생이 황당무계하다는 생각이 맞다 하더라도, 그 황당무계함에 맞설 용기가 있어야 하고 지나치게 소극적이어서는 안 된다고 하셨지요. 맞아요. 인생이 정말로 완전히 비극이라 할지라도 우리는 그것을 훌륭하게 끝마쳐야 하지요.

동생은 열세 살에 미국으로 왔으니, 어려서부터 외국에서 자란 거죠. 그 애는 선량하고 마음씨가 고와요. 때로는 지나치게 천진하지요. 미국인이 입버릇처럼 늘 하는 말 중에 "인생을 즐겨라enjoy life"라는 게 있어요. 동생은 바로 인생을 즐길 줄 아는 사람이죠. 그래서 그 애는 저보다 홀가분하게 살아요. 쾌락의 철학을 믿는 사람은 생명을 뜨겁게 사랑하는 사람이지요. 대다수의 미국인은 동생과 마찬가지로, "천금을 다 써도 다시 생겨나리라"라고 노래한 주선酒仙 이백의 기질이 다분하답니다. 시간을 다잡아서 매순간의 쾌락을 누리는 거죠. 그런데 아빠가 전에 동생을 비평하신 것처럼, '쾌락철학'에 기울어진 사람은 좌절에 부 딪히면 무너지고 말아요. 너무 안일하게 살았기 때문에 인생의 어두운 면을 직시할 수 있는 마음의 준비가 충분하지 않아서이 지요.

저와 동생이 우리 같은 집안에서 성장할 수 있었던 건 정말 행 운이죠. 부유하진 않았지만 아빠와 엄마 모두 우리를 너무나 사 랑해주셨어요. 그리고 아빠는 늘 우리의 정신적 안내자가 되어 주셨지요. '안일'은 인간을 와해시키는 가장 두려운 것이라는 아 빠의 말씀에 저도 동의한답니다. 하지만 더 중요한 것은 부모가 아이를 잘 인도하는 것이라고 생각해요. 서로 다른 인생관은 서 로 다른 생활 태도를 낳게 되지요. 미국에서의 생활은 확실히 안 일하답니다. 하지만 일부 미국인은 아직도 청교도적인 전통을 지키고 있어요. 부지런하고 성실하고 절약하고 가정을 돌보며 아 름다운 정신생활을 추구하지요. 이런 미국인들은 인생을 즐길 줄도 알지만 인생을 소중히 여기고 꾸준히 진보하고자 한답니 다. 벤저민 프랭클린은 품행을 중시했고 실사구시적인 신교도였 어요. 그가 말한 열세 가지 덕목은 절제·침묵·질서·결단·절약· 근면·성실·정의·온화·청결·평온·순결·겸손이지요. 안타깝게 도, 지나치게 자유주의를 추구하는 미국의 젊은이들은 이런 훌 륭한 전통을 점점 내버리고 있어요.

샤오쉬의 삶은 우리보다 안일하겠죠. 그래서 저와 황강은 샤 오쉬를 더더욱 잘 교육해야 한답니다. 장래에 아빠도 우리를 도와서 샤오쉬를 교육해주셨으면 해요. 황강은 샤오쉬가 기독교를 믿길 바라는데, 그렇게 하면 앞으로 정신적으로 의지할 곳이 생긴다는 거예요. 저도 그렇게 생각해요. 또 저는 샤오쉬의 독립심을 키우고 싶어요. 이건 미국에서 아주 중요한 거랍니다. 많은 미국 부모가 아이가 열여덟 살이 되면 독립하게 하지요. 자식이 너무 안일하게만 지내면 독립적으로 생활할 능력을 잃어버릴까봐 그러는 거라고 생각해요. 또 저와 황강은 앞으로 샤오쉬와 잘 소통할 거예요. 이것이야말로 자식 교육의 가장 좋은 방법이겠지요. 저와 동생이 무슨 말이든 아빠에게 말하고 싶어했고, 아빠도 우리의 근심과 어려움을 없애주려 하셨던 것처럼 말이지요.

샤오메이 올림
1999년 9월 23일

샤오메이!

네 동생이 너의 분만 전후의 비디오테이프를 틀어주었단다. 그걸 보니 눈물이 나올 것 같더구나. 네가 불룩 나온 배를 하고서 강의까지 하고 해산한 뒤에는 눈이 그렇게 부어오르다니, 난 정말 차마 더 볼 수가 없었단다. 너와 네 동생이 태어났을 때, 난 네 엄마의 상황을 전혀 몰랐단다. 이번에 너의 모습을 보고 나서야 엄마가 된다는 게 정말 쉽지 않다는 걸 이해하게 되었어. 그런 고통을 겪지 않고서는 모성을 깨달을 수 없을 거야. 그리고 어머니의 고생을 진정으로 이해하지도 못하겠지.

비디오테이프에 담긴 아기의 통통한 모습을 보니 정말로 사랑스럽더구나. 아기가 너와 황강의 가정(나와 네 엄마와 동생도 물론 이 가정의 일부분이지)에서 태어난 것은 아기의 행복이라는 생각이 드는구나. 황강은 경제 분야에 종사하고 너는 문학에 종사하니, 집안 형편도 넉넉하고 정신적인 자원도 부족함이 없지. 네가 태어났을 때와는 너무나도 다르지.

네가 태어났을 때, 나와 네 엄마는 일을 하긴 했지만 월급을 합해봐야 100위안밖에 되지 않았단다. 게다가 집이 두 군데였고, 할머니도 부양해야 했고, 외할아버지 댁도 보살펴야 했기 때문에 정말 힘들었지. 하지만 네 유년기 때의 가정형편이 지금의 너를 있게 한 거란다. 그 덕분에 네가 일반 대중의 고통과 부모의 고생을 알게 되었고 열심히 분발해야 한다는 것도 깨닫게 되었지. 이것은 모두 '안일'이라는 두 글자가 너의 유년기·소년기·

청년기에 너와 함께하지 않았기 때문이란다. '안일'은 사실 한 인간을 와해시키는 가장 무시무시한 것이야. 넌 그것을 잘 피했지. 네가 지금 하루라도 일을 하지 않으면 불안한 것은 네가 일에서 '즐거움'을 찾는다는 것을 말해주는 거란다. 안일을 탐하는 사람들과는 아주 다른 거야.

아기가 지금과 같은 환경에서 자라면 인간 세상의 쓴맛을 맛보기가 어렵단다. 그리고 장래에 안일 속에 빠져들기가 쉽지. 안일 속에 일단 빠져들면 평범해질 수밖에 없어. 생각난 김에 말하는 건데, 어제 네 동생에게 이런 가정에서 태어난 것이 좋은지 물어봤단다. 그 애는 좋다고 하더구나. 왜냐고 물었지. 극단적인 가정에서 태어나는 건 싫다고 하더구나. 궁정의 귀족 집안 출신도 싫고 너무 가난한 집에서 태어나는 것도 싫고, 우리 같은 중산층 가정이 좋다고 하더구나.

사실 아주 가난한 집에서는 사람의 의지를 갈고닦을 수 있단다. 청소년 시절 나는 아주 가난한 환경에서 살았지. 그 경험이 나에게 주는 유익함은 끝이 없을 정도란다. 지금까지 내가 부지런하고 성실하게 하루 종일 책상 앞에서 열 시간이 넘도록 글을 읽고 쓰면서도 피곤하다고 생각하지 않는 것은 전부 소년 시절의 빈곤함 덕분이야. 너희 세대와 우리 세대의 가장 큰 차이점에 대해 네가 전에 말하길, 우리 세대에게 '무거운 사명감'이 있는 반면 너희 세대는 그렇지 않다는 거라고 했지. 나는 이렇게 말하고 싶구나. 너희 세대는 고생을 겪지 않았고 우리 세대는 온갖 고생을 겪은 것이야말로 가장 큰 차이점이라고. 우리 세대는 몸과 마음 모두 엄청난 고생을 겪었단다.

고생은 정말로 사람의 영혼을 키워준단다. 10년 동안 미국에서 지내면서 느낀 건데, 미국의 물질문명은 빠르게 발전하는 반면 문화는 도리어 슬럼프에 빠져 있더구나. 젊은이의 몸과 마음도 단련되지 않아 거칠기만 하지. 이건 분명히 그들이 너무 안일하게만 살면서 고생을 덜한 것과 관련이 있단다.

아기를 낳은 직후는 몸이 가장 허약할 때이니, 책을 읽지 말고 가만히 눈을 감고서 마음 편히 있도록 하렴.

아빠가
1999년 9월 26일

지혜로운 사람이
피해야 할 것

아빠!

어제 전화할 때 말씀하시길, 사람이 지나치게 똑똑하면 안 된다고 하셨지요. 큰 성취를 이룬 사람들은 결코 어리석지 않지만 그렇다고 지나치게 똑똑하지도 않다는 말씀이 정말 맞는 것 같아요. 그러고 보니 진융의 『사조영웅전』에 나오는 영웅, 궈징郭靖이 생각나요. 그는 어리석고 꾀나 꿍꿍이셈도 없고 인생의 기교와 책략도 없지요. 똑똑한 구석이란 없어요. 하지만 그는 천하제일의 무술인 '항룡십팔장降龍十八掌'을 연마하여 당당한 무림 고수가 되지요. 반면에 그의 아내인 황룽은 똑똑하긴 하지만 궈징과 같은 우직한 뚝심이 없어요. 그래서 그녀는 타구봉법打狗棒法밖에 익히지 못하지요. 전 여자이지만 황룽이 아닌 궈징을 닮고 싶어요. 궈징의 우직함을 쉽게 배울 순 없겠지만요.

155

아빠가『홍루몽』에 대해 말씀하실 때마다 가보옥의 어수룩함을 입이 닳도록 찬미하셨던 게 생각나요. 귀족 자제인 가보옥은 귀족의 영예와 세속적 '행복'을 누리기는커녕 도리어 인간 세상의 불공평함에 멍해지지요. 그의 이 멍함과 동정심이 어리석어 보일지라도, 그의 마음은 인간 세상에 대한 관심으로 가득해요. 무수한 세월 동안 수련하면서 돌의 차가움을 버리고 나서야 그런 뜨거움과 사랑과 자비를 지니게 된 거죠. 사실 가보옥은 그 누구보다도 똑똑해요. 옹색한 서생들과는 비교할 바도 아니고, 그의 아버지와 숙부와 사촌 형제와 비교해도 백배 천배 뛰어나지요. 하지만 세속의 눈으로 보면 도리어 머저리이고 바보예요. "아주 지혜로운 사람은 어리석어 보인다"는 말이 있잖아요. 가보옥은 그 전형적인 예라고 할 수 있죠. 지식 있는 똑똑한 사람이 부지런히 꾸준하게 수련해서 이를 수 있는 최고의 경지는 '모든 것을 꿰뚫어보는' 극도의 똑똑함이 아니라 조금은 어리석고 조금은 우둔한 것이겠지요. 그렇지요?

샤오메이 올림
1996년 2월 6일

샤오메이!

너의 편지 읽고서 고대 로마의 철학자이자 정치가(비극작가이기도 하지)인 세네카가 한 말이 생각났단다. "똑똑함이 지나친 것은 지혜로운 사람이 피해야 할 것"이라고 했지. 이 말을 우리의 좌우명으로 삼아도 좋겠구나. 너는 본래 영악하지 않기 때문에 이런 말로 너를 일깨울 필요는 없을 것 같다. 그래도 기억해두는 것이 좋겠구나. 학문(글쓰기도 포함해서)을 하려면 우직하게 노력할 수 있으면 됐지, 늘 무슨 책략이니 지름길이니 하는 것을 찾으려 해서는 안 된다는 것을 명심해두렴. 지름길에는 요령꾼들의 유골이 가득 쌓여 있단다. 단지 우리가 보지 못할 뿐이지.

사람은 확실히 똑똑한 사람과 어리석은 사람으로 나뉜단다. 『홍루몽』에 나오는 인물을 예로 들자면, 사대저傻大姐·설반薛蟠·조이낭趙姨娘 등은 어리석은 사람의 부류에 속하지. 임대옥·설보채·왕희봉王熙鳳 등은 물론 똑똑한 사람의 부류에 속해. 그런데 똑똑한 사람 중에도 여러 종류가 있단다. 첫 번째 종류는 지혜가 있는 사람으로, 임대옥과 가보옥이 바로 이런 사람이지. 두 번째 종류는 설보채처럼 똑똑한 사람이란다. 세 번째 종류는 영악한 사람으로, 왕희봉이 전형적인 인물이지. 네 번째 종류는 꾀보인데, 잔꾀를 부리는 사람이야. 첫 번째 종류의 사람은 우주와 인생, 역사와 문화를 깨달을 수 있고, 몸과 마음에 깊이가 있지만 남들한테는 멍청이로 보이기가 쉽지. 한편 설보채는 아주 똑똑한 사람이긴 하지만 큰 지혜가 없어. 그녀는 똑똑함으로 인해 처세하는 법을 터득했지만 그 결과, 세상에 물들고 말았지. 설보채보다 더 똑똑한 사람이 왕희봉이야. 하지만 그녀는 도리어 똑똑함이 지나쳐서 영악하지. 영악한 사람은 특히 계산에 능한데, 무엇이든 자신의 손바닥 안에 놓고 맘대로 하려고 하지. 이런 영악함은 그다지 좋지 않단다. 영악함이 지나치면 자신을 해치게 되거든. 왕희봉의 최후가 그랬어. 그래서 조설근은 그녀의 운명을 암시한 시에서 "계략을 지나치게 영악하게 쓰니, 도리어 귀한 생명을 그르치네"라고 했단다. 『홍루몽』의 소홍小紅 같은 이들은 똑똑한 사람들 중에서도 수준이 낮은 부류야. 두뇌 회전이 빠른 이들은 그저 꾀보에 불과하지. 학계에 꾀보가 많아지면 잔꾀를 부려 성공하려는 풍조가 성행하게 된단다. 깡패·불량배·무뢰한은 쓸데없는 소리를 지껄여대는 꾀보에 불과해. 『삼국연의三國演義』의 제갈량諸葛亮과 조조曹操는 모두 큰 지혜를 가진 똑똑한 사람에 속한단다. 안타깝게도 정치계에 몸담고 있어서 온갖 계책을 내놓을 수밖에 없긴 했지만 말이다. 조조가 양수楊修를 좋아하지 않았던 것은 양수가 지나치게 영악하다고 생각했기 때문일 거야.

인류의 정신적 가치를 창조하는 데 있어서, 큰 지혜를 지닌 사람이 일류의 작품을 창조해 내지. 호메로스·단테·셰익스피어·괴테·톨스토이·도스토옙스키 등이 모두 그러한 창조의 경지에 속하는 이들이란다. 똑똑한 작가는 많지만 큰 지혜를 지닌 작가는 많지 않아. 똑똑한 작가는 머리로만 글을 쓰는 반면, 큰 지혜를 지닌 작가는 글에다 생명과 영혼까지 불어넣는단다. 똑똑함이 지나치면 영혼을 포기할 수 있고, 머리만 따르다보면 좋은 작품을 써낼 수가 없어. 뭐든지 계산한 뒤에야 펜을 움직이고 계산에 의해 모든 영감이 사라진 상황에서 어떻게 정신을 창조할 수 있겠니? 하지만 창작 환경이 열악해지고 문화독재가 가혹해지면 영악하고 약빠른 작가들이 대거 생겨나게 된단다. 이런 작가는 환경 적응력이 아주 강해서 대부분의 재능을 '안전' 유지에 쓰느라 진실한 말을 할 수 있는 재능은 아주 조금만 남게 되지. 20세기 중국 문단에는 이런 '영민한 작가들'이 출현했지만 큰 흐름이 되지는 못했단다.

큰 지혜가 담긴 문학은 글이 좋을 뿐만 아니라, 일반적인 똑똑한 작가에게는 모자란 두 가지 요소를 지니고 있단다. 하나는 글에 담긴 큰 관심이고, 또 하나는 글의 배후에 있는 큰 시각 즉 철학적 태도와 철학적 기반이란다. 이 두 가지 모두 문학의 배후에 존재하는 큰 문화란다. 이 두 가지가 있으면 남들이 자신을 바보라 말하는 것을 두려워하지 않고 문장이 서투른 것도 두려워하지 않는단다. 문장을 쓸 때 두려워할 것은 "재주를 부리려다 서툰 짓을 저지르는 것"이지, 자연스러운 서투름은 도리어 두려워할 바가 아니란다. 자연스러움에는 늘 '큰 재주大巧'와 큰 지혜가 담겨 있지.

"똑똑함이 지나친 것은 지혜로운 사람이 피해야 할 것"이라는 세네카의 말은 장자의 자연 사상과 통한단다. 장자가 말한 진정

큰 지혜를 지닌 성인聖人·지인至人·진인眞人은 '큰 안녕大寧' 즉 자연의 이치를 아는 사람이지, 인위적인 것에 기대어 교묘함을 추구하는 이가 아니란다. 지나치게 똑똑한 사람은 인위성이 너무 강해서, 도리어 작은 지식의 길로 빠져버리고 말지. 장자는 이렇게 말했단다.

소인의 지혜란 선물을 주고받고 편지를 주고받는 범위를 벗어나지 못한다. 그들은 이런 자질구레한 일에 정신을 소모하면서도, 만물을 구제하고 이끌며 형체를 비워서 태일太—과 하나가 되길 바란다. 이런 자들은 우주에 미혹되고 형체에 얽매여 태초太初에 대해 알지 못한다. 저 지인은 시작도 없던 곳으로 정신을 돌아가게 하여, 그 어떤 형체도 없는 곳에서 단잠을 잔다. 물처럼 형체를 고집하지 않고 태청太淸에서 자유롭게 흘러 다닌다. 슬프구나! 너의 지혜는 너무나 작은 일에 한정되어 큰 안녕을 알지 못한다.

장자의 이 말의 요지는, 지나치게 똑똑한 사람은 도리어 "지혜가 너무나 작은 일에 한정되어 큰 안녕을 알지 못한다"는 것이란다. 즉 지혜를 아주 사소한 일에 사용하느라 큰 안녕의 경지를 알지 못한다는 말이지. 천구잉陳鼓應이 번역을 아주 잘해놓았는데, 알려주마. 『장자』「열어구列禦寇」의 원문을 참조하도록 하렴.

범부의 지혜는 접대와 교제를 벗어나지 못하고 시시한 일들에 정신을 소모하면서도, 모든 생물을 두루 구제하고 만물을 인도함으로써 태일의 허무한 경지에 도달하길 바란다. 이렇게 하면 도리어 우주의 형상에 미혹되어 몸을 수고롭게 하되 태초의 상황은 인식하지 못한다. 저 지인은, 시작도 없던 곳으로 정신이 돌아가 아무것도 없는 곳에서 깊은 잠에 빠져든다. 물의 흐름에 형체가 없듯이 움직임은 오로지 자연을 따른다. 슬프구나! 너의 지혜는 너무나 작은 일에 집착하느라 큰 안녕의 경지를 알지 못한다.

내가 사람과 문장의 '서투름'을 두려워하지 않는다고 말한 까닭은, 태초의 혼돈을 보존하여 아무것도 없는 곳에서 깊은 잠에 빠져들 수만 있다면 이 원초적인 정신의 고향으로부터 문장이 자연스럽게 흘러나올 터이니 많은 기교와 학문을 뽐낼 필요가 없기 때문이란다.

똑똑함이 지나친 것을 피해야 하는 이유를 장자의 언어로 말하자면, 어머니의 몸에서 가지고 나온 '혼돈' 즉 타고난 천진함이 그것에 의해 철저하게 파괴되기 때문이지. 교육과 지식의 주입은 필요한 것이지만 그것으로 인해 천진함을 잃어버리면 안 된단다. 장자가 「응제왕應帝王」에서 말한 '혼돈'을 뚫으면 안 되는 이야기가 바로 이런 의미란다.

남해의 제왕은 숙儵, 북해의 제왕은 홀忽, 중앙의 제왕은 혼돈이었어. 숙과 홀이 때때로 혼돈의 땅에서 만났는데, 혼돈이 그들을 아주 잘 대접해줬지. 그래서 숙과 홀은 혼돈의 은덕에 보답하려고 의논을 했단다. "사람들은 모두 일곱 개의 구멍이 있어서 보고 듣고 먹고 숨 쉴 수가 있는데, 혼돈만 구멍이 없으니 우리가 뚫어주자." 이렇게 해서 날마다 구멍을 하나씩 뚫어주었는데, 칠 일째가 되어 혼돈은 죽고 말았단다.

영원히 막힌 상태로 있으라는 것은 너무 지나치지. 하지만 천성의 천진함은 뚫어내면 안 된단다. 천성의 천진함이 '혼돈' 상태를 유지하도록 하는 것은 매우 일리가 있어. 시인이 시인인 것은 원시 우주가 부여한 혼돈 상태를 죽을 때까지 지키면서 세상에 물들기를 거부하고, 권세와 이익이 혼돈을 침식하는 것을 거부하고, 영리함이 혼돈을 뚫는 것을 거부하는 데 있어. 이렇게 한결같이 갓난아이의 마음과 갓난아이의 감정을 지닌 덕에, 그의 시 역시 똑똑한 사람은 도저히 따라잡을 수 없는 경지에 도달하게 되는 것이란다.

아빠가
1996년 2월 9일

인생의 단계

아빠!

아빠가 보내주신 생일 축하 카드를 어제 받았어요. 감사드려요. 서른 살에 박사학위 자격시험을 통과했고 직장도 구했으니, 이것도 '삼십이립三十而立'이라고 할 수 있겠네요. 생일 축하 카드에 이렇게 써주셨지요. "너는 이제 이립而立의 서른이 되었으니, 스스로 서야 한단다. 이후의 인생 역시 자립하는 인생이어야 한다. 자신의 힘에 의지해 한걸음 한걸음 나아가거라."

삶의 나루터에서 저는 인생의 단계에 대한 사상가들의 말을 떠올렸어요. 가장 먼저 생각난 것은 물론 모두가 잘 알고 있는 공자의 말이었답니다. "서른에 섰으며(이립而立), 마흔에는 미혹되지 않았고(불혹不惑), 쉰에는 천명을 알았으며(지천명知天命), 예순에는 귀가 순해졌다(이순耳順)." 귀가 순해진다는 게 얼마나 어려운 일인지 저는 아직 이해하지 못해요. 이따금 칭찬하는 말을 들으면 득의양양해지고, 비판하는 말을 들으면 기분 나빠할 뿐이지요. 이것은 아마도 귀가 순해지기에는 제가 아직 한참 멀었음을 증명하는 것이겠지요.

니체가 인생을 '낙타—사자—어린아이'의 단계로 나눈 것을 아빠가 글에서 언급하셨는데, 마침 제가 관심을 갖고 있던 내용이랍니다. 이 세 단계에 대해서 실존주의 철학의 관점에서 장황하게 설명할 수도 있겠지만, 그냥 간단히 말해서 저는 지금 낙타의 단계를 마쳤고 사자의 단계로 들어가야 해요. 학생으로서의 생활을 마치고 또다른 분투의 장으로 들어가야 하지요. 인생의 창조기는 바로 이 단계예요. 낙타가 끈기의 상징이라면 사자는 힘의 상징이지요. 사자의 단계에서는 더 많은 역량이 필요하고, 더 많은 탐색과 시도와 분투의 활력이 필요하다는 것을 알아요. 저는 여성이고, 사자의 단계에서 필요한 활력은 오로지 내재적인 정신적 창조력이지 외재적인 위력이 아니에요. 제가 안으로부터 밖까지 죄다 사자와 같은 '강자'가 되는 것은 아마도 영원히 불가능할 거예요.

작년에 아빠께서 저더러 뤄푸洛夫의 시집을 몇 권 읽어보라고 하셨잖아요. 저는 그의 시를 읽고서, 그가 '돌·불·눈雪'이라는 세 개의 이미지로써 인간의 역사를 개술했다는 사실에 주목하게 되었어요. 원래 세상에는 인간이 없었지요. 애당초 막돌에 불과했던 가보옥이 수많은 세월이 지나면서 생명을 얻어 마침내 인간이 된 것처럼 말이에요. 인간이 이 세상에 살게 된 이후로 가장 중요한 일은 불을 발견한 것이지요. 불의 발견으로 인간의 생명 역시 불처럼 타오르게 되었어요. 불타오른 이후에 생명은 냉각되고, 마치 눈이 흩날리다가 대지로 스며들듯이 '석실' 즉 묘지로 들어가게 되지요. 런훙위안任洪淵 아저씨는 「뤄푸의 시와 현대 창세기의 비극洛夫的詩與現代創世記的悲劇」이라는 논문에서 이에 대해 뛰어난 해석을 하셨지요. "뤄푸 시세계의 '돌/피/눈'의 원형을 '검은빛/핏빛/흰빛'의 삼원색으로 생각해볼 수도 있다. '검은빛'은 무색·무형에 무아無我·무물無物의 궁극적인 공空이다. 중간의 것은 순식간에 지나가버리는 것으로, 색깔이 있고 형체가 있고 자아가 있고 물질이 있는 '핏빛'의 생명이다." 저는 인간의 역사에 대한 이 시상詩想을 통해 인생에 대해 생각해보았어요. 제가 바로 유색·유형·유아有我·유물有物의 '핏빛' 생명의 창조기에 접어들었다는 생각이 들어요. 이 시기에 생명은 타올라야 하고 열정이 필요하지요. 바로 이 점을 제가 마침내 알게 되었답니다.

지금 아빠께 편지를 쓰면서 에머슨의 말이 떠올랐어요. 그는 인생을 그리스 시기, 낭만 시기, 반성 시기로 나눌 수 있다고 말했지요. 에머슨에 의하면 그리스는 바로 인류의 어린 시절로, 독서의 성장기 즉 이성의 성장기를 가리키지요. 저한테는 이 그리스 시기가 정말 길었죠. 그래서 낭만 시기에 누렸어야 할 많은 즐거움이 침범당했고요. 에머슨이 나눈 것에 따르자면, 저는 이제야 진정으로 낭만 시기에 접어들었답니다. 에머슨이 왜 '낭만'이라는 말로 인생의 중요한 단계를 개괄했는지 처음에는 이상하게 느껴졌어요. 그러다가 나중에야 천천히 깨달았지요. 그건 바로 책 속에서 뛰어나와 생명의 자연스러움, 즉 영혼의 활력을 통해 자유롭게 탐색하는 시기라는 것을요. 틀이나 구속이나 편견 없이 과감히 생각하고 말하고 쓰고, 자유롭게 창조하고 표현하는 것, 이것 역시 낭만이겠지요. 이것이야말로 큰 낭만이지요. 연애하고 상심하며 슬픔과 기쁨을 쓰는 것은 작은 낭만에 불과해요. 중국의 당대문학에는 이런 작은 낭만이 너무 많은 것 같아요. 셰익스피어나 위고 같은 큰 낭만은 결여되어 있지요. 상상력과 창조력이 부족하니, 천마가 하늘을 나는 듯한 큰 정신이 부족하지요. 그래서 큰 낭만이 부족한 거죠. 에머슨이 나눈 인생의 단계를 통해 저는 깨달음을 얻었어요. 인생의 중간 단계에 들어서면 성실하고 진지해야 하는 한편, 생명을 충분히 불태워서 영혼의 활력을 시종일관 유지해야 한다는 것을요.

아빠, 아빠의 낭만 시기는 그다지 길지 않았던 듯해요. 제 기억에 의하면, 아빠는 출국하신 이후에 반성 시기로 들어가셨고 그 열매를 많이 맺으셨거든요.

샤오메이 올림
1997년 11월 18일

샤오메이!

네가 서른에 접어들었구나. 형이상적 사색을 하는 인생 단계에 접어든 게지. 이제 좀더 먼 곳을 보거라. 공자·니체·에머슨·뤄푸 같은 이들의 사상은 우리를 일깨워주지.

에머슨이 인생을 '그리스·낭만·반성'의 세 시기로 나눈 것은 정말 탁월해. 네가 낭만을 작은 낭만과 큰 낭만으로 나눈 것도 내게 깨달음을 주었단다. 사실, 인류의 문학사에서 가장 위대한 작품, 예를 들면 『일리아스』『오디세이』『신곡』『로미오와 줄리엣』『파우스트』『돈 주앙』『돈키호테』『안나 카레리나』『카라마조프의 형제들』『율리시스』『롤리타』 중에 큰 낭만이 아닌 게 어디 있니? 중국의 『홍루몽』 역시 큰 낭만이지. 큰 낭만 속에 큰 진실과 큰 성품과 큰 관심이 있고, 이로 인해 비로소 위대한 작품이 탄생하는 거란다. 어떤 작가는 소설에 '성'이라는 양념을 첨가하지. 성애 장면을 집어넣고는 그걸 낭만이라고 하지만 사실 그것은 작은 낭만에 불과해. 인간의 포부와 이상과 꿈에도 큰 낭만이 담겨 있기 마련이지. 대동大同세계에 대한 이상 역시 일종의 큰 낭만이란다. 학문을 하는 사람이라면, 세상을 위해 마음먹고 역사를 위해 마음을 쏟는 것 역시 큰 낭만이지. 비록 해내지 못하더라도, 불가능한 것을 알면서도 하는 것이야말로 바로 위대한 정신이란다. 『장자』에서 붕鵬이 구만 리 상공으로 날아오른 것 역시 큰 낭만이지. 사람이 사회에서 필사적으로 살 때에도, 곤鯤과 붕 같은 뜻이 있어야 한단다. 장사에 뜻을 두었더라도 곤과 붕 같은 기업

가가 되어야지, 소상인이 되길 바라서는 안 된단다. 너무 저속하고 옹졸하거나 권세와 이익을 지나치게 따져서는 결코 안 된단다. 에머슨이 인생의 중요한 단계의 내용을 낭만으로 개괄한 것은 그의 생각이 비범하고 웅대하다는 걸 말해준단다.

낭만의 대척점에 있는 것은 현실이 아니라 세상에 물드는 것과 권세와 이익을 따르는 것이란다. 세상에 물든 이는 인간에 대한 신뢰와 생명의 열정을 잃어버렸기 때문에 결코 행복하지 않단다. 세상에 물든 이는 물론 똑똑하긴 하지. 그런데 안타깝게도 단지 영악할 뿐 큰 지혜는 없단다. "서른에 섰으며, 마흔에는 미혹되지 않았다"는 공자의 말에 나는 굉장히 고무되었어. 하지만 "쉰에는 천명을 알았다"는 말에는 늘 회의적이란다. 내 생각에는 천명이란 영원히 알 수 없는 것이거든. 배우기를 좋아하는 사람은 지식을 추구하면 할수록 우주와 천명을 알기 어렵다는 것을 느끼게 되지. 만약 자신이 이미 천명을 장악했다고 생각한다면 세상에 쉽게 물들고 만단다. 난 차라리 자신의 무지를 인정하고서, 끊임없이 시도해보고 물어보고 모험하려고 한단다. 이것도 낭만이라고 할 수 있겠지.

낭만 뒤에는 반드시 반성이 필요하단다. 이 점은 니체가 생각하지 못했지. 어쩌면 그가 애당초 반성을 거절한 것인지도 모르고. 인간이 마지막엔 어린아이 상태로 돌아가야 한다는 그의 사상은 정말 탁월하단다. 이 회귀를 넓은 의미에서의 반성으로 간주해도 괜찮을 듯하구나. 에머슨의 3단계는 사실 완전하지 않단다. 만약 반성의 단계 다음에 '2차 그리스 시대'를 보충할 수 있었다면 더 좋았을 게다. 반성은 세상에 대한 인식을 심화시켜준단다. 반성 뒤에 머리는 더 맑아지고 인생을 더 명확하게 볼 수 있지. 하지만 통찰력과 투시력을 지닌 다음에 어린아이 상태로 돌아갈 수 없다면, 그 사람은 아마도 너무 냉담하고 준엄하게 변할 거야. 나는 늘 친구들에게 농담으로 이렇게 말한다. 세상을 꿰뚫어본 다음에 어린아이로 돌아가지 않는다면 온몸이 차가운 요괴가 되어버려 전혀 사랑스럽지 않을 것이라고. 난 장아이링이 마지막에 어린아이 상태로 돌아가지 못했다고 생각한단다. 그녀는 요괴가 되진 않았지만 너무 차가워졌지. 이것이 확실히 그녀의 만년의 성취에 영향을 주었어. 사실, 어린아이 상태로 돌아가야만 생명의 에너지가 충분히 발산될 수 있는 거란다.

루쉰의 '돌·불·눈'이라는 세 가지 이미지와 세 단계 역시 매우 탁월하지. 그런데 눈의 상징은 '공무空無'란다. 공무는 기가 죽거나 의기소침한 것이 아니라, 모든 공명과 이익을 내려놓은 평온함이자 현존하는 '색色'과 '유有'와의 고별이지. 갓난아이만이 '공'을 깨달을 수 있고 갓난아이만이 '무'를 깨달을 수 있단다. 그랑데(발자크의 소설 『외제니 그랑데』에 나오는 지독한 구두쇠—옮긴이) 같은 돈벌레나 주원장朱元璋 같은 독재 제왕은 죽기 전날 밤 최후의 순간까지도 돈과 왕관을 꼭 쥐고 있으려 하지. 그러니 어떻게 '공무'를 깨달을 수 있겠니? 눈은 '공무'의 상징이자 갓난아이의 마음을 상징하는 것이란다. 루쉰는 노년에 쓴 「왕유를 향해 나아가다走向王維」라는 시에서 이렇게 말했단다.

......

며칠 전, 누군가 물었지.

어느 시가 가장 선기禪機를 지니고 있소?

당신은 한가롭게 대답했지.

바로「여러 날 비 내리는 망천장에서 짓다積雨輞川莊作」의

세 번째 구절에 나오는,

아득히 날아가는

그 백로

......

사람은 최후에 이르게 되면, 아득히 날아가는 백로처럼 될 수 있단다. 이것은 갓난아이 같은 사람만이 얻을 수 있는 행운이지.

우리가 '낭만'을 또다른 차원에서 이해하자면, 제2의 인생기에는 책을 읽고 연구하는 것 말고도 세상을 잘 관찰해야 한단다. 콘스탄틴 파우스톱스키는 그의 산문에서, 페르시아 시인 사디가 인간의 일생을 세 단계로 나눈 것을 언급했단다. 니체가 인간은 '제때에 죽어야 한다(제일 좋은 것은 마흔에 죽는 것이다)'고 주장했던 것과 반대로, 이 시인은 아흔 살 이상까지 살아야 한다고 주장했지. 만약 아흔까지 산다면, 처음 30년은 지식을 획득하고, 그다음 30년은 천하를 자유롭게 돌아다니고, 마지막 30년은 자

신의 '압축된 정신'을 후손에게 전해주기 위해 창작에 종사해야 한다는 거야. 아흔까지 살 수 있는지의 여부는 일단 논외로 하더라도, 사디가 '천하를 자유롭게 돌아다니는 것'을 이렇게 중요하게 생각했다는 것은 우리에게 시사하는 바가 크단다. 네가 창작에 안달을 낼 때 내가 적극적으로 지지하지 않았던 것은 사디의 말이 생각났기 때문이란다. 네가 첫 번째 30년을 완성하면서 책에 나오는 많은 지식을 획득하긴 했지만, 천하를 자유롭게 돌아다니는 큰 경험은 부족하잖니. "만 권의 책을 읽고 만 리의 길을 다니라"는 두보杜甫의 말에 담긴 이치는 사디와 통하는 데가 있어. 넌 아직 만릿길을 다닌 건 아니잖니. 천하를 자유롭게 돌아다니는 것은 천지의 살아 있는 커다란 책을 읽는 것이란다. 데리다의 말을 빌려보자면 '치명적인 눈 뜸', 즉 시야의 확장이라고 할 수 있지. 시야가 넓어지면 사람은 완전히 달라진단다. 이를 통해 네가 첫 30년 동안 배운 지식 역시 신기하게 생명을 획득하게 될 거야. 작가의 영혼의 불꽃은 '천하'와의 충격 속에서 타오르게 된단다.

  1980년대 중국문학에서 새롭게 떠오른 작가들은 첫 번째 시기인 독서의 시간은 길지 않았지만, 그들은 지방으로 내려가서 노동자·농민과 함께하며 밑바닥 생활을 경험했지. 이는 천하의 절반을 돌아다닌 것과 마찬가지란다. 그래서 그들의 작품에는 생기가 있는 거야. 천재는 고난의 단련을 겪어야만 빛을 발하는 법이란다. 최근 10년 동안, 운명이 나를 서양으로 데려왔고 또 아시아와 유럽의 수많은 곳을 돌아다니게 만들었지. 덕분에 생명의 에너지가 마음껏 발산될 수 있었고 내재적 생명이 진정으로 연장되었단다. 무엇보다도 시야가 연장되었지. 『표류수기』는 생명이 연장된 뒤의 압축물이란다. 물론 우리가 정말로 30년 동안 오로지 돌아다니기만 해야 하는 건 아니야. 하지만 생명의 두 번째 단계에서 천하를 껴안아야만 한다는 것에는 논쟁의 여지가 없단다. 천하를 껴안은 뒤에야 네가 생산해내는 '압축된 정신'이 비로소 견고해질 수 있단다.

아빠가

1997년 11월 20일

생명의 상태가
모든 것을 결정한다

샤오메이!

생명의 상태와 마음의 상태가 모든 것을 결정한단다. 이 말의
의미는 한 사람의 즐거움과 행복은 그가 무엇을 하는지, 직위와
직함이 무엇인지에 따라 결정되지 않고 생명의 상태와 마음의 상
태에 따라 결정된다는 것이란다. 이것은 내가 10년 동안 중국을
떠나 있으면서 얻은 깨달음이란다. 일반적으로 사람들은 권력과
재산이 생기면 즐거움을 얻게 된다고 생각하지만 실은 그렇지 않
단다. 『홍루몽』에서 가원춘賈元春이 부모님을 뵙기 위해 친정으로
왔을 때 부모 형제에게 털어놓은 실화는, 궁궐은 "사람이 살 곳
이 아니다"라는 것이었어. 궁궐에 사는 사람들이 결코 행복하지
않다는 것을 여실히 말해주는 것이지. 나는 궁궐에 사는 절대다
수의 생명의 상태와 마음의 상태가 결코 좋지 않을 거라고 믿는

단다. 엄청난 재산을 소유한 사람이라고 해서 생명의 상태와 마음의 상태가 반드시 좋은 것도 아니지. 발자크가 그려낸 그랑데는 엄청난 돈을 모았지만 그의 유일한 즐거움은 인적이 드문 깊은 밤에 홀로 황금을 감상하는 것이었어. 그는 자기 딸을 포함해 그 어느 누구도 믿지 못했어. 그의 마음에는 긴장의 줄이 한 가닥뿐 아니라 백 가닥 천 가닥 팽팽하게 당겨져 있었단다. 그는 세상 모든 사람이 그의 황금을 훔쳐갈 수 있는 도둑이라고 생각했던 거야. 재산은 권력과 마찬가지로 사람의 마음을 무자비하게 손상시키고 썩게 만들고 꽉 막아버린단다. 수많은 고관과 재벌은 노년이 되었을 때 친구가 없어. 권력과 돈이 참된 모든 것을 삼켜버렸기 때문이지. 일찌감치 그는 권력과 돈의 거래 속에서 생활했던 거야. 권세와 이익만 갖고 있을 뿐 참됨이 없는 사람은 행복할 수가 없단다. 권세와 돈을 가지고 있는 사람과 달리, 우리가 알고 있는 장자는 아주 가난했지. 그는 짚신을 만들어 팔며 생계를 유지했지만 그에게는 사상과 상상력이 있었어. 정신을 창조하며 살았던 그야말로 행복한 사람이야. 그래서 즐거움은 지위에 따라 결정되는 것이 결코 아니란다.

높은 지위에 있는 사람이 마음의 상태가 좋다면, 그러니까 아주 인자하고 관대하고 다른 사람의 말을 잘 들어줄 수 있다면 그는 아주 잘 살 수가 있단다. 당나라 태종太宗은 위징魏徵의 간언에 귀를 기울였는데, 이것은 그의 심리 상태가 좋았음을 말해주지. 태종의 마음 상태는 그 당시 국가와 사회의 문화적 심리 상태에 영향을 끼쳤단다. 외래 문화를 과감하게 흡수했던 한나라와 당나라의 기백은 그 당시 왕의 마음 상태와 관련이 깊단다. 당나라 태종과 비교했을 때, 명나라 주원장은 마음 상태가 좋지 않았어. 그의 마음은 의심에 점유되어서 신하를 신뢰하지 못했지. 모든 것을 지배할 수 있는 권력을 지닌 황제였지만 결코 즐거웠던 사람은 아니란다. 세계 왕들의 역사 가운데 내가 가장 즐겨 말하는 이는 아무래도 나폴레옹이야. 그는 외국의 왕들 가운데 내가 알고 있는 한, 낭만적 숨결을 가장 많이 지닌 황제였고 생명의 상태와 마음의 상태가 더할 나위 없이 좋았단다. 그는 말 위에서 연속해서 15시간을 행군할 수 있었지. 황제가 된 그가 잠자기 전에 수행원에게 당부한 말은, 만약 나쁜 소식이 있으면 제때에 깨우고 승리의 소식이라면 방해하지 말라는 거였어. '좋은 소식은 알리고 나쁜 소식은 알리지 않는' 아랫사람의 심리 상태와는 완전히 다른 것이지.

나폴레옹 역시 야심이 있었단다. 하지만 그의 야심에는 역사를 위하는 진보적 경향이 내재되어 있었지. 『나폴레옹법전』은 그의 마음이 무엇을 지향했는지 말해준다. 프랑스가 세계를 정복하는 원대한 포부가 그의 야심이었다고 할 수 있어. 그 야심 안에는 놀랍고 원대한 계획, 봉건 시대의 왕관을 타파하려는 자산계급의 포부가 있었단다. 그래서 그의 야심에는 비할 데 없이 뜨거운 생명의 불꽃이 담겨 있었어. 이것은 너무나 훌륭한 생명의 상태이지. 나폴레옹이 출현하기 몇 세기 전, 셰익스피어는 일찍이 궁정의 야심가인 맥베스에 대해 묘사했단다. 맥베스를 분석한 글은 아주 많지만 만약 생명의 상태라는 관점에서 그를 본다면, 그의 마음의 상태가 아주 나쁘다는 것을 느끼게 된단다. 맥베스는 셰익스피어가 만들어낸 예술 이미지로서는 굉장히 탁월하지. 하지만 생명의 상태라는 관점에서 보자면, 그의 야심은 너무 피동적이고 나약하고 어둡단다. 그가 자신을 신임하던 국왕을 죽인 것은 동시에 자신의 편안한 잠도 죽인 것이었지. 그는 더 이상 안정된 삶을 살아갈 수가 없었어. 맥베스의 비극은 그의 양심이 여전히 존재함에도 불구하고 양심의 명령에 따르지 못한 채 자신의 야심도 포함된 외부적 힘의 명령에 따라서 국왕을 모살했다는 것이란다. 이 잘못으로 인해 그는 음모가 실현됨과 동시에 자신의 건강하고 정상적인 마음 상태를 망가뜨리고 말았지. 나쁜 사람 가운데 마음의 상태가 아름다운 이는 한 명도 없단다.

잘나가는 권력가라고 해서 반드시 행복한 것도 아니고, 빈곤에 처한 사람이라고 해서 반드시 불행한 것도 아니란다. 혜강嵇康은 매우 가난했지. 그는 쇠를 불리는 일로 생계를 유지했지만 아주 잘 살아갔고 굳센 의지와 강한 기개를 지니고 있었어. 도연명은 관료사회를 떠나 자연으로 돌아갔지. 또 이백은 "어찌 고개 숙이고 허리를 굽혀 권세가를 섬기면서, 내 마음과 얼굴을 펴지 못하게 하리"라고 감개를 토로했어. 이건 모두 관료사회와 궁궐에서는 자유로운 생명의 상태를 지닐 수 없고, 대자연 속으로 돌아가야만 마음의 에너지가 방출될 수 있다는 깨달음이지. 물론 재능은 천부적인 것이지만 마음의 상태가 좋지 않다면 그 재능을 충분히 방출해낼 수가 없단다.

나는 최근 3~4년 동안 '동심설'에 관해 썼는데, 동심의 시각을 정립하는 것도 사실은 자구自救의 일종이란다. 사람은 노년에 접어들면, 마음에 무기력이 가득 자리 잡기 쉽단다. 황혼의 기운은 사람을 냉담한 능구렁이로 변하게 만들기 쉽지. 노인은 마음의 상태가 악화되면 세상에 대한 원한을 그 안에 갖게 된단다. 노인의 '광조증狂躁症'은 그 때문에 생겨나는 거야. 이런 병을 앓는 사람은 인생을 통찰하고 속세를 간파했기 때문에 늘 다른 사람을 모질게 대하고 남의 결점을 말하는 데 골몰하는 반면 끊임없이 자신을 치켜세우며 자아를 부풀린단다. 학식이 있는 사람은 세상을 관통한 뒤에 다시 어린아이 상태로 돌아가야만 비로소 인생이 행복해질 수 있다고 내가 말한 이유도 바로 이 때문이야.

우리는 정신을 창조하는 데 종사하는 사람이고, 이런 일을 하면 운명 역시 다르게 마련이란다. 마음이 너무 긴장되어 있고 명성과 지위에 지나치게 민감한 동료를 많이 보아왔어. 마음의 상태가 너무 긴장되면 삶이 재미가 없단다. 명성을 너무 중시하면 사람이 우울해지고, 부득이하게 너무 많은 정력을 자기선전에 쏟아붓게 되고, 다른 이의 성취를 질투하고 폄하하게 되지. 그래서 고뇌에 빠져들게 되고 결국 마음의 상태가 악화된단다. 갓난아이의 생명 상태가 좋은 까닭은 명예와 이익을 추구하는 욕망에서 자유롭기 때문이야.

생명의 상태와 마음의 상태는 마치 볼 수 없는 것 같기도 하면서 볼 수 있는 것 같기도 하단다. 그것은 추상적인 것 같으면서도 매우 구체적이지. 예를 들어 네가 온몸에 활력이 넘칠 때에는 뭐든지 해보고 싶지만, 활기가 없을 때에는 아무것도 하고 싶지 않을 게다. 이 두 가지는 서로 다른 상태인 것이고, 느낄 수 있는 것이란다. 내가 오늘 너에게 편지를 쓰는 것은 네가 활력 있는 생명의 상태와 건강을 유지하길 바라서야. 사실 나도 별다를 바가 없지만, 게으름이 나를 갉아먹으려 할 때 나를 일깨우는 목소리가 있단다. 바로 데이비드 흄이 그의 책에서 인용한 프랑스의 외교가이자 역사가인 뒤보의 말이지.

일반적으로, 마음에 가장 유해한 것은 늘 축 늘어진 생기 없는 상태에 처해 있는 것이다. 이는 모든 열정과 일을 망쳐버리고 만다. 이런 지겨운 상황에서 벗어나기 위해 어디서나 사람들은 흥미를 일으키거나 추구할 만한 것들, 예를 들면 온갖 사실·유희·장식·성취 등을 찾는다. 열정을 환기해주는 이런 것들이 있어야만 주의력을 다른 데로 옮길 수 있는 것이다. 열정을 일으키는 것이 무엇이든 간에, 설령 그것이 불쾌하고 괴롭고 슬프고 혼란한 것일지라도, 무미건조하고 활력 없는 상태보다는 낫다.

이 목소리가 늘 나를 일깨워준다. 이 목소리가 귓가에서 맴돌면 생기 없는 상태로부터 깨어나게 된단다. 가장 두려운 상태는 나의 생명을 생매장하는 순간이야. "몸을 일으켜서 이 보이지 않는 무덤에서 벗어나!"라고 스스로에게 말한 뒤에, 이런 반죽음 상태를 깨뜨리기 위한 방법을 찾는단다. 등산을 하거나 수영을 하거나 영화를 보지. 혹은 속마음을 이야기할 친구를 찾거나, 영원히 내가 진심으로 소중히 여기는 셰익스피어를 다시 읽는단다.

아빠가
1998년 3월 28일

아빠!

아빠의 편지를 읽고서 정말 힘을 얻었어요. 흄이 인용한 뒤보의 말은 저에게 아주 좋은 처방이 되었답니다. 저도 물론 그 목소리를 기억할 거예요. 그 목소리가 종소리처럼 저를 일깨우도록 할게요. 생기 없는 상태는 생리적 상태이기도 하지만 심리 상태인 경우가 더 많아요.

덕분에 제가 힘을 얻은 것은 물론이고 아빠에 대해 더 잘 이해할 수 있게 되었답니다. 전 자주 생각했어요. '아빠는 어쩜 늘 그렇게 싫증내시지도 않고 부지런하실까? 어쩜 늘 그렇게 쉬지 않고 노력하실까?' 성공이 아빠를 정복할 수 없고 실패도 아빠를 정복할 수 없죠. 순탄한 상황이 아빠를 우쭐하게 만들지 못하고 역경 역시 아빠를 낙심하게 만들지 못하죠. 많은 이가 마흔 이후로는 사람 같지 않다고 루쉰이 말했지요. 하지만 아빠는 나이 드실수록 사상의 활력이 더해지셨어요. 소멸되지 않는 영혼의 불꽃이 아빠의 생명 깊은 곳에서 늘 타오르고 있어요. 그래서 전 기쁘답니다. 대체 어떻게 그게 가능하죠? 전 늘 궁금해요. 아빠에게 여쭤보았던 일이 기억나네요. "아빠는 어떻게 늘 그렇게 활력이 있으세요?"라고요. "외국에서 지내면서 가장 중요한 것은 심리적 강자가 되는 거란다"라고 대답해주셨죠. 아빠는 늘 자각적으로 심리적 강자가 되셨음을, 건강하고 강대한 마음의 상태를 자각적으로 지키셨음을, 아빠의 편지를 읽고서야 알게 되었어요. 『푸른 바다를 읽다讀滄海』에 나오는 산문시에서 말씀하시길, 큰 바다가 인간에게 주는 가장 중요한 계시는, 바다 자체의 건강함과 강대함 그리고 늘 끊임없이 흐르고 새로워지는 바다의 생명이라고 하셨죠. 또 푸른 바다와 같이 활기찬 생명의 상태를 유지하는 것은 모든 성공 가운데 가장 큰 성공이라고도 하셨어요.

저는 명리를 쫓지 않고 사는 것이 좋아요. 그런 '남자들의 문제'에는 개입하고 싶지 않답니다. 그래서 온갖 허황된 외재적인 가치에는 마음을 두지 않아요. 늘 장자의 '소요유逍遙遊'를 동경하지요. 그런데 이런 삶의 태도로 인해, 경각심이 부족한 생기 없는 상태에 빠지기 쉽답니다. 허영을 추구하지 않는 건 물론 좋은 거죠. 생명의 의미를 쟁취하는 것은 결코 허영이 아니에요. 이런 쟁취와 노력은 필요해요.

아빠의 편지를 읽은 다음에 순이이孫依依가 번역한 에리히 프롬의 『자기를 찾는 인간Man For Himself』을 다시 읽어봤어요. 이 책의 몇몇 구절이 저를 감동시켰는데, 오늘 다시 읽어보니 감회가 새로워요. "차분하게 진리를 마주한다면 깨닫게 될 것이다. 역량을 발휘하고 생산적으로 생활함으로써 생명에 의미를 부여하지 않는다면 생명은 아무 의미도 없음을 말이다. 시시각각 경각심을 가지고 끊임없이 활동하고 노력해야만 우리가 이 임무를 실현할 수 있다." "인간은 곤혹스러워하기를 멈춰 서서는 결코 안 되고, 호기심이 많은 것을 멈춰 서서도 결코 안 되고, 문제를 제기하는 것을 멈춰 서서도 결코 안 된다." 이 말들을 아빠가 말씀하신 '생명의 상태'와 연결해보고서 갑자기 깨달은 바가 있답니다. 우리가 문학이라는 직업에 종사하는 이상, 생기 있는 생명의 상태를 유지하기 위해서는 우리의 '생산적인 활동'을 견지하고 끊임없이 문제를 제기하고 끊임없이 질문과 의문을 던져야 한다는 생각이 들었어요. 아빠는 여러 편의 산문을 통해서 '표류'의 의의에 대해 거듭 말씀하시면서, 표류란 마침표도 쉼표도 없는 것을 의미한다고 하셨잖아요. 어린아이의 호기심 가득한 눈으로 끊임없이 세계를 발견하고, 생명으로 하여금 끊임없이 문제 속으로 들어가게 하라고 하셨지요. 이런 견해들은 프롬의 말과 완전히 통해요. 프롬은 또 말하길, 인간은 에덴동산을 잃은 뒤로 자연과의 일체성을 상실했고 영원한 유랑자가 되었다고 했지요. 오디세이·오이디푸스·아브라함·파우스트는 모두 위대한 유랑자이자 인류의 축소판이라고 했지요. 인간은 하나님으로부터 쫓겨난 뒤로도 계속해서 전진하며 끊임없이 노력하고 있어요. 또한 문제지의 답안을 채워나가고 미지의 것을 아는 것으로 바꾸어 나감으로써 존재하고 발전해왔어요.

끊임없이 유랑하고 끊임없이 문제를 제기하고 답을 찾는 것, 이것이 바로 활기찬 생명의 상태를 유지하는 관건이겠지요. 저도 표류 의식을 가져야겠어요. 여기까지 쓰다보니 이런 생각이 들어요. 제가 학위를 받은 것도 물론 기뻐할 만한 일이겠지요. 하지만 한 사람의 즐거움은 결코 학위에 달려 있는 것이 아니라, 학위를 얻은 이후에도 더 깊은 인생의 의미를 지닌 생명의 상태를

쟁취할 수 있느냐에 달려 있음을 깨달았답니다. 이런 이치를 알
게 된 것이 더 기뻐할 만한 일이겠지요.

샤오메이 올림
1998년 3월 30일

영혼의 뿌리

아빠!

어제 전화할 때 아빠가 영혼의 뿌리에 대해서 말씀하시는 걸 듣고 마음이 뜨끔거렸어요. 그리고 머릿속에서 이런 생각이 갑자기 스쳐지나갔답니다. '나와 내 동년배 대부분은 뿌리 없는 세대에 속하는구나.' 몇 년 전에 저는 외국의 젊은 친구와 뿌리 없는 세대에 대해 이야기를 나눈 적이 있어요. 그때 우리가 말했던 건 국가 관념이 없는 유랑자였지요. 이번에 아빠가 말씀하신 뿌리 없음은 영혼의 뿌리가 없는 것을 가리키신 거죠. 저는 제가 정말 뿌리 없는 사람들의 일원이라는 생각이 들어요.

황강의 부모님이 돌아가신 뒤에 우리는 약간 두렵고 당황스러운 정신 상태에 놓였답니다. 공허함 속에서 우리는 그분들이 생전에 기독교를 믿으셨던 게 결코 의미 없는 것이 아니었음을 느겼어요. 종교는 확실히 사람들에게 영혼의 뿌리를 제공하지요. 저와 황강은 신앙이 없었는데, 그의 아버지가 돌아가신 뒤에야 일시적으로 종교를 찾았어요. 저는 기독교의 천국 개념으로 황강을 위로하며 입으로는 기도하고 있었지만 정작 마음속에는 의지할 데가 전혀 없었답니다. 바로 그 순간 저는 신앙이 있는 사람을 처음으로 부러워했어요.

중국에는 서양과 같은 엄격한 의미에서의 종교가 없지요. 하지만 5·4 이전에 중국인은 자신의 영혼의 뿌리를 갖고 있었어요. 그 뿌리는 공자의 유가 문화에서 비롯된 것이지요. 혹은 유가와 도가가 상호 보완된 전통문화에서 비롯된 것이지요. 유가학설에 얼마만큼의 문제가 있든지 간에, 그것은 결국 중국인과 중국 지식인에게 마음의 준칙을 제공했어요. 하지만 우리 세대는 공자의 학설을 영혼으로 여기지 않아요. 제 마음속에 공자의 말이 남아 있긴 하지만 그것이 제 마음의 원칙을 구성하지는 않아요. 19세기 이전의 지식인에게 공자는 그들 마음의 뿌리였죠. 하지만 우리 세대에 와서는 뿌리의 털만 남았어요. 어쩌면 뿌리의 털조차도 남지 않았을 겁니다.

저는 미국에 온 뒤로, 책을 읽으면서 서양 문화에 관한 지식을 장악하기 위해 노력했어요. 하지만 어떤 학설을 통해 영혼의 자원을 얻고 영혼의 뿌리를 성장시켰는지 진정으로 묻는다면, 전혀 대답할 수가 없답니다. 저는 아빠의 산문을 읽고서, 아빠가 미국의 개국공신 제퍼슨 등의 사상, 즉 인류의 타고난 신성한 권리에 대한 존중과 자유의 사상을 진정으로 흡수해서 아빠의 신념으로 만드셨다는 것을 알았어요. 이건 아빠가 자신의 영혼의 뿌리를 키우고 계시다는 걸 말해주지요. 그런데 저는 그렇게도 하지 못해요. 아빠가 여러 종교와 학설의 뛰어난 사상을 열심히 흡수하신 목적은 바로 영혼의 뿌리를 키우고 정신의 경지를 높이기 위함이지요. 쉬디산許地山도 그랬답니다. 그의 산문 「땅콩落花生」은 늘 저에게 가르침을 주지요. 지금 든 생각인데, 이 글에는 영혼의 뿌리가 존재해요. 그는 특정 종교의 신자는 아니지만, 여러 종교에서 말하는 사랑의 의미를 골라내고 여러 문화의 정수를 받아들임으로써 자신의 영혼을 형성할 수 있었던 거죠.

「영혼을 상실한 시대喪魂失魄的時代」라는 글에서 아빠는 영혼의 상실에 대해 탄식하셨지요. 아빠의 언어는 온화해요. 반면에 아청阿城의 「돼지와 개의 시대豕狗時代」의 언어는 아주 격렬하지요. 아청은 5·4 운동 이후 중국인의 뿌리가 단절되었음을 1985년에 깨닫게 되었어요. 그리고 1990년대 말에 이르러 그의 그런 느낌은 더욱 깊어졌지요. 그가 그런 식으로 말하는 것은 결코 남을 욕하려는 게 아니라 영혼을 잃어버린 시대를 통절하게 느꼈기 때문이죠. 사람은 영혼이 없으면 개돼지·금수·건달이 될 수밖에 없어요. 이런 생각을 하니 식은땀이 나려고 합니다.

샤오메이 올림
1999년 3월 12일

샤오메이!

우리는 학문의 뿌리와 학문의 효능에 대해서는 자주 듣지만 영혼의 뿌리와 효능에 대해서는 별로 들어본 적이 없지. 그저께 우리가 이야기를 나눈 뒤에 이 문제에 대해 생각해봤단다.

내가 파리에 갔을 때 들었던 강력한 느낌은, 파리에는 영혼이 있다는 것이었단다. '이곳은 영혼이 있는 도시구나!' 나는 「파리를 깨닫다悟巴黎」라는 글에서 이런 느낌을 표현했지. 사람이 아닌 국가와 민족과 도시라도 그 영혼을 느낄 수가 있단다. 지금 내가 말하고 싶은 것은, 파리에는 영혼이 있을 뿐만 아니라 영혼의 튼튼한 뿌리가 있다는 것이야. 프랑스의 자유로운 영혼이 바람에 따라 변화하지 않는 이유는 바로 영혼의 뿌리가 아주 깊기 때문이란다. 루브르 박물관과 오르세 박물관을 가든, 노트르담 성당과 판테온을 가든 그런 생각이 들었어.

판테온은 1755년에 세워졌는데, 원래는 '성 주느비에브' 성당이었지. 프랑스 혁명 이후에, 프랑스의 위대한 인물이 묻힌 묘지로 바뀐 거란다. 볼테르·루소·위고·졸라·브라유·마라·미라보 등이 모두 이곳에 편히 잠들어 있어. 이들의 이름은 프랑스의 영혼이란다. 각각의 이름이 프랑스 영혼의 강대한 뿌리이지. 내가 판테온에 갔던 날은 마침 햇빛이 들어 날이 화창했어. 나는 이런 생각이 들었단다. '이곳에 있는 "선현"의 이름 하나하나가 이토록 비중 있고, 그 영혼 자체가 바로 광활한 하늘이구나!'

나는 파리에 다섯 번 가봤는데, 한번은 세계적으로 유명한 페르 라셰즈 묘지를 찾아갈 기회가 있었단다. 페르 라셰즈 묘지는 파리 동쪽 20구에 있어. 아주 넓기 때문에 우리는 입구에서 구입한 묘지의 지도를 보며 각자 좋아하는 이들이 묻혀 있는 곳을 찾아가야만 했지. 그때 나는 이곳에 잠든 이들의 명단을 보고서 심장이 마구 뛰었단다. 위대한 발자크와 몰리에르가 이곳에 묻힌 것은 원래 알고 있었지만, 프루스트·라퐁텐·뮈세·와일드·쇼팽·던컨·스타인, 그리고 위대한 화가 앵그르와 모딜리아니도 이곳에 있다는 건 그때 비로소 알았거든. 이들은 모두 파리의 영혼이야! 각 영혼의 뿌리가 깊은 해저로 들어간 뒤에 푸른 파도를 넘어 세계의 구석구석을 향해 뻗어나갔지. 아쉽게도 페르 라셰즈 묘지와 더불어 유명한 몽마르트르 묘지를 가볼 시간이 없었단다. 친구가 알려주길, 거기에는 프랑스의 위대한 작가 스탕달·뒤마·고티에, 공쿠르 형제, 그리고 독일 시인 하이네가 묻혀 있다고 하더구나. 이들의 이름은 모두 나로 하여금 머리를 숙이고 깊이 생각하게 만든단다.

전 세계가 우러러보는 루브르 박물관, 그곳에 있는 위대한 화가의 이름과 작품은 이루 다 말할 수가 없구나. 그곳의 그림은 하나하나가 모두 파리 영혼의 뿌리이지. 다른 설명은 필요 없고, 그 이름들을 열거하기만 해도 파리의 영혼이 어떤 뿌리를 지니고 있는지 알 수 있단다. 프랑스는 1789년에 대혁명을 겪었지만 문화대혁명은 없었어. 그들은 정치 성향이 다르더라도 공동으로 자신의 영혼을 지켰단다. 한 민족의 영혼은 인위적으로 심는다고 심어지는 것이 아니라, 오랫동안 자연스럽게 쌓이는 것이지. 그것은 민족의 천재적인 아들과 딸이 창조하고 쌓아가는 것이란다.

미국의 영혼의 뿌리는 프랑스만큼 튼튼하지 못하단다. 역사가 아주 짧은 만큼 축적된 것에 한계가 있지. 하지만 역사가 짧기 때문에 역사를 더 귀중히 여긴단다. 미국의 개국공신, 대통령, 사상가인 워싱턴·제퍼슨·프랭클린·링컨 등은 모두 미국의 귀중한 영혼이지. 마크 트웨인, 잭 런던, 월트 휘트먼 역시 미국 영혼의 일부란다.

중국의 영혼의 뿌리는 본래 튼튼하단다. 이 뿌리의 중심은 공자의 학설이야. 하지만 5·4 운동 시기에 중국의 지식인들은 이 영혼이 너무 진부하다는 걸 깨달았어. 그것은 이미 중화민족의 강대한 몸집을 짊어지고서 계속 앞으로 나아갈 수 없게 되었단다. 그래서 사람들은 이 영혼을 부수어서 조각냈고, 프랑스의 영혼을 빌려 쓰고 싶었으나 성공하지 못했지. 나중에는 마르크스주의라는 영혼을 찾아냈지만 그 뿌리는 깊지 않았단다.

국가와 민족의 영혼에는 그 뿌리의 튼튼함과 취약함의 구분이 있단다. 개인의 영혼 역시 뿌리의 튼튼함과 취약함의 구분이 있지. 마르쿠제는 영혼을 고급과 저급으로 나누었단다. '저급 영혼'(마르쿠제가 말한 '일차원적 사유'를 가리키는 것이라 생각되지만, 류짜이푸가 사용한 용어 그대로 옮겼다 — 옮긴이)은 돈으로 채워질 수밖에 없는데, 이건 그만 이야기하도록 하자. '고급 영혼'(마르쿠제가 말한 '이차원적 사유'를 가리키는 것이라 생각되지만, 류짜이푸가 사용한 용어 그대로 옮겼다—옮긴이)은 경지·자질·품행·정신을 포함하고 있지. 이런 영혼의 강인함은 뿌리와 관계가 있단다. 우리가 인성의 연약함을 탄식하는 것은 사실 영혼의 연약함을 탄식하는 것이지. 루쉰은 중국의 국민성을 비판하면서, 중국인은 늘 우르르 몰려들었다가 우르르 흩어진다고 했어. 바로 영혼에 뿌리가 없다는 말이지. 뿌리가 깊지 않으면 바람에 따라 방향을 바꾸기 쉽단다. 문화대혁명 기간에 특히 '기회주의 집단'이 많았는데, 그건 순전히 영혼에 뿌리가 없었기 때문이었단다. 루쉰은 유랑민과 유랑성이 문학과 문화의 영역에 끼친 해악을 여러 차례 비판했어. 유랑민은 오늘은 '갑'을 믿었다가 내일은 '정'을 믿고, 오늘은 공자를 존경했다가 내일은 불교를 숭상한다고 비판했지. 또한 상대가 필요할 때에는 상호 협조설을 내세우고, 상대가 필요 없을 때에는 투쟁설을 내세우기 때문에 따를 만한 일정한 이론적 맥락이 없다고도 했지. 그 이론적 맥락이라는 것이 바로 영혼의 뿌리란다. 유랑민에게는 영혼이 없고 건달에게도 영혼이 없어. 건달문학痞子文學(조소, 가벼운 말투, 세상을 비웃는 문체로 상식, 전통, 허위, 신성 등에 반대하는 경향이 있는 북경파 비주류 작가의 작품—옮긴이)은 생동감 있게 읽힐 수는 있겠지만, 영혼이 없다는 점에서 치명적이지. 영혼이 뿌리조차 뽑혔을 때, 유랑민의 정신 상태를 초래할 수 있단다.

개인의 경우, 영혼의 뿌리라고 하면 너무 추상적일 수 있으니 통속적인 말로 마음의 토대라고 하자. 한 사람의 마음의 아름다움에 토대가 있는지, 그 토대가 튼튼한지의 여부는 느낄 수가 있는 거란다. 토대가 부실하면 유혹당하기 쉽기 때문에 돈 봉투 하나가 '순결'을 부술 수 있고, 아첨 한마디가 갈팡질팡하게 만들 수 있고, 월계관 하나가 사악함에 대해 입을 다물도록 만들 수가 있어. 이건 바로 마음의 토대가 너무 얕기 때문이란다. 마음의 토대가 취약한 사람은 성공을 감당할 수 없고 패배도 감당하지 못해. 박수 소리와 좌절이 모두 그를 파괴할 수 있지.

학문을 하는 것도 사실은 마음의 토대와 관계가 있단다. 마음의 아름다움이 강대하면 용감히 진리를 직시하고 이전 사람이 발견하지 못한 것을 발견할 수 있지. 또한 담력과 식견이 생겨서 길 위의 고생을 두려워하지 않게 되고, 강인한 근성을 갖게 된다다. 뛰어난 학자는 일반적으로 의욕·담력·정기正氣가 있어야 하지. 이 정기는 마음의 뿌리와 관계가 있단다. 책 한두 권을 쓰고서 자화자찬하면서 곳곳에 자기를 선전하는 것 역시 마음의 튼튼한 토대가 없어서란다. 톨스토이 같은 사람은 세상 모두가 공인한 문학의 높은 산을 이뤘을지라도 자신을 자랑할 생각일랑 없었단다. 그의 마음을 괴롭힌 것은 인간 세상의 끊임없는 폭력과 들에서 몸을 굽혀 땀을 흘리는 노예였지. 이런 강대한 마음은 시세時勢와 권세와 돈에 의해 좌우될 리가 없단다.

아빠가
1999년 3월 13일

쾌락의 최고봉

아빠!

최근에 친구 몇 명과 모임을 가졌는데 다들 아빠 얘기를 했어요. 친구들이 말하길, 해외에서 떠돌고 있는 지식인들 중에 아빠의 마음 상태가 가장 훌륭하다고 하네요. 세속의 눈으로 보자면, 아빠야말로 잃으신 게 가장 많을 텐데 아빠는 전혀 마음에 두시지 않잖아요. 아빠는 '산꼭대기'에서 '골짜기 밑바닥'으로 떨어질지라도, 변함없이 '골짜기 밑바닥'에서 사색하실 거예요. 게다가 사색의 방향을 골짜기 밑바닥에서부터 산꼭대기와 산꼭대기 위까지 확장시키시죠. 아빠라고 해서 고독과 근심이 없으신 건 아니지만, 이 고독과 근심을 '신비하게 변화'시키시죠. '고독에 질식된' 감각을 '고독을 점유한' 감각으로 바꾸시지요. 아빠는 형이하적인 구체적 측면에서 좌절당하시면, 도리어 형이상적인 추상적인 측면에서 그 좌절을 수확하신 다음 좌절 속에서 더 깊은 이치를 깨달으시죠. 그래서 아빠는 하늘을 원망하거나 남을 비난하지 않으시고, 이 풍부한 인생길을 꽉 붙잡아 열심히 일하시고 글을 쓰시죠. 그렇게 한 편씩 한 권씩 세상에 나오는 거죠. 무엇보다도 소중한 것은 그 글들이 비굴하거나 거만하지 않고, 누군가의 마음에 들려고도 하지 않고, 세속에 영합하려고도 하지 않으며, 자신을 자랑하려고도 하지 않는다는 거예요.

아빠는 친구와 가족에게 간곡히 말씀하시는 것이고, 먼 미래의 지음에게 간곡히 말씀하시는 거죠. 해야 할 말은 흥을 다해 말씀하시고, 말하고 싶지 않은 말은 한마디도 말씀하지 않으시죠. 덕분에 아버지의 천진함이 향기를 발한답니다. 제 친구들이 말하길, 아빠는 확실히 마음이 강한 분이시래요. 아빠의 내면세계에는 아주 강인한 무언가가 감추어져 있는데, 제가 말로 확실히 표현하지 못할 뿐이죠. 그게 뭘까요? 이상일까요, 신앙일까요, 성격일까요, 기질일까요, 의지일까요? 저한테는 그게 부족한 것 같아요. 그렇지 않다면 왜 늘 게으름을 피우고 싶어하겠어요? 제가 저의 일을 열렬히 사랑하긴 하지만, 아빠처럼 끊임없이 일하는 데서 기쁨을 얻지는 못해요. 아빠는 여태껏 싫증내신 적이 없는 것 같아요. 정말 이상해요.

아빠의 딸로서, 저도 아빠의 지음이 되고 싶어요. 절반의 지음만 되더라도 앞서 말한 문제는 어느 정도 이해가 되겠죠. 최근 10년 동안, 아빠와 제가 서로 이야기할 기회가 중국에 있을 때보다 오히려 더 많았어요. 하지만 어쨌든 함께 지내지는 못했고 각자 바빴기 때문에, 아빠의 '마음속 비밀'에 대해 이야기할 시간은 많지 않았죠. 앞으로 언젠가 제가 아빠의 마음 상태를 분석하게 될 텐데, 혹시라도 제가 요점을 파악하지 못한다면 아빠가 실망하시게 될 거예요. 그래서 오늘 제 친구들과 나눈 이야기를 아빠께 알려드리는 거랍니다. 답장 기다릴게요.

샤오메이 올림
1997년 8월 5일

샤오메이!

너의 편지를 읽고서, 나에 대한 너와 네 친구들의 평가를 알게 되어 매우 기쁘구나. 나는 절대 남의 칭찬을 좋아하는 사람은 아니지만, 네가 해준 말이 핵심을 찌르는 정확한 표현이라 기뻤단다. 예를 들면, 나를 두고 마음이 강한 사람이라고 했는데, 정확한 표현이야. 우리 세대의 중국 지식인이라면 으레 정치운동과 노동개조로 단련되었기 때문에 정신이 강인한 것이 당연하다고 말하는 이도 있겠지. 하지만 사실 꼭 그런 건 아니란다. 수용소와 감방을 포함한, 노동과 정치의 장이 강인한 마음을 키우는 건 결코 아니야. 이런 장소들은 사람의 의지를 산산조각 낼 수도 있어. 수용소의 효과는 이중적이지. 수용소에서 나온 사람들 가운데, 강철처럼 강인해진 사람이 있는가 하면 인격의 빛을 잃어버린 사람도 있단다. 그 관건은 자기 자신에게 있지. 글을 쓰는 사람으로서, 고난을 겪었다고 해서 반드시 좋은 작품을 써낼 수 있는 건 아니란다. 경험에다 감각까지 있어야 해. 감각이야말로 관건이야. 고난을 글에 반영한다고 해서 문학이 되는 건 아니지만, 여러 가지 시각으로 고난을 자세히 살펴보고 고난에 대해 형이상적 사색을 할 수 있다는 건 의미 있는 일이란다. 고난의 경험은 사상과 정감의 무궁한 자원이 될 수 있거든.

중국을 떠난 지난 10년 동안, 하늘을 원망하거나 남을 비난하는 일은 확실히 드물었단다. 도리어 '하늘'과 '인간'에 대해 자주 고마움을 느꼈지. 죽음의 문턱까지 갔던 체험을 한 뒤로는 이 세상에 대한 마음이 더 애틋해졌단다. 이 엄청난 체험은 마치 천둥이 치듯 나를 깨웠단다. '깨움'의 의미는 이처럼 간단해. 이 지구는 우주에서 가장 아름다운 곳이고, 꽃과 풀과 숲과 강이 가득한 땅이라는 걸 전에는 간과했단다. 너무 바쁜 탓에, 책에서 책 밖의 더 광활한 하늘과 대지로 눈을 옮기기가 어려웠지. 만약 내가 그해에 죽었다면, 내가 다른 세상으로 가지고 갈 수 있었던 인상은 너무 편협한 것이었을 테고 이 세상에 대한 인식 역시 너무 얕았을 거야. 아무튼 그때의 엄청난 체험의 결과, 나는 삶을 더욱 열렬히 사랑하게 되었어. 삶을 열렬히 사랑하는 사람도 살아가면서 각종 도전을 맞닥뜨리게 되겠지만, 그 사람이 그것 때문에 삶을 원망할 리는 없단다.

20세기의 과학기술은 너무 빨리 발전해왔어. 우리가 현재의 상황에 대해 사색할 시간조차 모자랄 정도로 빨리 발전했지. 제2차 세계대전 이후에 경제가 급속히 발전하면서 시장이 모든 것을 석권했어. 현재 중국도 마찬가지야. 물질의 조류가 걷잡을 수 없이 강해지면서 정신이 위축된 것이 사실이지. 이러한 시대적 분위기에서 도덕은 보편적인 비웃음의 대상이 되었단다. 중국문학계의 경우, 일찍이 도덕적 심판이 심미적 심판을 대체하면서 거짓된 도덕적 설교로 사람들의 흥미를 무너뜨렸지. 그래서 도덕을 이야기하면 더 비웃음을 샀단다. 역사와 사회 문제에 대해 토론할 때에는, 도덕적 평가로 역사적 평가를 대체하면 안 되지. 이에 대해서는 리쩌허우와의 대화록에서 충분히 말했단다. 하지만 개별적인 인생을 논할 때에는 도덕을 정신의 가장 중요한 본바탕으로 생각하지 않을 수 없단다.

너는 나의 딸이니 확실하게 알려주마. 도덕은 너의 성취를 결정지을 뿐만 아니라 너의 일생이 진정으로 행복할지의 여부도 결정짓는단다. 중국을 떠난 10년 동안 내 모든 쾌락의 원천은 시대의 흐름에 반하는 마음속의 도덕심에서 비롯된 것이란다. 나의 모든 행위가 양심에 비추어 조금도 부끄러움이 없다고 느꼈어. 나의 모든 행위가 선량한 본성에 위배됨이 없다고 느꼈지. 그래서 나는 평온을 얻었고 자유로움을 얻었고 말을 함에 당당함을 얻었단다. 칸트는 지상의 도덕률을 하늘의 별과 함께 언급했어. 이는 우주와 역사와 인생에 대한 위대한 철학자의 깨달음이지. 이 깨달음이 나에게 준 계시의 중요성은, 이로 인해 내가 「문학의 주체성」이라는 글을 쓰게 된 데에 있는 것이 아니야. 무엇이야말로 인생의 알맹이인지, 무엇이야말로 행복의 끊임없는 원천인지를 내가 알게 되었다는 데에 그 중요성이 있단다.

십 몇 년 전에 내가 칸트를 읽고서 「문학의 주체성」을 쓰고 있을 때, 영광스럽게도 평생 잊을 수 없는 좋은 책을 읽게 되었단다. 바로 영국 학자 윌리엄 고드윈이 쓴 『정치적 정의와 그것이 일반 미덕과 행복에 미치는 영향에 관한 고찰』(이하 『정치적 정의』)이야. 이 책은 내가 어린 시절부터 추구하기 시작했던 무엇인가를 자각하게 해주었어. 십 몇 년 전에 나는 너와 마찬가지로 속마음에 있는 특별한 뭔가를 느꼈고, 그것이 내 생명을 불태우면서 빛이 어두움을 압도했단다. 어떠한 어려움과 불행과 고통을 겪든, 생의 가치와 생의 기쁨을 깨달을 수 있었어. 우리는 살아가면서 한편으로는 열렬히 사랑하면서도 다른 한편으로는 증오하기도 하지. 어쨌든 품행이 비열한 이와 의기투합하거나 그런 이의 앞잡이가 될 수는 없었단다. 왜일까? 성격 때문일까, 운명 때문일까? 나 역시 잘 모르겠단다. 어쨌든 그 책의 주제가 나에게 알려주었단다. 선량함과 도덕에 대한 사랑을 천성적으로 지니고 있느냐가, 한 인간이 행복한 사람인지를 결정한다는 것을 말이야. 그런 사람은 설령 재난에 빠지더라도 긍지와 기쁨을 잃지 않아. 깨달음을 주는 이 책의 말들은 지금까지도 나를 고무한단다. 말이 나온 김에 몇 마디 더 알려주마. "도덕은 인간이 타고난 가장 훌륭한 자질이다" "도덕만이 진정한 행복으로 이끌어줄 것으로, 가장 실재적이고 영구적인 행복으로 이끌어줄 것으로 여겨질 만한 자격이 있다" "개인의 쾌락의 지속성과 정서의 아름다움은 그의 도덕과 정비례한다" "선한 마음은 영원히 고갈되지 않는 원천이다" "풍성한 성취는 뛰어난 절개와 관계가 있는 것이 분명하다" "장엄함으로 충만한 사상을 지닌 이는 대부분의 사람이 골몰하는 저급한 일들을 기꺼이 하고자 할 만큼 타락할 가능성이 별로 없다."

『정치적 정의』의 제4권 「여러 가지의 원리」에서는 행복한 사람으로 여겨지는 이들을 분석하고 있단다. 이들 가운데에는 부유하여 사치스럽게 생활하는 사람도 있고, 품위가 있어 멋있게 생활하는 사람도 있지. 하지만 단지 그런 것들을 누리기만 하는 이는 결코 진정으로 즐거운 사람이 아니란다. 진정한 쾌락은 선에서 비롯된 공평무사한 쾌락이야. 고드윈은 이렇게 말했단다.

깊은 사랑과 관대함의 행위를 이루어낸 사람은 안다. 육체적으로나 정신적으로나 그것과 비교할 수 있는 느낌은 없다는 것을 말이다. 민족 전체의 이익을 위해 투쟁하는 사람은 기계적인 거래와 교환의 관념을 초월한다. 그는 감사를 요구하지 않는다. 그가 얻은 이익, 혹은 그가 얻게 될 이익은 스스로가 스스로에게 부여하는 포상이다. 그는 인간에게 허락된 쾌락의 최고봉에 올랐다. 그것은 바로 공평무사한 쾌락이다. 그는 인간의 모든 선을 누리고, 인간에게 남겨진 모든 가능한 선을 누린다. 개인의 이익을 잊은 사람처럼 진정 자신의 이익을 증진시킬 수 있는 이는 없다.

이 책에 나오는 말을 내가 계속해서 인용한 까닭은, 내가 중국을 떠나 표류하게 된 뒤로도 여전히 풍요로운 쾌락을 향유할 수 있는 이유를 네가 알았으면 해서란다. 너는 분명 믿게 될 거야. 인간에 대한 신뢰와 고난당하는 영혼을 위한 호소를 내가 자유롭게 표현할 때, 내가 진정으로 쾌락의 최고봉에 올랐음을 말이다. 내 마음에 기만하는 것과 꺼리는 것과 계산하는 것이 없을 때, 비로소 '행복'이라는 두 글자를 진정으로 알게 되었단다. 고드윈의 말을 인용한 것은 나를 위해서만이 아니라 너를 위해서이기도 하단다. 네가 행복을 영원히 영유하고 늘 행복의 최고봉에서 살았으면 해. 물질적 향유와 품위의 과시는, 아주 쉬운 일이란다. 하지만 높은 경지의 쾌락에서 산다는 것은 결코 쉽지 않은 일이지. 이 경지에 들어간 사람에게는 고달픈 실천과 마음의 단련이 필요하단다. 그들에게는 위대한 동정심이 있어야 해. 그리고 반드시 기억해야 할 게 있지. 그들은 세상 어느 곳에나 악의와 냉혹함과 잔인함이 있다는 것을 잊지 않아. 온갖 생물이 살고 있는 지구의 곳곳에 사악함이 있지만, 지구에 대한 애틋함을 버릴 수 없기에 그 사악함과 맞서 싸우는 것이지. 하지만 그 싸움에서 원한을 키우지 않고, 가엾게 여기는 마음으로 원한을 해소하는 것이란다.

아빠가
1997년 8월 8일

세상에 물들기를
거부하다

아빠!

『진톈今天』이라는 잡지에서 아빠의 '동심설'에 대해 읽었어요. "동심으로 돌아가는 것, 이것은 내 인생 최대의 개선이다" "나에게 있어서 승리를 거두고 돌아온다는 것은 생명의 진실과 세계의 진실을 다시금 영유하는 것이다", 이 두 문장이 아주 많은 생각을 하게 해주었답니다.

아빠는 '동심으로 돌아가는 것'을 인생 최대의 개선으로 생각하시는데, 겨우 서른 살인 제가 동심을 잃고 인생의 기교와 책략을 배우면서 세상에 물들어서는 안 되겠지요. 글의 기승전결을 가르쳐주시던 것부터 시작해서 20년이 넘도록 아빠는 저의 선생님이시기도 하답니다. 황강이 참 맞는 말을 했어요. "당신이 나보다 더 행운인 건, 마음의 선생님이 되어주는 아버지가 계시다는 거야"라고 했거든요. 그런데 많은 사람은 모르고 있어요. 아빠가 저에게 가장 큰 영향을 끼친 부분은 '글짓기'가 아니라 '사람이 되는 것'을 알려준 것이라는 점을 말이죠. 글 쓰는 것도 어렵지만 사람이 되는 것은 더 어려워요. 그런데 아빠는 올바른 사람이 되려고 억지로 노력해서 사람다운 사람이 되신 건 아니지요. 아빠는 인간을 거짓되게 만드는 온갖 책략과 기교를 향해 도전하신 거죠. 세상에 물드는 것에 도전하신 거예요.

인생의 개선 가운데 가장 중요한 것은 마음의 개선이 되어야 한다고 생각해요. 아빠가 늘 말씀하셨죠. 일시적인 득실, 일시적인 성공과 실패는 너무 따지지 말되 마음의 우열에는 민감해야 한다고 말이죠. 인성에는 고귀함과 비열함의 구분이 있다는 흄의 말은 반드시 지켜야 하는 마음의 경계에 관한 것이겠지요. 가끔은 저도 마음의 승리를 느낀답니다. 저와 비슷한 또래의 친구가 작가로서 명성을 얻었을 때, 순간적으로 건강하지 못한 감정이 생겨나서 '뭐 대단한 거라고' 하며 마음속으로 중얼거린 적이 있어요. 하지만 나중에는 반성했죠. 나쁜 인성의 표현이라는 생각이 들었답니다. 그래서 기뻐하는 정상적인 마음으로 또래 친구의 성과를 인정해주었어요. 그랬더니 마음의 승리를 얻은 느낌이 들었어요. 허영과 싸워 이긴 승리이지요. 이 승리 이후에 저는 말로 표현할 수 없는 쾌락을 느꼈답니다.

아빠가 쓰신 '동심설'을 죄다 자세히 읽었어요. 아빠가 마음의 승리를 얻으셨다는 것을 정말로 느낄 수가 있었답니다. 동심으로 돌아가셨다는 것은, 세속의 수많은 정신적 짐을 내려놓으셨음을 의미하죠. 사회가 억지로 쓰도록 강요하는 온갖 '가면'을 찢어버리시고, 타인을 경계하는 마음속의 단단한 '줄'과 '보루'를 허무셨음을 의미하죠. 지나간 시비 다툼과 은혜와 원망을 내려놓으시고 오로지 자신의 양지와 자신이 깨달은 진리와 광명만을 바라보셨음을 의미하죠. 동심으로 돌아간다는 건 정말로 큰 해탈이자 큰 자유예요. 아빠의 마음에 어떤 쾌락이 존재하는지, 저는 상상할 수 있답니다. 다만 어떤 말로 축하드려야 할지 모를 뿐이에요.

샤오메이 올림
1997년 11월 1일

샤오메이!

　동심으로 돌아간다는 내 말의 뜻을 네가 알고 있어서 정말 기쁘구나. 네가 그걸 이해한다는 건 네가 결코 죽어라 공부만 하는 사람은 아니라는 걸 말해주는 거란다. 너는 천진함과 세상에 물드는 것의 대립을 읽어냈지. 동심으로 돌아가는 것이 인생의 개선인 까닭은 그것이 바로 마음의 승리이기 때문임, 세상에 물들기를 거부한 것이기 때문임을 네가 알고 있어서 정말로 기쁘구나. 경험이 풍부한 사람들, 돈과 지식이 풍부한 사람들이 결국엔 세상에 물들고 정복되어서는 갓난아이의 마음을 완전히 잃어버리고 말지. 우리가 이것을 알고 정직과 천진함을 힘닿는 데까지 지키는 것이 바로 승리란다. 많은 위대한 사상가와 작가가 노년에도 여전히 어린아이처럼 단순할 수 있었던 건, 세상에 물드는 것에 용감히 도전했기 때문이란다. 이건 우리가 성심껏 배워야 할 가치가 있는 거야.

　내가 톨스토이를 좋아하는 까닭은 그가 노년에 이르러서도 아이와 같이 세상에 전혀 물들지 않았기 때문이란다. 그의 가출 행위는 어린아이의 행위 언어이지 노인의 행위 언어가 아냐. 그것은 마음의 언어이지 머리의 언어가 아냐. 그 언어에는 그의 전부인 천진함이 담겨 있었어. 어린아이의 언어라 할지라도 그것은 세계를 향한 선포였단다. 나는 세상에 물들기를 거부한다는 선포. 톨스토이의 '가출'에 대해 생각할 때마다 내 마음속에 감동이 끊이지 않는단다.

여러 해 미국에 있으면서 나는 미국인들을 많이 좋아하게 되었단다. 그들은 거짓말을 가장 싫어해. 네가 일단 거짓말을 하면 그들은 너를 무가치하게 여길 거야. 클린턴의 백악관 섹스 스캔들이 폭로된 이후에 미국인은 그의 부적절한 관계를 용서할 수 없었던 게 아니라 그의 거짓말을 용서할 수 없었던 거란다. 클린턴은 비교적 젊은 대통령으로, 평민적 기질이 다분하고 세상에 덜 물들었기 때문에 미국인이 좋아했던 거지. 그런데 그가 거짓말을 하자 그가 얼마나 세상에 물들었는지 탄로가 나버린 거야.

『홍루몽』에 나오는 설보채와 습인襲人 같은 인물을 난 좋아하지 않아. 그녀들이 전통적인 봉건사상을 대표해서가 아니라 세상에 너무 물들었기 때문이지. 특히 설보채는 너무 많은 생존 기교와 처세술을 지니고 있어서, 하는 말들이 마음에서 우러나오는 게 아니라 이해관계를 고려한 것이야. 이는 임대옥이 자기 생각을 솔직하게 드러내며 용감히 말하고 욕하고 노래하고 우는 것과는 전혀 다르지. 설보채의 참된 성품은 세상에 물들어 말살되고 말았어. 중국 학술계에도 설보채 같은 인물이 많단다. 아주 똑똑하지만 천진함과 참된 성품은 없지. 난 그런 사람들과 어울리는 게 두렵단다. 그들은 학문과 사상보다 처세술에 뛰어나지. 그들과 함께 있다보면 마음에서 우러나온 말을 주고받기 어렵기 때문에 피곤하고 재미없단다.

넌 정말 잘 이해하고 있구나. 동심으로 돌아간다는 것은 바로 세상에 물드는 것과 싸워 이기는 것이야. 사람의 경험과 지식이 많아지면, 지혜로워질 수도 있고 늙은 여우처럼 처세술에 능해지기도 한단다. 일단은 지식을 소유하는 것이 필요하지만, 그다음에는 생명으로써 지식을 꿰뚫고 지식을 승화시켜서 지식이 활기찬 생명의 일부분이 되도록 만들어야 해. 지식을 자본으로 삼거나, 명예와 이익을 얻기 위한 수단으로 삼거나, 가면으로 삼아서는 안 된단다. 만약 그렇게 된다면 세상에 물들고 말지. 세상에 물들기를 거부하고 설보채가 되는 것을 거부하렴. 너에게 주는 격려와 충고의 말이란다.

아빠가
1997년 11월 28일

혜근과 선근

아빠!

학자는 문인만 못하다는 것이 첸중수錢鍾書의 견해이지요. 그는 "문인의 혜오慧悟는 학자의 연구보다 낫다"고 했어요. 그의 『관추편管錐編』에서는 이와 유사한 생각을 여러 곳에서 볼 수 있어요. 그래서 저도 많은 시인과 작가가 학자보다 총명하다는 생각을 하게 되었답니다.

전 '혜오'라는 두 글자를 좋아해요. 엄우嚴羽가 『창랑시화滄浪詩話』에서 말한 '묘오妙悟' 역시 맘에 들어요. 혜오라는 말은 묘오가 근거 없이 생겨나는 것이 아니라 지혜의 도움을 필요로 한다는 것을 알게 해줘요. 「산문과 진리의 깨달음散文與悟道」이라는 글에서 아빠가 말씀하시길, 산문 한 편을 쓰는 데에도 먼저 깨달음이 있어야 비로소 글을 쓸 수가 있다고 하셨죠. 깨달음이 있다는 것은 얻은 것이 있다는 것이지요. '얻은 것'이란 사상일 수도 있고, 아빠 자신의 특별한 마음에 속하는 것이라 할 수도 있겠지요. 예술의 발현은 아마도 이런 순간의 깨달음인 돈오頓悟 속에서 이루어지는 것이겠죠.

하지만 학자가 작가보다 못하다고 두루뭉술하게 말하는 것은 타당하지 않은 듯해요. 첸중수가 말한 학자란 중국의 전통적인 경학자와 주석가와 독서인이지, 우리가 지금 말하는 사상가나 철학자나 역사학자 같은 학자는 아니에요. 우리가 말하는 학자들의 큰 지혜는 종종 '하늘을 놀라게 하고 땅을 뒤흔들' 정도랍니다. 플라톤·니체·칸트·마르크스 등이 바로 그런 사람들이지요. 학자들 가운데 학문이 식견보다 뛰어난 이가 있는가 하면, 식견이 학문보다 뛰어난 이도 있고, 학식을 겸비한 이도 있지요. 책을 충분히 읽었는데도 정작 깨닫지 못한다면 식견을 갖기 어려울 거예요. 저와 같은 소위 '박사'는 대부분 첸중수가 말한 연구자이자 독서인일 뿐이고 앞으로도 그저 책벌레에 불과하겠죠. 열심히 공부하는 사람은 세상 어디서나 찾을 수 있지만, '시에 대한 식견' '문장에 대한 식견' '역사에 대한 식견' '도량과 식견'을 갖춘 사람은 드물지요.

니체의 많은 사상에 대해 저는 결코 찬성하지 않지만 그의 책을 읽고서, 그의 재능이 출중하고 그의 사상이 아빠처럼 세찬 파도와 같이 거침없음을 인정하지 않을 수 없었답니다. 게다가 그는 식견이 넘쳐나는 사상가이지, 책을 삶의 방편으로 삼았던 사람은 결코 아니에요. 심지어 그는 책을 던져버리라고 주장했어요. 그의 학설은 주로 깨달음에 의지한 것이지요. 제가 니체의 길을 가는 것은 물론 불가능하겠지만 그가 지닌 깨달음의 능력은 너무 부러워요. 천재라는 건 아마도 고도의 깨달음의 능력을 지닌 사람이겠죠.

샤오메이 올림
1999년 1월

샤오메이!

'혜오'라는 단어는 확실히 우리에게 많은 것을 생각하게 한단다. 네 말이 맞다. '돈오'와 '묘오'의 배후에는 지혜의 도움이 있어. 지식이 있다고 해서 반드시 깨달을 수 있는 건 아니지. 지식이 능력으로 변한다고 해서 반드시 깨달을 수 있는 것도 아니란다. 지식이 지혜로 승화되어야만 비로소 깨달을 수 있는 거란다. 지식과 지혜는 다른 것이야. 지식이 생명 속으로 녹아들어가 생명을 비추는 능력이 되어야만 그 지식은 지혜가 된단다. 그렇기 때문에 지혜는 내재된 생명과 내재된 시야와 늘 관계가 있기 마련이지. 하지만 지식은 그렇지 않단다.

네가 '혜오'를 말한 덕분에 나는 '혜근慧根'에 대해 생각하게 되었단다. 혜근과 혜오는 모두 불학佛學의 용어야. 나는 불학에 문외한이지만, 불학에서 말하는 '혜근'과 '선근善根'이라는 두 개념을 매우 좋아한단다. 1980년대 중국 작가가 '뿌리찾기'를 할 때 나 역시 몰래 뿌리찾기를 했단다. 내가 찾고자 했던 것은, 나 자신에게 있는 혜근과 선근이었어. 지혜와 선함의 두 가지 뿌리를 발견하고 키울 수 있을 거라고 생각했단다. 그 뿌리를 자기 자신에게서 찾고 발견하고 키우는 것 말고도, 책과 친구와 사회 속에서도 찾을 수 있어. 혜근과 선근을 지닌 사람은 모두 친구로 삼을 수 있지. 이 두 가지를 모두 지닌 사람과는 아주 깊은 우정을 쌓을 수 있단다.

나는 네가 선근을 지니고 있음을 믿어. 너는 늘 사람을 신뢰하지. 계산하지 않고 질투할 줄도 모르고, 약한 이를 무시하지 않고 강한 이를 질투하지도 않고, 잘못을 저지르면 불안해하지. 이런 게 바로 선근이 작용한 것이란다. 내 마음속에서 선근이란 하늘이 내려주신 위대한 선물이야. 값을 매길 수 없는 진정한 보물이지. 성실·정직·선량·인후仁厚·자비·동정심, 헌신의 정신 등 인간 세상의 각종 유형의 위대한 감정은 모두 선근에 의해 생겨난단다. 선근은 생명의 가장 깊은 곳에 뿌리를 내리고 있어. 인류 역사상의 거장들이 창조한 불후의 정신세계는 모두 생명 깊은 곳에 묻혀 있는 선근과 관계가 있단다.

큰 선함이 큰 지혜인 것은 아니지만, 큰 선함이 큰 지혜를 이끌 수는 있지. 선한 이는 가엾게 여기는 마음으로 세상을 받아들이기 때문에 결과적으로, 총명한 많은 이가 깨닫지 못하는 큰 진리를 깨달을 수 있단다. 또한 다른 이들은 도달하기 어려운 정신의 경지에 이를 수가 있지.

너는 꼬박 25년 동안 공부했으니 전문 지식을 장악했다고 할 수 있을 게다. 하지만 그 지식이 만물을 관찰하는 재능으로 전환되어야만, 특히 사람의 생명을 관찰하는 재능으로 전환되어야만 비로소 가치가 있는 거란다. 천재적 재능이란 지식과 느낌을 큰 지혜와 창조의 형태로 전환시키는 특수한 능력이란다. 이러한 전환을 실현시켜주는 것은 몸과 마음에 있는 혜근이야. 혜오라는 것은, 생명의 깊은 곳에 뿌리내리고 있는 혜근이 순식간에 생명을 우주 만물과 사회와 인생에 도달하도록 해주는 참모습에 대한 관찰이자 특별한 발견이란다. 정신적 가치를 창조하는 이의 영감과 영성과 발명과 창조, 그리고 아름다운 글은 모두 혜근으로부터 파생되어 나오는 것이야.

혜근과 선근이 선천적으로 타고나는 것인지 아니면 후천으로 길러지는 것인지는 논쟁이 그치지 않는 문제란다. "인간의 본성은 선하다"는 맹자孟子의 주장에 따르자면, 사람은 태어나면서부터 선근을 지니고 있는 것이지. 하지만 맹자는 사람이 태어나면서부터 혜근을 가지고 있다고는 하지 않았단다. 한편 기독교의 '원죄론'에 따르면, 사람은 태어나면서부터 악의 뿌리를 지니고 있지. 하지만 혜근의 여부에 대해서는 대답하지 않고 있어. 나는 이 역설적인 두 가지 견해를 통해, 사람은 태어나면서부터 미약한 선근과 미약한 혜근을 지니고 있다고 판단했단다. 이런 형이상적 가설을 세운 뒤에 나는 선근과 혜근을 찾아내고 키우는 것이야말로 중요하다는 생각이 들었단다. 키우지 않으면 그 뿌리는 강대해질 수가 없어. 미약한 선근과 혜근은 의미가 없단다. 그것을 키워야 하기 때문에 나는 '수련'이 필요하다고 생각해. 수련에는 독서와 사색과 반성과 실천이 포함되지. 두 가지 뿌리 모두 쓴 즙과 땀을 필요로 해. 꿀물을 주고 키워낸 강대한 혜근은 여태껏 생각해본 적이 없단다. 혜근과 선근이 완전히 성숙해지는 날이란 없어. 그 강대함은 정해진 한도가 없기 때문이란다.

그렇다면 혜근과 선근은 머릿속에서 성장하는 걸까, 아니면 마음속에서 성장하는 걸까? 내 생각엔 주로 마음속에서 자라나는 것 같구나. 어떤 사람은 머리로 글을 쓰고, 어떤 사람은 마음으로 글을 쓰지. 작가가 공부만 하는 사람보다 나은 까닭은 머리뿐 아니라 마음과 생명을 사용하기 때문이란다. 톨스토이·도스토옙스키·카프카 등은 모두 마음과 온 생명으로 글을 쓴 사람들이야. 그들은 머리만을 사용하거나 학자처럼 될 필요가 전혀 없었단다. 만약 그들이 학자화되었다면 하느님이 웃음을 터트리셨겠지.

아빠가
1999년 1월

고난 콤플렉스

아빠!

  며칠 전에 『밍바오明報』에서 아빠의 인터뷰 기사를 봤어요. 제목은 '류짜이푸, 고난에 사로잡힌 마음'이었는데, 이게 이야기의 주제였죠. 아빠가 보시기에, 고난에 사로잡힌 마음은 도스토옙스키를 비롯한 러시아 작가들의 가장 고귀한 품격이지요. 19세기 러시아의 위대한 작가들, 톨스토이와 체호프에서부터 도스토옙스키와 고리키까지, 이들 모두 확실히 고난에 마음이 사로잡혀 있었고 위대한 동정심과 연민의 감정을 지니고 있었어요. 그리스도의 마음과 보살의 마음을 가졌다고도 할 수 있겠죠. 콘스탄틴 파우스톱스키가 『추야秋野를 향해』에서 말하길, 체호프는 밤이면 전등을 끈 채 홀로 오랫동안 어둠 속에 앉아 있으면서 창밖을 내다보았다고 해요. 창밖의 눈은 고요히 하얀 빛을 발하는

214

데, 슬픔과 불안이 체호프의 마음속에서 메아리쳤대요. 체호프를 회상하는 많은 글이 그의 눈물을 소홀히 했다고 파우스톱스키가 비평했지요. 다들 체호프가 울었던 일에 대해서는 한마디도 언급하지 않았다는 거예요. 체호프의 소설은 사람들에게 웃음을 주는 동시에 눈물을 흘리게도 하지요. 그의 웃음 뒤에는 큰 자비가 있어요. 20세기 미국의 작가들 중에도 고난에 마음이 사로잡힌 이들이 있긴 하지요. 하지만 대부분의 20세기 작가들은 마치 모든 이야기를 희극화하는 것 같아요. 19세기 러시아 작가의 정신적인 경향과는 많이 다르지요.

　아빠의 산문에는 고난의 기억이 많이 있어요. 특히 기아와 문화대혁명에 대한 기억이 많지요. 이런 기억들은 아빠 개인의 것이자 민족의 것이기도 해요. 이런 고난의 기억들이 아빠의 글을 통해 고양되어 온갖 예술 형상으로 표현되었어요. 「상자 속의 사람套中人」 「어두운 밤 황원의 늑대黑夜裏的荒原狼」 「청산하지 못한 온몸의 빚還不淸的滿身債」 등이 그 예죠. 『스물다섯 종류의 인간론人論二十五種』(국내에는 『류짜이푸의 얼굴 찌푸리게 하는 25가지 인간유형』이란 제목으로 소개되었다 ― 옮긴이)에서는 많은 고난을 묘사하셨는데, 유머의 형식으로 그 고난들이 표현되어 있지요. 「기이한 모란꽃奇異的牧丹花」에서는 우화에 가까운 산문으로 고난에 대해 이야기하셨어요. 이것들은 모두 아빠가 고난을 표현하는 다양한 기법을 찾기 위해 노력하셨다는 걸 말해줘요. 고난을 껴안으면서도 고난을 뛰어넘음으로써 고난에 완전히 빠지는 것을 결코 원치 않으시는 거죠. 이게 아주 중요한 거라고 생각해요. 아빠의 산문을 보면 시야가 점점 넓어지는 것을 알 수 있어요. 이는 아빠가 고난을 묘사하시면서도 고난과 일정한 거리를 유지하신 것과 관계가 있어요. 덕분에 고난 속으로 들어갈 수도 있고 다시 나올 수도 있지요. 또한 큰 관심과 큰 동정을 쏟아 부음으로써 고발과 견책의 형식에서 벗어났어요. 고난에 대해 묘사할 때면 고발과 견책의 창작 형식에 빠져들기 쉽지요. 사실, 고난에 희극적 형식을 부여함으로써 고난은 또다른 정신적 측면으로 들어가 인간 세상의 황당무계함을 드러내 보여줄 수 있게 되죠.

산문은 확실히 개인의 전인격적인 표현이고, 아빠의 산문은 그 어떤 이론보다도 아빠의 심성과 마음의 강인성을 잘 증명해주지요. 아빠는 재난을 겪으셨어도 여태껏 하늘을 원망하거나 남을 탓하지 않으셨어요. 그런 원망의 마음은 아빠랑 거리가 먼 것이지요. 아빠 마음의 건강함을 딸인 저는 다른 사람보다 더 민감하게 느껴요. 고난은 어떤 이들을 꼼짝 못하게 넘어뜨리기도 하고, 어떤 이들의 심리를 병적인 상태로 만들기도 하지요. 그로 인해 결국 지나치게 의기소침해지거나 심하게 초조해지거나 고난에 사로잡힌 뒤 그것을 승화시키지 못하게 된답니다.

샤오메이 올림
1995년 11월 2일

샤오메이!

'고난에 사로잡힌 마음'은 '인격'이란다. 고난으로부터 마음을 승화시키고 마음을 빚어내는 것은 '창작'이지. 인격과 창작, 이 두 가지를 조화시키려면 무척 애를 써야 한단다. 조설근은 10년 동안 쓰라린 눈물을 흘렸어. 이것은 그가 어떻게 고난을 껴안았는지 말해준단다. 그가 써낸 『홍루몽』은 마음과 사회를 표현해낸 위대한 작품이란다.

고난은 사상의 자원이야. 고난을 겪은 것과 겪지 않은 것은 다르단다. 특히 육체적 고난은 더욱 그렇지. 문학작품에 담긴 기개氣概의 대소는 작가가 고난을 겪었는지의 여부와 관계가 있단다. 나는 모옌莫言의 작품을 읽고서 쑤퉁蘇童이나 위화余華의 작품보다 더 깊이가 있다는 생각이 들었어. 이것은 어린 시절과 소년 시절에 모옌이 고난을 겪었던 것과 분명 관계가 있단다. 하지만 고난은 생명을 통해 높은 곳으로 끌어올려져야만 해. 그렇지 않으면, 고난은 자신의 시야를 제한하고 고난에서 벗어날 수 없게 만든단다. 추방당한 이는 추방 콤플렉스, 감옥에 갇혔던 이는 감옥 콤플렉스가 생겨나지. 감옥에 갇힌 죄수는 조바심 때문에 늘 소리치고 싶어한단다. 감옥에서는 냉정해지기 어렵고, 감옥을 나간 뒤에도 냉정해지기 어렵지. 도스토옙스키의 위대함은 그가 감옥에 갇혀서도 여전히 냉정하게 사회와 인생을 관찰함으로써 시야가 감옥 안에만 머물지 않았다는 것이란다. 그는 감옥 안에서 감옥 밖의 감옥을 깨달았고, 인간 세상의 현실사회는 더 큰 고난이자 영원한 곤경임을 생각했단다. 그가 생각한 것은 자신이 갇힌 감옥이 아니라 이미 죽었거나 사선에서 발버둥치고 있는 무수한 몸과 마음이었어. 개인의 고난은 인류의 곤경 가운데 아주 작은 에피소드일 뿐이야. 그래서 그의 작품은 단순히 감옥을 비난한 것이 아니란다. 그는 자신을 영원한 죄인으로 여기면서 인간 세상의 불행에 자신도 책임이 있다고 생각했지. 이 위대한 러시아 작가의 큰 관심과 마음은 모두 여기에서 비롯된 거야.

사람은 성공한 뒤에도 고난을 겪은 뒤에도 평상심을 유지하기가 어렵단다. 만약 우리가 예수처럼 십자가에 못 박혔다가 부활한다면, 예수처럼 평상심과 인자한 마음을 유지할 수 있을까? 말하기 아주 곤란할 거다. 아마도 우리는 인생의 다른 방향을 선택할 거야. 고난의 덫에 빠져 십자가를 만든 사람에게 잔혹하게 보복하고, 증오와 투쟁의 철학을 곳곳에서 부추기고, 자신의 위대하고 신기한 이야기를 곳곳에서 떠벌리겠지. 눈에는 오로지 자신을 못 박았던 십자가만 보일 테니까. 십자가가 대표하는, 끝없이 광활한 천지에서 고난당하는 형제들은 보이지 않겠지.

20세기 정치가들 가운데 간디, 마틴 루서 킹, 넬슨 만델라 등은 확실히 우러러볼 만한 이들이야. 그들은 감옥에 갇혀 엄청난 고난을 겪었지만 평화와 비폭력에 대한 신념을 바꾸지 않았단다. 만델라는 감옥에서 나온 다음 복수에 몸담지 않고 그의 목표를 평화롭게 실현했어. 고난을 겪은 뒤에는 영웅의 역할, 그리고 수난자의 역할에 빠지기 쉽단다. 영웅은 사람들에게 숭배를 요구하고, 수난자는 은혜를 요구하지. 모두 높은 경지가 아니란다. 간디 같은 이들이 존경받을 만한 이유는 고난을 받은 이후에 이 두 가지 역할을 거절했기 때문이야. 그들은 자신의 고난은 단지 무수한 고난들 가운데 평범한 하나일 뿐이고, 무수한 수난자가 여전히 고난 속에 있는 것이야말로 가장 중요한 거라고 생각했지.

　고난을 겪은 뒤에 평상심을 유지할 수 있다면 평온하고 차분한 마음을 얻을 수 있단다. 요 몇 년 동안 나는 미국에서 평온한 책상을 찾았어. 하지만 더 중요한 것은 책상 옆에서 내가 평온한 마음을 얻었다는 거야. 이 마음은 나의 시야를 가로막지 않을 뿐만 아니라 끊임없이 새로운 시야를 열어준단다. 며칠 전에 풀밭에서 산책하다가, 어떻게 하면 여러 가지 시선으로 고난을 다룰 수 있을까 생각해봤단다. 『오이디푸스 왕』의 작가의 눈에 고난은 일종의 숙명이고, 예수의 눈에 고난은 천국을 향한 계단이지. 장자의 눈에 고난은 행복의 형제이자 행복을 향한 전제 조건이야. 쇼펜하우어의 눈에 고난은 인류의 본질이고, 아인슈타인의 눈에 고난은 단지 순간일 뿐이지. 작가의 눈에 고난은 이야기이고, 사상가의 눈에 고난은 일깨움이지. 정치가의 눈에 고난은 출세의 수단이며, 유랑자의 눈에 고난은 여정 중의 한 지점이자 마음을 촉촉이 적셔주는 한 줄기 샘물이란다.

아빠가
1995년 11월 8일

사상의 강인성

아빠!

아빠의 산문 선집이 완성되었어요. 중국에 계실 때 쓰셨던 산
문들을 모아서 『푸른 바다를 읽다』라는 제목으로 엮었어요. 그리
고 『표류수기』에서 글을 골라 만든 책은 제목을 정하지 못했어
요. 모두 제가 서문을 썼답니다. 아빠를 위해 서문을 쓸 수 있게
된 것은 아빠의 사랑 덕분이에요. 저에겐 이 기회가 아주 소중해
요. 그런데 아직은 제가 미숙한 탓에 아빠의 정신세계로 들어가
기는 어려울 것 같아요. 실망하실지도 몰라요.

이번에 두루 읽으면서 아빠 마음의 발자취를 더욱 분명하게
보았답니다. 산문은 바로 마음의 역사이자 전기이지요. 에머슨
이 말하길, "스트라스부르 대성당은 에르빈 폰 슈타인바흐의 영
혼의 진실한 사본이다. 진정한 시는 시인의 마음이고, 진정한 배

는 배를 만든 사람 그 자체이다"라고 했답니다. 사람의 마음을 느껴야 한다고 아빠가 거듭 말씀하셨죠. 이번에 저는 아빠의 마음을 또 한 번 느꼈답니다. 저는 아빠가 글로 아빠의 마음을 나타내셨고, 이 진실한 사본이 저와 동생에게 가장 귀중한 재산으로 남을 것임을 믿어요. 그 가치를 제가 모른다면 일생을 헛되이 살게 되겠죠. 앞으로의 인생길에 태양이 빛을 잃고 별들이 어두워지더라도, 아빠의 마음이 저의 등불이 되어서 여명이 밝아오는 아침을 향해 제가 걸어갈 수 있도록 밝게 비춰줄 거예요.

중국을 떠나시기 전과 후의 아빠의 산문 풍격은 굉장히 달라요. 떠나시기 전에 쓰신 것은 주로 산문시이고 서사적 요소가 거의 없죠. 떠나신 후에 쓰신 것들 역시 서정적이긴 하지만 서사가 있어서 더욱 풍부해 보여요. 어쨌든 모두가 혈육에 대한 생각을 담고 있어요. '마음'이라고 할 수도 있겠지요. 아빠는 로댕의 '생각하는 사람'에 대해 거듭 말씀하시면서, 아빠 자신을 '생각하는 사람의 종족'과 '생각하는 사람의 부족'의 한 성원으로 확정하셨지요. 또한 '생각하는 사람으로 하여금 생각하게 하고', 사상이 자유롭게 숨 쉬도록 하고, 자유로운 사상을 인간의 존엄으로 여길 것을 끊임없이 호소하셨어요. 바로 이런 점 때문에 저는 아빠의 산문을 카뮈식 사상가의 산문이라고 생각한답니다. 그건 바로 사상을 생명으로 여기는 산문, 사상을 신체와 골격과 간과 쓸개 그 자체로 보는 산문이지요. 교과서와 이론서에 들어 있는 사상이 논리와 사유라면, 산문에 들어 있는 사상은 피의 승화이자 마음의 깃발이고 맥박이 고동치는 신념이에요. 그런 산문은 몸 바깥의 것이 아니라 몸 안의 몸이고 마음 안의 마음이지요.

제가 글쓰기를 막 배우기 시작할 때, 아빠가 말씀하셨죠. 작가에게 가장 중요한 것은 사상을 지니는 것인데, 사상을 지닌 사람이란 세속에서 벗어난 사람이라고요. 아빠의 일깨움 덕분에 저는 책을 읽을 때에도 사상을 읽는 것에 중점을 두고, 정신생활에서도 사상을 호흡한답니다. 역사를 흡수하고 현대의 뛰어난 철학자와 문학가의 사상을 흡수하고자 노력하는 데 바로 제 성장의 관건이 달려있겠지요. 그런데 저는 지금 절실하게 느끼고 있답니다. 사상을 갖는다는 것은 쉽지 않고, 사상에 생명을 불어넣어 혈액과 마음으로 변화시키는 것은 더욱 어렵다는 것을요. 저는 늘 사상의 창백 상태에 처해 있답니다. 제가 생각할 수 있는 것은 이미 다른 사람이 생각했던 것이겠죠. 이전 사람이 생각하지 않았던 것을 생각해내려면, 무엇부터 시작해야 할지 모르겠어요. 골똘히 생각해도 방법이 떠오르지 않아요. 속이 빈 허전함뿐이랍니다. 오직 소파 위에 움츠리고 있는 피곤한 몸만이 진실인 지금의 저에겐, 제가 인류의 형이상 세계에서 생활할 자격이 있는지조차 의문이랍니다. 아빠, 제가 이 곤혹과 공포에서 벗어나도록 도와주실 수 있으신가요?

샤오메이 올림

1998년 9월 20일

샤오메이!

네가 쓴 서문 두 편은 훌륭하다. 네가 편집한 책 뒤쪽에다 너를 응원하기 위해 두 편의 후기를 첨가했단다. 최근 몇 년 동안 글을 쓰고 싶은 욕망은 여전했지만, 그다지 발표하고 싶진 않았단다. 중국에 있는 친구가 내 책을 출판하려고 하는데, 물론 기쁘긴 하지만 결코 흥분되지는 않아. 사실은 10년이 더 지난 뒤 출판해도 괜찮단다. 『하늘가에서 홀로 말하다』에서 나는 다음과 같은 헨리 소로의 말을 걸어로 삼았단다.

> 작가는 욕심 없이 생활해야 한다. 작가는 대중의 삶을 선택해서는 안 되며, 인간의 지혜와 인간의 마음을 향해 홀로 말해야 하고, 그를 이해하는 모든 시대의 지음에게 호소해야 한다.

난 이 문장을 아주 좋아해. 어느 시대에 존재하든 자신을 이해해줄 수 있는 지음에게 털어놓는 것이니, 조급해할 필요가 없단다. 어떤 지음은 이제 막 태어나고, 어떤 지음은 아직 태어나지 않았지. 이미 중국에서 동시대에 살고 있는 지음들은 일찍이 나의 작품들을 읽어보았을 테니, 그들에게 털어놓으려 조급해하지 않는단다. 발표하고자 하는 욕망이 없는 것에는 자아에 대한 신뢰가 포함되어 있단다. 나의 이름과 글이 잊힐까 두렵지 않단다. 가치가 없다면 사람들에게 잊히는 것을 원망할 것도 없지. 가치가 있다면 설령 "나를 잊어달라"고 사회에 백번 호소한다 해도 사회가 잊으려 하지 않겠지. 흄은 예술의 감상에 대해 이렇게 말했단다.

형편없는 시인이나 연설자가 권위의 지지나 유행하는 편견의 작용에 기대어서 한때를 풍미할 수도 있다. 하지만 그의 영예는 절대로 오래갈 수 없으며 보편적 승인을 얻을 수도 없다. 후대 사람들이나 외국 독자가 그의 작품을 보았을 때, 그의 술책은 폭로되어 연기나 구름처럼 흩어져 사라지고 그의 약점도 본색을 드러내게 된다. 이와 반대로 진정한 천재라면 그의 작품은 시간이 지날수록 더 널리 퍼질 것이며, 그가 얻은 찬양은 더욱 진실해질 것이다. 좁은 범위 안에서는 적의와 질투가 정말 많다. 심지어 작가와 아주 친밀한 사람조차도 그의 성취에 대한 찬양을 약화시키고자 할 것이다. 하지만 일단 이러한 장애가 사라지면 자연스럽고 심금을 울리는 아름다움이 그의 능력을 발양시켜줄 것이다.

우리가 천재는 아니지만 흄이 말한 이 진리를 믿어야 한단다. 장애와 적의가 오래갈 수 없다는 것을 믿고, 진과 선을 향한 진실한 마음에 도래할 미래는 시간이 지나면서 더욱 산뜻하고 밝아진다는 것을 믿어야 한단다. 마음이 연약한 만큼 강한 신념을 가져야 한단다.

너의 편지는 사람들 특히 학자에게 사상이 얼마나 중요한 것인지 네가 깨달았음을 보여준단다. 정말로 네가 사상을 지니고 있기만 하다면, 매일 매일의 알찬 날들이 모두 너의 것이란다. 책을 읽든 사회를 읽든, 사상을 가지고 읽는다면 반드시 수확이 있을 게다. 사상을 지닌 사람의 마음과 손 안에서 시간은 그렇게 쉽게 흘러가버리지 않는단다. 사상의 호미와 삽으로 세계를 개간하는 것이 바로 우리 인생의 특징이지. 우리에게 학문이란 허세가 아니야. 우리에게 학문이란 지식을 자랑하는 전시관이 아니라, 진리의 갈구이자 사상의 탐험이지. 사람들이 자주 이야기하는 학술 영역이라는 것이 우리에게는 아마도 사상으로 밭 갈고 쟁기질하는 생육의 대지를 의미하는 것일 따름이겠지. 과학원에 있든 대학에 있든, 너와 나 모두 연구하는 게 직업이야. 이런 직업에 몸담고 있으면서 지루해하지 않는 건, 우리가 결코 연구 노트나 책의 노예가 아니라 사상을 통해 세계를 발견하는 탐구자가 될 수 있기 때문이란다. 『산해경』『역경易經』『상서尙書』, 그리고 제자서諸子書들에 대해 선조들이 천 번 만 번 이야기했지만, 우리가 여전히 새로운 의미를 발견하고 새로운 말을 할 수 있는 것은 오로지 사상의 빛에 의지한 것이란다. 이 새로운 조명 속에 무한한 즐거움이 있고, 쾌락의 최고봉 역시 사상의 발견 속에 존재한단다.

네가 사상을 자각하게 되어 아주 기쁘구나. 나는 사상의 자각이야말로 학자 최고의 자각이라고 감히 말할 수 있단다. 이 자각은 너에게 무궁한 행운을 가져다줄 거야. 앞으로 네 인생은 평범함과 허망함에서 벗어날 수 있을 게다. 가장 중요한 것은 네가 창백함에서 벗어나리라는 거란다. 똑똑한 이들의 말과 문장이 휘황찬란할지라도 결국 사람들에게 주는 느낌이 정신의 창백함이라면, 이것은 뛰어난 사상이 부족하기 때문이야. 사람은 나이가 들면 세상에 물들기 쉽단다. 그 결과 처세술이 학문을 능가하게 되지. 이는 계속해서 앞으로 나아갈 수 있는 사상의 힘이 충분하지 않기 때문이란다. 또한 스스로를 반성할 수 있는 사상의 힘이 없기 때문이기도 하지. 그런 이들은 노쇠함과 나약함 속에서 인생의 기교와 책략에 기댄 채, 남아 있는 인생을 간신히 지탱해나갈 수밖에 없는 거란다.

사상의 중요함에 대해서는 중국을 떠나기 전부터 깨닫고 있었지만, 사상의 어려움에 대해서는 진정으로 인식하지 못하고 있었단다. 녜간누 선생님께서 임종 전에 특별히 붓으로 써주신 문장이 있단다. "문장은 함부로 지껄이기 쉽지만, 심장을 찌르는 사상을 털어놓기란 어렵구나." 출국한 뒤로 나는 이 문장을 계속 곁에 두었단다. 지금도 서재에 걸어두고서 좌우명으로 삼고 있어. 이 문장의 의미를 진정으로 깨닫게 된 지 이제 몇 년 되었단다. 녜간누 선생님께서는 평생 많은 글을 쓰셨고, 죽음에 이를 뻔한 재난을 여러 번 겪으셨지. 그리고 결국엔 중국에 드문 훌륭한 인격을 도야하셨단다. 그의 문장에는 힘과 기개와 정기正氣가 있어. 보통의 문인과는 다르지. 그의 문장의 경지가 그렇게 높은 까닭은 그것이 송곳으로 심장을 찌르듯 고통스럽게 심사숙고한 결과이기 때문이라는 것을 난 이제 이해한단다. 그의 글은 간과 쓸개를 쥐어짠 쓰디쓴 즙으로 쓴 것이야. 담즙으로 쓴 문장은 극소수의 지음만 얻을 수 있단다. 사회 대다수를 차지하는 대중은 이해하지 못하는 것이지. 산문은 작가의 인격을 드러내는 거란다. 거기에는 조금의 거짓도 섞일 수가 없어. 녜간누 선생님처럼 감옥과 재난을 뛰어넘어 승화된 영혼만이 굳세고 또랑또랑한 글을 우리에게 선사할 수 있는 거란다.

오늘날에는 진정한 사상이 담긴 산문이 아주 적단다. 지식과 사상을 전시하는 산문은 사상가의 산문이 아니야. 고통과는 무관한 위트를 훌륭한 산문으로 보는 것은 평론계의 오독이란다. 이는 평론가가 대중문화 심리에 동화되었음을 반영하는 것이지. 전시성 사상은 참된 사상이 아니란다. 진정한 사상가는 로댕의 조소가 보여주는 그런 형상이야. 그것은 온몸과 마음을 투입하여 불태우는 것이지. 그것은 사상을 확실하게 생명 그 자체이자 전부로 여기는 것이지. 그것은 사실과 진리에 바싹 다가가는, 두려움 없는 파헤침이자 분발이지. 그것은 권세의 압력과 유혹에 아랑곳하지 않는 정신의 탐험이고, 심지어는 죽음을 영접하는 것이기도 하단다.

소크라테스는 서양에서 가장 위대한 사상가이지만, 결국엔 아테네 민중으로부터 사형을 선고받았지. 무지한 군중은 그의 사상이 유해하다고 생각했어. 그들의 우매한 코로는 소크라테스 사상의 향기를 맡을 수가 없었단다. 취안저우泉州 사람인 명대의 이탁오李卓吾는 진정한 사상가란다. 그의 산문에 깃든 영혼의 굳건함과 주장의 정정당당함은 보통의 문인들이 두루뭉술하게 미사여구만 늘어놓은 것과는 전혀 달랐지. 그래서 주朱씨 왕조는 그를 사지로 몰아넣어야만 했어. 명·청 시대의 거대한 문자옥文字獄이 상대했던 것은 손에 아무 무기도 없는 지식인이었어. 진정한 사상가는 사상을 지니고 있어야 할 뿐만 아니라 꿋꿋하게 생각해야 한다는 것을 인류의 사상사는 우리에게 알려준단다. '사상이 자신을 태워 죽일 수 있다'는 것도 두려워하지 않고 생각해야 하며, 권세에 대항하고 가시덤불을 밟는 것도 마다하지 않고 생각해야만 한단다. "내가 지옥에 들어가지 않는다면 그 누가 들어가리", 사상가에게 이처럼 기꺼이 지옥에 내던져지고자 하는 굳센 성격이 없다면, 세속의 판단과 흥미에 영합한 문자와 언어를 풀어낼 수밖에 없단다.

내가 늘 생각하는 에머슨의 말을 너도 기억했으면 한다.

위대한 영혼은 꿋꿋하게 생활하고 꿋꿋하게 생각해야 한다.

이 말을 좌우명으로 여기려무나. 그렇게 한다면, 나약함은 줄이고 씩씩하게 전진하는 용기와 사상의 강인성을 키울 수 있을 게다. 에머슨의 사상 환경은 사실 우리보다 훨씬 좋았지만, 그래도 그는 강한 의지력이 없다면 생각해나가기가 어렵다는 것을 느꼈단다. 당시에 그가 직면했던 사상의 장애는 빈곤과 고독과 자기 자신이었지. 그가 생각하기에, 사상가가 과거를 답습하고 사회에 유행하는 풍조와 교육과 종교를 받아들이는 것은 쉽고도 즐거운 일이었지. 하지만 그는 자신의 길을 걸어가고자 했단다. 고난을 기꺼이 감내하며 자신의 길을 걸어가고자 했어. 그런데 이 때문에 결과적으로, 그는 자신이 교육받은 사회와 적대적인 위치에 서게 되었지. 그래서 어려움을 겪을 수밖에 없었단다. 사상의 여정에 있어서도 그는 자주 용기를 잃고 방황했단다. 몸 안팎의 적과 마주했을 때 사상의 강인성이 부족하다면 도전과 질문이 영합과 순응으로 변하고 만단다. 사상가의 고귀한 특징을 완전히 잃어버리고 마는 것이지.

미국의 사상가에게 꿋꿋함이 필요하다면, 중국의 사상가에게는 그보다 더한 꿋꿋함이 필요하단다. 5·4 시기와 그 이후에 루쉰은 이 점에 관하여 에머슨과는 다른 언어로써 충분히 설명했지. 국민성을 비판하는 루쉰의 많은 글은 사람들에게 이렇게 말하고 있단다. 사상가를 포함한 중국의 개혁가들이 맞닥뜨린 것은 미숙한 부패가 아닌 성숙한 부패이고, 일반적인 교활함이 아닌 성숙한 교활함이며, 일반적인 어리석음과 위선이 아닌 성숙한 어리석음과 위선이라고. 이러한 어리석음·교활함·부패·위선은 4000년에 걸친 오랜 습관이 빚어낸 엄청난 우매함과 교활함이고, 가장 신성한 명분과 언어로 겹겹이 포장한 엄청난 위선과 부패란다. 아Q와 같은 농민과 촌사람의 자기기만, 그의 자학·자부심·자기 비하 역시 미숙한 자학·자부심·자기 비하가 아니라 수천 년 동안 전해져온 자아 마비이자 정신상의 자아 도피야. 이러한 '성숙함'을 맞닥뜨린 중국의 사상가에게는 사상의 강인성이 더욱 필요하단다.

아빠가

1998년 9월 25일

共悟人間

제3부

표류하라

외할머니에 담겨진 의미

샤오메이!

최근에 책을 읽다가 마르셀 프루스트의 소품문 한 편을 발견했단다. 제목은 「외할머니」야. 그는 글의 첫머리에서 이렇게 말했단다.

어떤 사람은 살아가면서 능력에 의지하지 않는다. 이는 마치 노래를 하면서 목소리에 의지하지 않는 사람과 같다. 이런 사람들은 흥미로움을 느끼게 한다. 그들의 지혜와 감정이 그들에게 부족한 자질을 대신한다.

이 산문에 나오는 '외할머니(프루스트의 외할머니가 아니라 그의 친구 프릴의 외할머니)'가 바로 능력이 아닌 감정에 의지해서 살아

233

가는 사람이란다. 그녀의 일생을 관통하는 것은 위대한 사랑이며, 하루 종일의 그리움이 그녀의 모든 힘을 소모시켰다고 프루스트는 말했지. 프루스트의 친구이자 그녀의 외손자인 프릴이 여행을 떠날 때마다 그녀는 눈물을 흘렸단다. 마치 소녀처럼 눈물을 흘렸지. 그녀는 외손자가 결혼할까봐 두려워했어. 하지만 외손자가 정말로 결혼한 뒤에는 외손자 며느리를 사랑해주었지. "세 사람은 단 하루도 떨어지지 않았고, 세 사람은 단 하루도 다투지 않았다"고 해. 프루스트는 프릴의 외할머니에 대해 "지혜가 넘쳐흐르고 열정이 충만한 책"이라고 하면서, 그 마음의 책읽기를 해볼 만하다고 했단다.

내가 몇 년 전에 쓴 「외할머니와의 이별別外婆」이라는 글은 프루스트의 「외할머니」와 주제가 서로 통한단다. 나는 외할머니에 대해 이렇게 말했지.

외할머니는 인생에 대해 아주 강한 책임감을 갖고 계셨다. 그분의 유일한 책임감은 바로 사랑이었다. 자연적이고 끝없는 사랑. 외할머니는 이러한 책임감을 아주 먼 데까지 퍼뜨리셨다. 나와 나의 형제자매가 아무리 먼 곳에 갈지라도 그분의 사랑을 느낄 수 있었다.

외할머니의 인생에 담겨진 의미를 개괄한다면 사랑을 자신의 유일한 책임으로 여기는 것이라고 할 수 있겠지. 이 의미는 세상

많은 여성의 공통적인 특징이란다. 나의 외할머니도 프루스트가 말한 것처럼 '능력'에 의지하지 않고 '사랑'에 의지해서 살아가신 분이란다. 내 외할머니의 피는 네 할머니의 혈관으로 살며시 들어왔고, 나의 혈관으로도 살며시 들어왔단다. 어렸을 때 나는 조용히 흘러가는 물소리를 들을 수 있었어. 외할머니의 사랑의 물줄기가 혈관을 따라서 나의 마음속으로 졸졸졸 흘러들어왔지. 위대한 모성은 이렇게 해서 꿋꿋하게 우뚝 솟아 있는 거란다.

페미니즘을 일종의 문화비평 전략이자 여성의 지위를 쟁취하기 위한 전략으로 삼는 것은 이해할 수 있어. 여성은 남성과 인격적으로 평등해야 한단다. 하지만 나는 여성의 남성화에는 결코 찬성할 수 없어. 무턱대고 남성처럼 '능력'을 추구했다가는 여성의 특징인 온정을 상실하게 된단다. 외할머니와 같은 여성의 타고난 특징을 상실하게 되는 거지. 여성의 눈에 남성보다 더 많은 눈물이 들어 있는 것은 정상적인 거야. 프루스트 글에 나오는 외할머니가 연로해서도 소녀처럼 늘 눈물을 흘린 것은 굉장히 사랑스러운 일이란다. 소위 '철의 여인'이라고 하는 여성들은 존경스럽긴 하지만 사랑스럽지는 않아. 철의 여인이 일에서는 능력을 발휘하면서도, 인성에서는 평상심과 따뜻한 사랑을 여전히 간직하고 있어야만 비로소 사랑스러울 수 있는 거란다. 그러니까 사회로부터 대단한 능력의 소유자로 인정받는다 할지라도, 인성에 있어서 연약한 측면을 갖추는 것은 굉장히 필요한 일이야. 이 연약함이야말로 여성이 아름다운 성격을 유지할 수 있도록 해주

는 것이지. 너는 페미니즘에 관심이 많으니까 네 생각을 들어보
고 싶구나.

아빠가
1996년 3월 7일

아빠!

프루스트의 글에 나오는 '외할머니'는 저의 외할머니와 할머니를 생각나게 해요. 저에 대한 그분들의 사랑은 절대적이고 무조건적이지요. 그분들이 생각날 때마다 눈물이 멈추지 않고 쏟아져 나와요. 그분들이 그리워요. 할머니와 외할머니야말로 진정한 고향이라는 생각이 들어요. 연로한 그분들을 미국으로 모셔다가 늘 제 곁에 계시게 하면서 인생을 즐기실 수 있도록 하고픈 충동이 여러 번 들었답니다. 하지만 먼 거리를 오시기에는 너무 힘드실 것 같고, 타향에서의 적막함을 견디시지 못할 것 같아요.

프루스트의 글에 나오는 외할머니, 아버지의 외할머니, 그리고 저의 외할머니와 할머니는 모두 한평생 감정에 의지해서 생활하신 분들이죠. 아빠의 말씀처럼 그녀들의 유일한 책임은 바로 사랑이고, 사랑은 그녀들 생활의 전부이지요. 그녀들을 생각하면 위대한 사랑이 생각나고 모성의 찬란함이 생각난답니다. 그녀들의 사랑이 능력을 나타내는 것은 아니지만, 그 사랑은 능력보다 더 오래가고 드넓은 것이지요. '성모聖母'와 같은 영원함이 그녀들에게도 있답니다. 그녀들이 상징하는 모성은 자비이자 동정이자 인내이지요. 또한 일상생활의 분주함과 부지런함이고, 고난의 감내와 따뜻함의 창조이지요. 중국의 외할머니들은 평생숱한 고난을 겪어요. 그녀들은 민족과 국가에 대해서는 별로 관심이 없고 어쩌면 이해조차 못하겠지만, 손자에 대한 사심 없는 사랑은 그 어떤 거대한 개념보다 위대하지요.

중국 외할머니들의 위대한 모성과 그녀들이 견뎌낸 고난은 중국 현대작가들이 그려낸 '어머니의 이미지'를 통해 구현되었답니다. 가장 먼저 빙신이 영롱하고 투명한 글로 모성애의 광활한 포용력을 찬양했지요. 펑위안쥔馮沅君의 「자애로운 어머니慈母」와 「단절隔絕」에는 모녀지간의 친밀한 관계가 그려져 있어요. 딩링의 『어머니母親』에는 구시대 속에서 새로운 의식을 가지고 용감하게 독립한 자주적인 어머니가 나오지요. 이런 여성 작가들의 '어머니'에 대한 긍정과 찬양에는 영원성이 담겨 있을 뿐만 아니라 그 시대의 숨결이 담겨져 있답니다. 봉건 부권을 무너뜨리던 5·4 시기의 문화적 배경 속에서, 여성 작가들이 '어머니'를 인정한 것은 여성의 자각이었다고 할 수 있어요.

이상의 어머니에 대한 찬양과 비교해보자면, 펑더잉馮德英의 『씀바귀꽃苦菜花』에 묘사된 어머니는 정치 개념의 산물이지요. 어머니와 조국의 고난을 관련지은 다른 작품들에서도 그 중점은 어머니를 표현하는 데 있지 않고 국가와 민족의식을 표현하는 데 있어요. 이런 작품들은 대개 좀 억지스럽게 꾸미는 측면이 있답니다. 그런 작품들에는 위다푸郁達夫의 『타락沈淪』에 나오는 유명한 문장이 메아리쳐 울리고 있지요. "조국이여, 조국이여! 나의 죽음은 너 때문이다! 어서 부유해지고 강해져라! 많은 아들딸이 그곳에서 고난받고 있지 않니!" 비평가 저우레이周蕾가 『여성과 중국의 현대성婦女與中國現代性』에서 지적한 것처럼, 이런 작품에는 은근히 작가의 조바심이 들어가 있고 이데올로기의 영향도 스며들어 있어요. 결과적으로 '어머니'가 부권의식을 짊어지는 도구로 변질되었다고 할 수 있죠.

빙신 등의 여성 작가들이 어머니를 찬양한 것은 이데올로기를 초월한 것으로, 어머니의 영원성을 더 두드러지게 하지요. 정치적 색채로 가득한 중국 현대문학사에서 신성이라고 할 수 있는 어머니의 의의는 거대한 것이지요. 하지만 어머니에 대한 지나친 찬양은, '어머니의 이미지'를 규범화함으로써 '위대한 어머니들'을 표준적인 것으로 고정시켜버릴 수 있다고 생각해요. 그런데 이런 표준은, 남성사회가 여성에 대해 갖는 기대인 동시에 '결함이 있는' 다른 여성에 대한 부정이 분명하답니다. 왕더웨이 선생님은 「어머니가 되고 여자도 되어야 한다做母親, 也要做女人」라는 글에서 이렇게 말씀하셨어요.

'신화'화된 모성애와 '천직'화된 모성애는, 사회의 설명 기능이 발전했음을 나타내는 것이 아니다. 이는 도리어 부권의식의 시스템 속에서, 어머니의 역할과 행위에 대한 우리의 상상이 지체되어 있는 측면을 드러내는 것이다.

이 글에는 중국 현대문학에 등장하는 다양한 어머니의 이미지가 열거되어 있답니다. 고난에 처한 어머니, 용기 있는 어머니, 사악한 어머니 등이 있지요. 심지어 바진巴金의 「두 번째 어머니第二個母親」에 나오는 남자 어머니도 있어요. 왕 선생님은 어머니 이미지의 다양성과 변주라는 각도에서 '모성'과 '여성'이라는 양자 간의 미묘한 장력張力을 탐구하셨답니다. 그리고 다음과 같이 지적하셨어요.

어머니의 의의는 역사·문화와 상호 작용한다. 따라서 모성을 마땅히 영원한 것으로 여겨서는 안 된다. 또한 어머니를 중성화하고 어머니의 역할을 고정시켜서도 안 된다. 어머니가 되는 것은 어렵고, 여자가 되는 것은 더더욱 어렵다.

서양의 페미니즘 문학 이론에서는 더욱 과격하게 지적하고 있답니다. 여성에 대한 남성의 표면적인 이상화는 사실, 남성이 두려워하는 여성의 특징을 덮어버리는 것이라고요. 그래서 많은 페미니스트는 남성 문학이 전해온 여성의 이미지를 수정하고 해체하고 재건하는 데 뜻을 두고 있답니다. 특히 천사와 괴물이라는 전형적인 두 가지 극단적인 이미지에 대해서요. 예를 들면, 산드라 길버트와 수전 구바는 『다락방의 미친 여자』에서 예리한 언어로 지적해냈지요. '영원한 여성'은 수동적이고 온순하며 자아의식이 없고 이야기도 없는 생물인 반면, '괴물 여성'은 자아의식이 있고 이야기가 있으며 불투명해서 남성 의식이 침투하기가 비교적 어렵다는 것을 말이죠. 괴물 여성의 예를 들자면 셰익스피어의 작품에 나오는 베키 샤프·고네릴·리건, 그리고 전통적 마녀 이미지의 여신인 스핑크스·메두사·키르케·칼리·살로메 등이지요.

'미친 여자'의 이미지는 정상적인 남권사회의 질서를 보다 쉽게 위협할 수 있기 때문에 많은 여성 작가가 '미친 여자'를 더 인정했고, 그들 작품에 미친 여자의 이미지가 많이 나타나게 되었지요. 괴물·마녀·미친 여자를 통해서 여성 작가의 조바심과 분노가 해방될 수 있었고, 부권 문화가 강제로 확정한 여성의 정의定義를 변화시킬 수 있었어요. 아마도 바로 이런 이유 때문에 장아이링은 『황금족쇄金鎖記』에서 차갑고 악독한 어머니를 그려냈고, 찬쉐殘雪는 『오래된 뜬구름蒼老的浮雲』에서 학대와 피학대로 미친 어머니를 초사실적 기법으로 그려낸 것이겠지요.

제가 말한 것은 모두 텍스트 전략으로, 젠더정치와 관련된 독해 방법이랍니다. 생활 속에서 저는 외할머니와 할머니를 사랑하고 존경해요. 그분들의 단순함과 사심 없음과 자애로움을 사랑하지요. 저는 아마도 그분들 같은 여성은 평생 될 수 없을 거예요. 하지만 그분들의 크나큰 사랑에 영원히 빠져있을 수 있기를 간절히 바란답니다. 이것이 바로 아빠가 말씀하신, 외할머니에 담긴 의미이겠지요. 사람들이 외할머니로부터 느끼는 것은, 따뜻함·편안함·든든함 그리고 집과 인간 세상의 천국이에요.

샤오메이 올림
1996년 3월 15일

여성 언어와
디아스포라 문학

아빠!

　우리가 몇 통의 편지를 주고받으면서 토론했던 감정의 고향,
양지의 고향, 문화의 고향은 사실 '디아스포라 글쓰기'라는 공간
을 개척한 것이에요. '디아스포라'라는 단어는 원래, 고대 유대
왕국이 패망하여 바빌로니아에 포로로 잡혀갔다가 국외에 흩어
져 살게 된 유대인을 가리키는 것이지요. 이로부터, 고향 밖에서
표류하는 사람들을 일반적으로 가리키는 말로서 '디아스포라'라
는 용어를 쓰게 되었어요. 포스트식민주의 이론에서, 많은 이론
가가 디아스포라를 일종의 은유로 삼아 문화 정체성과 문화 경
계에 관한 문제를 논했답니다. 고향 밖에서 쓴다는 것은 지리적
의미에 국한되는 것만은 아니에요. 문화의 주변성과 밀접한 관련
이 있는 글쓰기이지요. 아빠가 중국을 떠나 쓰신 글들은 바로 고

향 밖에서 쓴 것에 속해요. 특히 아빠의 산문은 동서 문화의 틈 사이에서 늘 떠돌고 있답니다.

저는 여성적 글쓰기와 여성의 신체 표현에 관해 계속 관심을 갖고서 연구하고 있기 때문에, 여성 언어와 디아스포라 문학의 관계에도 관심을 갖게 되었어요. 1940년대 초, 장아이링은 소설집『전기傳奇』와 산문집『유언流言』으로 문단에 이름을 떨쳤지요. '유언'은 원래 '유언비어流言蜚語'의 유언을 가리키는 것이지만, 장아이링은 그녀의 작품에서 진정으로 자신에게 속하는 유동성 언어를 창조하는 데 심혈을 기울였어요. 저우레이는『여성과 중국의 현대성』에서, "여성화된 세부 묘사"라는 말로써 장아이링의 글쓰기 방식을 개괄했답니다. 그녀는 장아이링의 극화된 세부 묘사를 일종의 구조라고 했어요. 저우레이는 장아이링의 '세부 묘사'를 통해 구조화된 것은 "인성의 중심, 그리고 중국의 현대성 수사修辭에 수용된 이상적이고 도덕적인 원칙"이라고 했어요. 이상주의자가 습관적으로 사용하는 중국이니 혁명이니 인간이니 하는 거대담론은 장아이링의 여성적 글쓰기 속에서 정교하고도 반복적으로 분해되어 사라지고 말지요.

장아이링이 인기를 얻은 곳이자 그녀를 기적으로 만든 곳은 일본의 식민통치 아래에 있었던 상하이예요. 그녀는 디아스포라가 아니지만, 그녀의 여성적 글쓰기는 내면적으로 자아의 추방을 진정으로 실현했답니다. 장아이링은『홍루몽염紅樓夢魘』서문에서 이렇게 말했지요.

나는 『유언』에서, '물에 쓴 글씨Written on Water'라는 영문 한 구절을 인용했다. 물에 쓴 글씨는 오래가지 않음을 말한 것이다. 한편으로는 그것이 유언비어가 퍼지듯 빨리 퍼지길 소망했다.

'물 위에 글쓰기'는 물처럼 온유한 여성이라는 표현과도 우연히 맞아떨어져요. 그리고 그것은 여성 언어의 유동성을 아주 깊이 있게 묘사해낸 것이기도 하지요. 프랑스의 페미니스트 비평가 뤼스 이리가라이는 그녀의 이론에서, 여성의 속성을 유동체로 묘사했답니다. 그것은 남성 중심의 고정화된 언어와는 반대되는 일종의 액체인 것이지요.

이리가라이의 이론은 장아이링이 말한 '물 위에 글쓰기'와 마찬가지로 여성화된 언어라는 것은 '유언(유동하는 말)'임을 의미한답니다. '유동하는 말'의 매력은, 그것이 늘 중심의 바깥에서 이리저리 옮겨다니면서 남성의 논리와 문법체계를 교란시킨다는 데 있어요. 장아이링의 『유언』은 여성의 유동하는 말이자 자유로운 산문체이지요. 그것은 현대와 전통, 동서 문화 사이를 자유롭게 흘러다니면서 아름답고 다채로운 자태를 반짝이고 있답니다. 그래서 그녀는 디아스포라가 아니지만, 유동하는 말의 글쓰기 방식을 통해 국가 언어와 주류 문학으로부터의 추방을 실현해냈지요. 디아스포라 문학에서 여성의 유동하는 말의 고향은 어디에 있을까요? 어디로 '돌아가고자' 해야 할까요? 혹은 어디를 향해 '나아가야' 할까요? 이것은 아마도 디아스포라 문학이 탐구해야 하는 또다른 숙제이겠지요.

샤오메이 올림

1997년 5월 1일

샤오메이!

네가 '디아스포라'와 '유동하는 말'의 관계를 언급한 덕분에, 여성 언어라는 시각에서 '고향'에 대해 사색해볼 수 있었단다. 네가 말한 유동성 언어는 여성의 서사가 기대고 있는 기본양식 가운데 하나일 뿐만 아니라 디아스포라 문학에 꼭 필요한 글쓰기 형태이기도 하단다. 여성의 글쓰기 방식이 '물 위에 글쓰기'이고 유동하는 거라면, 여성의 지역성 및 가정과 고향에 대한 정체성은 한 가지만 존재할 수 없는 것이지. 여성의 정체성은 아주 다양한 언어로 구성된 것으로, 역사와 다원성을 지니고 있단다.

아프리카계 미국인 게이츠Henry Louis Gates, Jr.가 최근에 『흑인을 바라보는 13가지 방법Thirteen Ways of Looking at a Black Man』이라는 흥미로운 책을 냈어. 그는 성공한 열세 명의 흑인을 선택했지. 유명한 장군 콜린 파월, 흑인 이슬람 지도자 루이스 파라칸, 무용가 빌 존스, 작가 제임스 볼드윈, 가수 해리 벨러폰티 등을 통해 흑인을 새롭게 조명하면서, 전통적으로 고정화되고 합법화된 흑인의 정의에 의문을 제기했단다. 이들 성공한 흑인이 흑인의 후예를 대표할 수 있다 하더라도 흑인 후예 모두를 완전히 대표할 수는 없는 거야. 그러니까 게이츠가 말하고자 하는 바는, 아프리카계 미국인이 되는 방식은 사실 그 13가지만 있는 것이 아니라는 거란다. 이 책을 읽고서 나는 우리 역시 중국인이 되는 방식에 13가지 혹은 그보다 더 많은 방식이 존재할 거라는 생각이 들었어.

리어우판은 「중국 담론의 주변에서On the Margins of the Chinese Discourse」라는 글에서 그의 개인적인 입장을 강조했지. 그는 자신의 입장을 '중국적 세계주의'라고 칭하면서 이렇게 말했단다.

'중국적 세계주의'는 엄격하지 않은 칭호다. 하지만 이것은 다원 문화를 수용하며, 보수적인 '국가의 경계선'들을 효과적으로 뛰어넘는다. 즉 이것은 목적성을 지닌 주변 담론으로서, 주변을 새롭게 구성하는 데 그 의도가 있다.

그의 이러한 입장은 필연적으로 중국인이 되는 여러 방식을 낳게 될 거라는 생각이 드는구나. 너의 지도교수인 왕더웨이가 쟌느Jeanne Tai와 함께 펴낸 당대중국 소설집 『달리는 야수 Running Wild』에는 다양한 중국인—홍콩·타이완·중국 대륙의 중국인, 미국의 화교, 뉴질랜드 화교—이 세상과 인생을 대하는 서로 다른 시각이 한데 모여 있단다. 중국인의 정의에 대한 이 소설 속 인물들의 생각은 서로 다르지. 그런데 바로 이러한 차이로 인해, 중국인에 대한 정의는 더 이상 본질화되지 않는단다.

국가는 경직된 경계이지만, 문화·감정·양지 그리고 네가 말한 '여성 언어'는 부드러움을 지닌 유동적이고 변화 가능한 경계란다. 이 두 가지 경계의 결합을 통해 13가지 혹은 더 많은 종류의 중국인이 되는 방식을 만들어낼 수 있단다. 10년 전에 내가 여러 번 말했지. 각자가 선택한 존재 방식을 존중해야 한다고 말이야. 특정 존재 방식으로 다른 존재 방식들을 획일화하려는 시도는 독재를 야기할 뿐이지.

물론 나로서는 가장 진실한 중국인이 되는 방식은 바로 진실한 자신이 되는 것이란다. 나 개인의 존엄과 내가 소중히 하는 것을 지키면서 책임을 포기하지 않는 자신이 되는 것이지. 분명하게 말해서, 나는 국수주의를 숭상하지 않지만 그렇다고 완전한 서구화를 지향하지도 않는단다. 타인을 배척하지 않지만 타인을 맹종하지도 않는단다. 멈추지 않고 사방을 돌아다니지만 '내가 사랑하는 그 세계'를 꿋꿋하게 지킨단다. 고향에서 멀리 떠나 있지만 나 자신이 엮어낸 고향을 늘 껴안고 있단다.

아빠가
1997년 5월 3일

천하를 품어내는 큰마음

아빠!

저의 타이완 친구와 대륙 친구는 평소에 서로 아주 잘 지내왔어요. 모두 다른 지역에서 오긴 했지만 이국 타향에 있기 때문에 미국이라는 '대용광로'에서 다들 화기애애하게 지내고 있지요. 그런데 최근에 타이완 친구가 저만 보면 '타이완 독립'과 대륙의 유도탄 문제를 놓고 논쟁을 벌여요. 그 말투가 상당히 적개심을 띠고 있답니다. 대륙 친구들 중에는 한바탕 해보려고 단단히 벼르면서 잔뜩 화가 난 이도 있어요. 어쨌든 지금은 친구 모임이 평소처럼 편안하지는 않아요.

이런 모든 논쟁 속에서 저는 매우 공허한 느낌을 받곤 해요. 저 역시 조국을 사랑하지만 제가 더 많이 사랑하는 것은 문화적 의미에서의 중국이에요. '중국'이라는 개념은 나라 바깥에서 더욱 복잡해요. 정치체제의 의미에서 중국을 묘사하는 것은 근본적으로 불가능해요. 이곳의 중국인들은 서로 다른 지역에서 왔어요. 어떤 이는 홍콩에서, 어떤 이는 타이완에서, 어떤 이는 대륙에서, 어떤 이는 동남아에서 왔어요. 미국에서 나고 자란 사람도 있지요. 물론 이들의 언어 역시 여러 가지랍니다. 영어, 표준 중국어, 광둥어, 타이완어 등 다양하지요. 흥미로운 사실은 해외 중국인의 문화 정체성 역시 다르다는 거예요. 어떤 이는 서양 문화를 너무 숭배한 나머지 늘 서양의 가치 기준으로 모든 것을 평가하는데, 완전히 '가짜 서양인' 같아요. 어떤 이는 중국의 전통문화를 고수하면서 오랜 속박들을 미국에서도 그대로 따르려고 하지요. 그런가 하면 또 어떤 사람은 마치 시계추처럼 두 문화 사이에서 이리저리 배회하며 자신의 기호에 따라 선택하기도 해요. 어쨌든 중국인에 대한 정의는 해외에서 결코 간단한 문제가 아니에요. 하나로 통일된 중국인이라는 개념은 실제로 존재하지 않아요. 요즘 적대적인 논쟁을 맞닥뜨릴 때마다 저 역시 적군과 아군을 간단히 택할 수가 없답니다. 제 생각에 '적'이란 인위적으로 만들어낸 것이자 일시적인 것이기 때문이에요.

'다양한 종류의 중국인'이라는 개념은 해외 학술계에서도 점차 큰 비중을 차지하고 있어요. 예를 들면, 이전에는 미국 대학에서 아시아미국학과 동아시아학은 완전히 서로 다른 학과였어요. 아시아미국학은 미국에서 나고 자란 아시아인의 문화를 전문적으로 연구하고, 동아시아학은 아시아 본토인의 문화를 연구했지요. 제 친구 선솽沈雙의 박사논문이 바로 아시아미국문학사를 연구한 것이에요. 그녀가 말하길, 아시아미국문학사는 지금까지 엘레네 킴Elanine Kim이 10여 년 전에 쓴 단 한 권밖에 없다고 해요. 게다가 그 책은 1960~1970년대 '좌파' 사회사조의 영향을 받았기 때문에 피압박계급·제3세계·노동계층이 주선율을 이룬다고 해요. 그리고 뿌리를 찾는 내용, 아시아 후예의 공동체인 차이나타운에 대한 내용으로 가득하대요. 지금 아시아미국학의 범주는 새로워졌고, 학자들은 제2세대나 제3세대 이민자뿐만 아니라 제1세대 이민자의 문학과 문화에 대해서도 연구하고 있어요. 이렇게 해서 학과의 경계를 뛰어넘지 않을 수 없게 되었지요. 적어도 동아시아학과와의 경계는 뛰어넘어야만 해요. 바이센융白先勇, 녜화링聶華苓, 위리화於梨華 같은 작가들이 해외생활에 관해서 중국어로 쓴 글은 아시아미국학일까요? 아니면 동아시아학일까요? 겉으로 보기에 이는 단지 학과의 경계에 관한 문제인 듯하지만 사실은 '중국인'의 개념에 대해 우리가 다시 생각해보도록 하는 것이지요.

저는 타고르를 소개한 영문으로 된 글을 읽고서 그가 편협한 애국주의와 민족주의에 대해 줄곧 단호하게 비판적 태도를 취했다는 사실을 알게 되었답니다. 타고르는 친구에게 편지를 써서 이렇게 밝혔지요.

애국주의가 우리 최후의 정신적 피난처가 될 수는 없습니다.

나의 피난처는 인간성입니다. 나는 유리알을 사면서 다이아몬드 값을 치르지는 않을 것입니다. 또한 내가 살아 있는 동안은 애국주의가 인간성을 누르고 승리하도록 내버려두지 않을 것입니다.

타고르의 소설 『집과 세상Ghare Baire』은 바로 이 주제를 다루고 있어요. 소설의 주인공 니킬은 사회개혁에 열심이지만 애국주의에 대해서는 유보적인 태도를 갖고 있는 사람이에요. 그래서 니킬의 아내 비말라는 그에게 실망하고 니킬의 친구 산딥을 사랑하게 되지요. 산딥은 영국에 적극적으로 대항한 애국적 행동주의자였어요. 하지만 니킬은 자신의 생각을 바꾸고자 하지 않았어요. 니킬은 이렇게 말했지요.

나는 조국을 위해 싸우길 바라지만, 내가 숭배하는 것은 조국보다 더 위대한 인간의 권리다. 하나님을 숭배하는 것처럼 자기 나라를 숭배하는 것은 저주를 가져온다.

이야기가 전개되면서 산딥은 투쟁에 참가하지 않는 이들에게 분노를 느끼게 되지요. 그래서 조직의 명령에 순종하지 않는 사람들을 응징하거나 그들의 변변치 못한 주식을 불태우거나 그들에게 인신공격을 가해요. 비말라는 마침내 산딥의 애국심과 종파주의와 폭력이 무엇인지 똑똑히 알게 되지요. 마지막에는 니킬이 생명의 위험을 무릅쓰고 아내와 피해자를 돕게 되고, 비말라의 낭만적인 정치 이야기는 이렇게 끝나요.

이 소설은 많은 논쟁을 일으켰어요. 루카치는, 타고르가 열등한 소부르주아지 작가이고 영국 경찰을 위해 정신적 서비스를 한 것이며 일부러 간디를 희화화했다고 생각했지요. 하지만 어떤 비평가는 이 소설이 실제로는 편협한 애국주의와 민족주의에 대한 경고이자 자국민들에 대한 경고라고 여겼어요. 영국에 반대하는 인도독립운동 때문에 외국 문화의 영향을 완전히 배격하지는 말라는 경고요. 현실 생활에서 타고르는 종종 영국의 식민지 통치를 날카롭게 비판했는데, 이것 역시 인도人道라는 원칙을 고수하는 입장에서 나온 것이지요.

저는 타고르의 비판적 입장에 찬성해요. 세계 문화가 날로 국제화되는 오늘날, 편협한 애국주의는 특히 위험한 것이거든요. 다원적인 환경이 갖추어져야만 자아와 정체성의 문제를 진지하게 모색할 수 있고, 개방적인 시각을 통해서 타자의 문화를 받아들일 수 있어요. 물론 이의를 제기하는 친구도 있어요. 인도주의는 제1세계의 산물이자 패권주의의 그럴싸한 명목이며, 국제화의 시각은 '제3세계'가 직면한 문화 문제를 경시한다는 거죠. 저는 이런 문제들을 깊이 생각해볼 가치가 있다고 여겨요. 그런데 이와 더불어서, 종족과 국가를 달리하는 사람들일지라도 공통의 관심사가 있어야 한다고 생각해요. 그건 바로 인간의 마땅한 도리에 대한 관심이죠. 그렇지 않다면 우리는 흑백논리에 빠지고

말 거예요. 이번에 애국 때문에 서로 배척하게 된 친구들이 있긴
하지만, 저는 믿어요. 이 시간이 지나고 나면 분명 모두가 다시
좋은 친구가 될 것임을요.

샤오메이 올림
1998년 4월 6일

샤오메이!

너 역시 민족주의에 반대하는구나. 그래서 나는 기뻤단다. 1997년에 나는 글을 통해서 리쩌허우와 민족주의에 관한 대화를 나누었는데, 그때 우리 역시 민족주의에 반대했단다. 복사해서 너에게 보내줄 테니 한번 보려무나.

민족 감정이란 자연스러운 감정으로, 본래는 나쁘다고 할 수 없는 것이란다. 하지만 민족주의는 이데올로기의 일종이기에, 어떤 역사 시기에는 합리적인 것일 수 있지만 또다른 역사 시기에서는 도리어 비합리적인 것일 수도 있지. 루쉰은 1920년대에 피압박민족의 문학에 줄곧 관심을 가졌는데, 주로 동유럽 약소민족의 문학이었단다. 그런 문학에 담긴 민족주의는 일종의 반항으로, 나쁠 것은 없지. 하지만 히틀러가 내세운 민족주의는 나쁜 것이었지. 히틀러는 독일인의 자연스러운 감정을 이용했어. 그는 민족 감정을 민족제국주의 감정으로 변질시켰는데, 이것은 물론 인정할 수 없는 것이야.

민족주의·주권·인권, 이런 문제를 이론적으로 말하자면 너무 복잡하고 지금은 길게 말하고 싶지 않구나. 지금은 너와 서로 용기를 북돋우고 싶은 생각뿐이란다. 네가 자연스러운 민족 감정을 간직하되, 이런 감정을 확장시킬 수 있었으면 좋겠구나. 민족 감정을 타인·타향·타국에 대한 사랑으로 승화시키길 바란다. 고향, 유년 생활, 어머니, 형제에 대한 감정 등은 모두 자연스러운 민족 감정에 포함된단다. 이러한 감정들을 천하로 확장시키는 것은 작가에게 꼭 필요하지. 공자가 나라를 사랑하지 않았다고 의심하는 사람은 아무도 없을 게다. 그런 공자가 "사해의 모든 사람이 형제"라는 훌륭한 명언을 남겼지. 이 명언은 나에게 큰 영향을 미쳤단다. 이 명언이 말하는 것은 바로 고향의 형제에 대한 정을 천하의 형제에게로 확장시킨 큰마음이지. 우리는 이것을 진리로, 변경할 수 없는 마음의 원칙으로 삼아야 해.

이런 마음은 그리스도와 부처의 마음과도 통한단다. 그리스도가 모든 사람을 사랑한 것은 바로 천하의 모든 사람을 형제라고 여긴 거란다. 실제로 그리스도는 노예와 약자의 우두머리였지만 그는 노예를 사랑하는 감정을 모든 사람에게로 확장시켰어. 부처가 중생을 제도하고자 한 것 역시 자비와 연민의 마음을 천하의 모든 형제에게로 확장시킨 것이지. 그들의 공통점은 바로 모든 인류에게로 사랑을 확장시켰다는 거란다. 마르크스가 말한 '노동자의 조국' '전 인류의 해방' 역시 국경을 타파한 것이지. '인터내셔널가'는 국경이 없는 노래이며 비민족주의적인 노래야. 타고르가 그토록 강렬하게 인류애를 국가애 위에 두고자 했던 것 역시 그가 자연스럽게 국경을 타파했기 때문이란다. 큰마음은 국경에 의해서 제한될 수 없어. 이런 마음을 갖는 것은 정말 행복한 일이란다. 우리가 위대한 것을 추구하지 않더라도 이런 마음을 갖는 것은 우리가 반드시 추구해야 하는 위대한 행복이야.

그래서 행복이란, 마음속에서 인위적으로 만들어진 장성을 그러한 큰마음으로 무너뜨리는 것이란다. 중국을 떠난 10년 동안 나는 왕궈웨이의 『인간사화人間詞話』와 그가 말한 '불격不隔'의 경지를 끊임없이 깨달아갔단다. 나는 먼저 교조敎條의 격隔을 타파하고서 사실과 진리를 직시했단다. 그리고 명예와 이익의 격을 타파하고 양심을 대면하고서 영혼의 평온을 얻었단다. 마지막으로는 국경과 종족의 격을 타파하고서 마음의 고향을 찾았단다. 모든 신과 국가를 추방하라는 나의 말은 마음속에 있는 성벽을 없애버리고 온갖 편협한 망상에 의해 막히는 일 없이 자기 마음의 크기를 최대한 확대시키라는 의미란다. 영혼의 자유로운 정도는 마음의 크기와 가장 밀접한 관계가 있고, 행복의 정도 역시 영혼의 자유와 마음의 크기에 정비례한단다.

너는 갓 스무 살이 넘었을 때 중국을 떠났기 때문에 국경의 격을 타파하는 것이 어렵지 않았겠지만 나로서는 매우 힘든 일이었단다. 나는 마흔여덟 살에 중국을 떠났고, 타고난 애국자였지. 지금까지도 중국에 대한 사랑이 가득하단다. 나의 애국은 주로 동포를 사랑하는 것이야. 중국을 떠난 뒤, 나는 이런 사랑이 '국경' '인종' '종족'의 경계에 의해 막혀버리지 않는다는 것을 깨달았단다. 이것은 마음 깊이 깨달은 것으로, 이론이 될 수는 없지. 하지만 너에게 알려주는 건, 네가 미래에 인생의 행복을 얻는 데 도움이 될 거라 생각해서란다.

아빠가
1998년 4월 8일

심미적인 눈

아빠!

얼마 전에 타이완의 여성 작가 주톈원朱天文이 워싱턴 작가협회에 와서 '먼 곳에서의 시선來自遠方的眼光'이라는 주제로 연설을 했어요. 저는 그녀의 소설이 늘 맘에 들었어요. 그녀에게는 특별한 재능이 있어서 기이하고 다채로운 세기말의 타이완 도시를 정교하고 아름답게 묘사하기 때문이랍니다. 그녀의 화려한 문장은 사치스러워 보이지만, 이런 문장이야말로 예술적이고 미학적이고 데카당스적인 '욕정의 유토피아'를 묘사해낼 수 있어요. 후란청胡蘭成의 제자인 그녀의 글에는 스승의 어조가 보일 수밖에 없지요. 하지만 결코 어색하게 꾸며낸 것은 아니에요. 이것 역시 일종의 능력이지요.

그녀의 소설에 현학적인 요소가 있긴 하지만, 다른 한편으로 보자면 이는 그녀가 평소에 얼마나 많은 책을 읽었는지 말해주는 것이기도 해요. 소설가인 그녀가 저 같은 학자들이 읽는 이론서를 숙독한다고 하더군요. 예를 들면 푸코의『성의 역사』, 벤야민의『샤를 보들레르: 고도자본주의 시대의 시인』, 레비스트로스의『먼 곳에서의 시선The View from Afar』, 사이드의『권력과 지성인』 같은 것들이랍니다. 저는 그녀의 이런 점에 감탄했어요. 주톈원은 영화 이론과 미술사에 관한 지식도 풍부해요. 그녀는 허우샤오시엔侯孝賢 감독의〈비정성시悲情城市〉〈호남호녀好男好女〉〈해상화海上花〉의 각본을 쓰기도 했답니다. 예전에 리퉈 아저씨와 중국 당대 작가에 대해 이야기한 적이 있는데, 아저씨는 지식이 충분하지 않은 작가가 많다고 비평하셨지요. 아저씨가 말씀하시길, 소설을 쓰는 것은 피아노를 치는 것과 같아서 지름길은 절대 없다고 하셨어요. 한 단계씩 위를 향해 올라가야 하고, 매일의 고된 연습과 축적이 필요하다고 하셨지요. 그리고 책을 충분히 읽지 않으면 대가가 될 수 없다고 하셨답니다. 이 말씀에는 저도 동의해요. 물론 어떤 작가들은 생활의 직관을 잃고 이론이 앞서게 될까봐 이론서를 읽지 않는답니다. 하지만 저는 주톈원의 방식이 좋은 거라고 생각해요. 그녀는 이론과 철학을 어떻게 감성화시켜야 하는지 알고 있지요.

이번에 주톈원이 워싱턴에 연설하러 왔을 때, 저는 출산이 가까워져서 들을 기회를 놓쳤어요. 그런데 아빠가 말씀해주신, 볼더에서의 그녀의 연설도 같은 주제인 것 같아요. '먼 곳에서의 시선'이라는 주제 말이에요. 저는 현지 신문에서 그녀의 연설문을 읽었는데, 그녀가 추구하는 관점이 맘에 들어요. 작가가 세상을 보는 데에는 독특한 시각이 필요한데, 마침 그녀가 이야기한 것은 '보는 것'의 여러 가지 방법과 가능성에 관한 것이었어요. 그녀는 먼저 레비스트로스의 인류학자의 시선에 관한 이야기부터 꺼냈는데, 자신이 속한 사회를 먼 곳에서 바라보는 것에 관해 말했답니다. 사실 그녀의 최근 소설은 모두 이런 시선으로 생활의 토막을 잘라낸 것들이에요. 거리를 두고 바깥에 서서 냉담한 태도를 취하기 때문에 노련하고 처량하게 보이지요. 매혹적으로 보이는 그녀의 문장은 유미주의적 태도를 궁극까지 밀어붙인 것이에요. 〈해상화〉에서도 이런 식의 '보기'를 채택함으로써 이야기의 전체적인 배경을 부각시킨 반면 극성劇性, action은 희석시켰다고 해요. 이로써 만청晩淸 시대에 기녀의 생활을 제재로 삼았던 협사狹邪소설(기원妓院 생활을 소재로 한 장편으로, 기녀로서의 가인佳人과 그 고객으로서의 재자才子 사이의 교유를 다룬 소설―옮긴이) 속의 데카당스적 미학을 표현해낼 수 있었대요.

제가 특히 흥미를 느낀 것은, 주톈원이 말한 '황인荒人(외톨이, 주변인, 고독한 이, 버려진 이 등 다양한 의미로 해석할 수 있다―옮긴이)의 시선'이에요. 그녀는 엘리엇의 시(「프루프록의 연가」―옮긴이)를 인용했지요.

나는 나자로, 죽은 자들 사이에서 돌아왔다.

그대들에게 모든 것을 말해주기 위해 돌아왔다.
모든 걸 다 말해주리라.

주톈원에게는 이 '황인의 시선'이 바로 '먼 곳에서의 시선'이죠. 그런데 그것은 한층 더 멀리 나아가 '사경死境(죽음의 경계)'으로부터 온 시선이자 보통 사람은 닿을 수조차 없는 '심연'으로부터 온 시선이지요. 그녀는 『황인의 수기荒人手記』(국내 번역서 제목은 『이반의 초상』이고 영문 번역서 제목은 *Notes of a Desolate Man*이다—옮긴이)에서 사경이 암시하는 게 인간 욕망의 심연, 들여다볼 수조차 없는 심연이라고 했어요. 또한 작가는 사경을 살피러 가서 자신이 그곳에서 본 것을 모두에게 알려줄 수 있는 용기를 가져야만 하다고 했어요. 그녀는 연설문에서 이렇게 말했답니다.

사경으로부터 돌아온 사람, 그는 '뒤편에 버려둔 경험과 지금 직면한 상황'이라는 두 가지 방식을 통해 상황을 보게 되지요. 이처럼 그는 이중 시각을 지니고 있답니다. 돌아온 사람, 그는 변방이 어디에 있는지 압니다. 변방 안에 무엇이 있고, 변방을 넘어선 바깥에는 무엇이 있는지 압니다. 가장 큰 장력張力은 모두 변방에서 생겨난다는 것을 그는 압니다. 애매모호함·모순·다중성·불일치성 등의 모든 상반된 짝패는 죄다 변방에서 생겨나는 것이지요. 돌아온 사람은 변방의 한계가 어디에 있는지 잘 알고 있기 때문에 변방의 깊이를 압니다. 그가 그 한계

이러한 '황인의 시선'은 마치 장아이링의 '처량한 몸짓'에서 파생되어 나온 것 같아요. 주톈원이 말한 것은 보는 방식에 관한 것이지만, 실제로는 자신의 소설에 내포된 철학적 의미를 이야기한 것이랍니다. 훌륭한 소설에는 그것을 지탱해주는 철학적 의미가 담겨 있지요. 황인의 눈은 글자의 표면적인 의미 아래에 숨겨져 있고 행위 사이에 숨겨져 있다는 생각이 들어요. 황인의 눈은 '이것을 말하지만 뜻은 저기에 있는' 숨겨진 것이지요. 그것은 소설의 제2의 눈이자 세계의 궁극적 의미에 대한 주톈원의 사색이에요.

변방의 시선과 사경의 시선 외에도 주톈원은 사이드가 말한 '아마추어'의 시선을 선택했답니다. 아마추어는 전문 분야의 속박을 타파할 수 있고 전문가의 제한된 시야와 권력의 압박에서 벗어날 수 있기에, 순수하게 자신의 애호愛好로 돌아가 사물의 원초성과 독특성을 회복할 수 있기 때문이지요. 고도자본주의 시대의 전문적 분업 하에서, 그나마 아마추어는 자유의 여지가 있기 때문에 기계의 노예가 되는 것을 모면할 수 있어요. 바로 이 점에서 주톈원은 아마추어의 시선이 벤야민의 이론과 호응한다고 생각했답니다. 벤야민은 고도자본주의 상품시대에서 예술은 이미 오리지널리티를 잃었다고 했어요. 그는 예술품이 원본의 아우라Aura(벤야민은 「기술복제시대의 예술작품」이라는 논문에서 복제 불가능한 단 하나의 예술작품 원본만이 줄 수 있는 숨결 내지 분위기를 '아우라'로 표현했다 — 옮긴이)를 상실했다고 했지요. 벤야민이 말한 '산책자'의 역할은 사이드의 아마추어의 역할과 같은 것이에요. 완전히 기계화되어 바삐 움직이는 군중과 달리 산책자에게는 한가하게 거닐 수 있는 여지가 있어요. 산책자는 붐비는 군중 속에서 천천히 거닐면서, 도시와 타인을 관찰합니다. 주톈원은 이렇게 말했어요.

아마추어의 시선은 사이드의 것입니다. 여기에다 먼 곳에서의 시선이라는 인류학자의 시선을 더했지요. 먼 곳에서의 시선은 레비스트로스의 것입니다. 여기에다 황인의 시선을 더했는데, 이는 벤야민의 것입니다. 이들 시선을 한데 모은 시선에 구체적인 이미지를 부여한다면, 그것은 바로 '고도자본주의 시대의 시인'이 되겠지요.

주톈원이 이렇게 한데 모아놓은 시선을 살펴보면, 그녀가 이론을 시화詩化하고 정감화情感化한 것을 알 수가 있답니다. 그녀가 선택한 '보기'의 모든 방식은, 그녀 자신의 개인적 경험을 전통과 경험의 세계로부터 분리해내기 위한 것임을 알 수 있죠. 그녀는 고독한 사람이랍니다. 어쩌면 일부러 고독을 선택한 사람이라고 할 수도 있겠지요. 일부러 자신의 감각을, 폐허와 허무와 사경

속에 구축하려는 것이라 할 수 있어요. 이러한 선택은 기계화되고 복제성이 만연한 포스트모던 상품사회 속에 있으면서도 그녀가 자신의 맑은 의식을 지킬 수 있도록 해주지요. 이러한 선택은 개인세계의 '아우라'가 전문 분야에 의해 분할되지 않고 본보기에 의해 제한받지 않고 상품에 의해 침몰되지 않고 보존될 수 있도록 해주는 것이랍니다.

주톈원의 시선이 추구하는 것은 벤야민이 보들레르를 두고서 "그의 시는 프랑스 제2제정의 하늘에서 아무 분위기도 없는 별처럼 반짝이고 있다"고 정의한 바로 그것이지요. 황인의 눈 역시 분위기 없는 별이랍니다. 그것은 허무이고 환멸이지요. 황인의 눈은 황폐하고 사막화된 도시 문화 속에서 의지할 곳 하나 없지만, 그 눈은 문명이 붕괴하기 전의 증인이랍니다.

이러한 시선에는 모더니즘의 핵심 정신이 들어 있어요. 그 시선은 세기말의 계시록이기도 하지요. 그 시선은 엘리엇의 가장 유명한 시집 『황무지』처럼, 현대세계의 거대한 침체와 혼란 그리고 '황무지'의 공허 속에서 살고 있는 인간의 공포를 표현하고 있어요. 그것은 사무엘 베케트의 소설 『머피Murphy』처럼 허무를 가장 진실된 존재로 여기지요. 그것은 토마스 만의 소설 『마魔의 산』처럼 해체에 대해 날카로운 경고음을 내지요. 그리고 그것은 20세기의 모든 중요한 작품과 마찬가지로, 종교적 믿음을 잃어버린 현대인의 절망감을 표현한답니다.

이상과 비교하자면, '처량한 몸짓'을 글의 큰 배경으로 삼았던 장아이링은 세상 물정에 훨씬 밝았어요. 이런 장아이링을 두고, 왕안이는 『떠도는 언어漂泊的語言』에서 이렇게 말했답니다.

장아이링은 허무의 심연 가에 서 있었다. 조금만 눈을 돌리면 그 끝없는 블랙홀을 볼 수 있었지만, 그녀는 감히 보지 못하고 고개를 돌려야만 했다. 그녀는 깊은 곳까지 도달할 수 있는 감정의 능력은 충분했지만, 이 능력으로 얻게 될 결과를 용감하게 감당하지 못했다. 그 결과는 아주 무거운 것이었고, 그녀는 이 무게를 잘 알고 있었다. 그래서 그녀는 자신을 꽉 붙잡아맸다. 또다시 허무의 가장자리로 미끄러지지 않기 위해서, 그녀는 생활의 매력적인 세부 묘사에 속박된 채 그것의 실재성에 필사적으로 매달렸다.

반면에 주톈원은 심연과 사경을 향해 나아갔다가 되돌아와서 현대인들에게 경고하고자 스스로를 북돋웠답니다. 그래서 그녀의 소설 『황인의 수기』에는 '경세지음警世之音'이 가득하지요. 그녀는 이렇게 말했어요.

나는 그곳에 서 있었다. 인류사에 분명코 출현했던 수많은 정욕의 나라들을 본 듯했다. 그것들은 기이한 화초처럼 피었다가 바로 사라졌다. 후세 사람들은 단지 묻힌 글을 통해서, 그것들이 존재했음을 어렴풋이 알 수 있을 뿐이다. 그것들은 확장하고 파생할 방법이 없었다. 그리하여 섬세함과 온유함, 그리고 눈빛으로 마음을 주고받는 애수의 응결 속에서 점차 멸종하고 말았다.

하지만 주톈원은 진정한 구속救贖의 길을 제공하지는 않았어요. 그녀는 글쓰기 속에서 살기를 선택했어요. 글쓰기를 통해서, 데카당스 미학의 글쓰기를 통해서, 그녀는 자기 존재의 의의를 발견했답니다. 하지만 그런 데카당스 미학의 글쓰기로는 진정한 구속에 도달할 수 없었지요. 『황인의 수기』에서의 '구속은 시적 영탄詠嘆에 불과하다"는 황진수黃錦樹의 평가처럼, 그것은 불완전한 것이면서 부득이한 것이었어요. 주톈원이 살고 있는 지금의 세기말은 서양의 모더니즘 시대와는 다르지요. 1920년대 모더니즘 시대는 예술과 자유가 여전히 확장되던 시대였고, 글쓰기의 창조성에 여전히 환호하던 시대였답니다. 주톈원이 살고 있는 이 시대가 그녀의 고독을 결정한 것이지요. 그녀의 데카당스 미학이 단지 자기 감상과 자아 구속과 자아 수행의 태도가 될 수밖에 없도록 이 시대가 결정한 거예요. 정말로 비극성이 가득한 것이지요.

저는 주톈원이 말한 시선에 동의해요. 아마도 명리를 좇지 않는 저의 천성과 관련이 있겠죠. 저 역시 먼 곳에서 사회를 바라보는 것을 좋아하고, 인생에 대해 비극적인 느낌을 지니고 있어요. 그리고 고독에 아랑곳하지 않고 글쓰기 속에서 살아가고 싶답니다. 하지만 제가 소설을 쓴다면, 그녀처럼 데카당스 미학을 유일한 구속의 길로 삼기는 아마도 어려울 거 같아요. 저는 이탈리아의 현대 소설가 주세페 보나비리가 『사라센 사람의 이야기 Novelle saracene』의 후기에서 말한 것처럼, 이야기를 통해 감정 깊은 곳에서 고향의 벗과 어머니와 만나게 되는 지점을 새롭게 찾을 수 있기를 바란답니다. 앞으로 저는 글쓰기란, 희망에 대한 영원한 추구이자, 서로 다른 마음과 만나는 장소이며, 생명이 서로 감동을 주고받는 방식이라고 생각하렵니다. 『황인의 수기』를 우화로 보고자 한다면, 그 언어 환경을 고려해야 하지요. 왕더웨이 선생님은 황인의 눈을 '광인狂人의 눈'과 비교하셨어요.

그녀의 황인은 게이의 정욕을 깊이 캐는 과정에서 가장 불가능한 형식을 통해, 루쉰의 광인이 존재했던 당시의 국가 욕망에 다시 한번 힐문을 던졌다. 혁명 동지의 정에 대한 글쓰기에서 연인의 정에 대한 글쓰기로 넘어간 것은, 현대 중국문학이 커다란 원을 한 바퀴 돈 것이라 할 수 있다. 그 결과, 패기는 작아졌지만 보기는 더 좋아졌다.

이런 의미에서 말하자면, 시대 역시 세계를 바라보는 서로 다른 '눈'을 만들어낸다고 할 수 있겠지요.

샤오메이 올림
1999년 5월 10일

샤오메이!

주톈원이 이곳 볼더에서 강연했을 때, 나도 가서 들었단다. 그녀의 강연은 훌륭했어. 그녀의 사상이 그렇게 깊은 줄은 몰랐단다. 재능 있는 작가는 많지만 사상이 깊은 작가는 드물지.

그녀가 말한 작가의 시선은 나도 마침 특별히 관심을 갖고 있던 주제란다. 몇 년 전에 나는 『표류수기』의 첫 번째 권에서 '제2의 눈'에 대해 썼는데, 작가는 보통 사람의 시각을 뛰어넘어 자신만의 특수한 눈을 가져야 한다고 했지. 심미적인 눈은 그 자체로 권세와 이익을 초월하고 세속을 초월한 눈이란다. 괴테가 말하길, 태어나서부터 인간에게 가장 중요한 것은 눈으로 세상을 보는 것이라고 했지. 작가는 더더욱 그렇단다. 작가가 '시각의 전환'에 능숙하다면, 그는 끊임없이 자신을 초월함으로써 자기 복제를 피할 수 있단다. 그가 '시각의 창조'를 자각한다면, 그의 작품은 더욱 오리지널리티를 확보할 수 있는 거란다.

1994년에 내가 밴쿠버에 있을 때, 리쩌허우와 함께 놀러 나갔다가 량옌청梁燕城과 대화를 나눈 적이 있단다. 그때의 대화록을 량옌청이 나중에 두 편으로 정리해서 『문화중국』에 발표하기도 했지. 그 당시 리쩌허우는 굉장히 흡인력 있는 관점을 제시했단다. 그는 이렇게 말했어. "철학은 시각의 선택이다. 혹은 길의 탐색이라고도 할 수 있다. 철학에는 갖가지 시각과 길이 있을 수 있기 때문이다." 사람은 도구를 사용하고 만드는 존재라고 말하는 것도 하나의 시각이란다. 하이데거가 사람을 '세계-내內-존재'라고 말한 것도 하나의 시각이지. 종교철학에서는 사람을 신의 창조물이라고 하는데, 이것 역시 하나의 시각이야. 시각이 다르면 해석해낸 이치도 완전히 달라진단다.

철학의 시각이 비교적 추상적이라면, 문학의 시각은 보다 구체적이야. 문학의 시각을 심미적인 눈이라고 하는 것이 좋겠구나. 주톈원이 보통 사람의 눈으로 동성애를 보았다면, 범속함을 벗어날 수 없었을 거야. 하지만 그녀는 '황인의 눈'을 사용했기 때문에, 깜짝 놀랄 만한 이야기를 봐냈던 것이지. 마찬가지로, 만약 그녀가 '범경凡境(평범한 경계)'의 눈으로 애정을 보았다면 범속함을 벗어날 수 없었을 거야. 하지만 그녀는 '극경極境(절경絶境의 경계)'의 눈, 즉 먼 곳에서의 눈으로 애정을 바라봤어. 덕분에 다시 한번 놀라운 글을 써낼 수 있었던 거야. 내가 전에 말했듯이, 아인슈타인은 우주 먼 곳에서의 눈으로 사람과 세계를 보았기 때문에 인간이 우주 속의 작은 먼지에 불과하다는 것을 봐낼 수 있었어. 그래서 우리는 자만하면 안 되는 거야. '극경'의 시선(먼 곳에서의 시선)은 더욱 다양한 차원에서 볼 수 있게 해준단다. 큰 지혜를 지닌 작가의 작품을 읽고 나면, 묘사하기 힘든 초험超驗적 차원을 어렴풋하게나마 느끼게 되지. 『햄릿』『백경白鯨』『홍루몽』 등을 읽으면 바로 그런 느낌을 받게 된단다. 그건 바로 이 작가들 모두 초험적인 극경의 시선을 지니고 있기 때문이지.

전생과 현생에 대한 작가의 느낌은 문학작품에서 '전생의 차원'과 '창세의 차원'을 낳는단다. 이것 역시 극경의 시선에서 파생되어 나온 것이야. 단지 윤회설만으로 전생과 현생을 인식한다면, 세속의 시각에 빠져들 수밖에 없어. 하지만 극경의 시선으로 생명을 바라본다면, 생명을 연속된 사슬로 보게 된단다. 생멸의 무한한 과정으로 보게 되는 것이지. 이렇게 되면 현실(지금 발생하는 이야기)을 완전히 새롭게 깨달을 수 있어. 큰 사랑과 큰 자비는 바로 여기서 비롯되는 것이란다. "나는 그곳에 서 있었다. 인류사에 분명코 출현했던 수많은 정욕의 나라들을 본 듯했다. 그것들은 기이한 화초들처럼 피었다가 바로 사라졌다. 후세 사람들은 단지 묻힌 글을 통해서, 그것들이 존재했음을 어렴풋이 알 수 있을 뿐이다." 주톈원이 이렇게 쓴 까닭은, 인류의 모든 역사를 포괄하는 '전경全境(전체적인 경계)'의 눈으로 생명의 이야기를 바라보았기 때문이야.

『홍루몽』의 풍부함과 훌륭함은 견줄 대상이 없지. 이는 순전히 작가인 조설근이 '범경'의 시선에서 완전히 벗어나서 '극경'과 '전경'의 시선으로 인간 세상과 역사와 생명을 봐낸 덕분이란다. 우리는 현생과 현세에 머무는 곳을 '고향'으로 보지만, 조설근은 오히려 우리를 비웃으면서 '타향을 고향으로' 여겼지. 극경의 눈으로 보자면, 고향은 당연히 여기에 존재하는 것이 아니라, 까마득한 그 옛날에 여와女媧(중국의 고대 신화에서 천지를 창조한 여신 —옮긴이)가 하늘을 메우던 그곳에 존재하는 것이야. 극경의 눈으로 보자면, 세상 사람들이 추구하는 황금저택은 지저분한 곳에 불과하단다. 황금저택에 잠시 던져진 영혼과 생명은 이 저택과 더불어 살면서도 이곳이 자신과는 어울리지 않는다고 생각하게 된단다. 그래서 다들 절망하고 통곡하며 돌아가지.『홍루몽』에서 '호료가好了歌'를 비롯하여 전체적인 구성에 이르기까지, 명리와 권력과 돈은 그토록 가볍게 보는 반면에 사람의 진실한 감정은 그토록 막중하게 볼 수 있었던 것은 모두 극경의 눈이 지닌 가치관 덕분이야.『홍루몽』과 비교해보면『금병매金瓶梅』의 작가는 먼 곳에서의 시선을 전혀 갖고 있지 못한단다.『삼국연의』와『수호전水滸傳』에도 먼 곳에서의 시선이 없어.

　시각의 전환, 즉 범경의 시선을 뛰어넘은 극경의 시선은 문학 작품에 완전히 새로운 풍격을 가져다준단다. 이 점은 네가 쉽게 이해할 수 있을 거라고 생각한다. 그런데 네가 이해하기 좀 어려울 것 같은 것도 있구나. 그건 바로 극경의 시선이 작가에게 큰 사랑과 큰 자비를 가져다준다는 거란다. 부처와 그리스도의 시선은 바로 극경의 시선이야. 부처의 눈에는 지구상의 인류가 갠지스 강의 모래 알갱이처럼 보였겠지. 인간은 우주 속의 작은 먼지에 불과하다는 아인슈타인의 말과 일맥상통하는 것이지. 이러한 관점은 바로 위대한 '제물론齊物論'이란다. 그것은 모든 생명을 평등하게 대하는 도량을 낳고, 큰 연민을 낳는단다. 불학에서 최종적으로 추구하는 '공경空境(공의 경계)'은, 세속의 모든 망념을 내려놓고 만물과 만법萬法을 포용하는 무한한 마음의 경지란다. 이런 경지에 도달하기가 어려운 까닭은 세속적 시선에서 탈피하여 초월적인 시선을 갖는 것이 어렵기 때문일 거야. 여래如來의 미소가 영원한 것은 초월적 시선을 획득하여 마음속에 대자대비가 있기 때문이란다.

아빠가
1999년 5월 12일

표류의 미학

아빠!

아빠의 편지를 읽고 나서, 아빠의 『고향을 찾아 서쪽으로』를 더 잘 이해할 수 있게 되었어요. 고향이야말로 아빠가 사랑하는 그 세계에 속하는 것이지요. 그 세계는, 아빠가 온 마음을 쏟아 끌어안으시고 추구하시는 가장 아름다운 곳이지요. 저는 아빠가 그 세계를 주체화하신 거라고 생각해요. 주체화되었기 때문에 고향은 비로소 고정적인 외형을 갖지 않게 되었고 현실의 어휘로는 명명하기 어려워졌지요.

최근에 아인슈타인의 문집을 읽었는데, 제 시선을 끄는 말이 있었어요.

나는 참으로 '고독한 여행자'다. 나는 지금껏 나의 나라, 나의 고향, 나의 친구, 심지어 나와 가장 가까운 가족에게도 온 마음을 다해 소속되어본 적이 없다. 이런 모든 유대관계에 있어서 거리감과 고독의 필요성을 잊어본 적이 없다.

아인슈타인에게도 깊이 감추어둔 자신만의 세계가 있었던 것 같아요. 그것은 그의 마음속 세계로, 그의 마음속의 마음이라고도 할 수 있지요. 그의 고독감과 거리감은, 그로 하여금 마음속 세계와 가만히 이야기를 나눌 수 있게 해주었어요. 그 세계는 머릿속이나 마음속에 있는 나라, 지극히 참되고 선하고 아름다운 나라인 것 같아요. 그 나라는 아마도 아인슈타인이 어렸을 때부터 인류의 가장 아름다운 보석을 쌓아가며 만든 것이겠죠. 그는 바로 그 '조국'과 '고향'이랑 자주 대화하고 의논했어요. 그리고 그 나라가 선포한 도덕과 지혜의 절대적인 법령을 경청했지요. 아빠가 사랑하는 그 세계 역시 이러한 마음의 나라이자 마음의 고향인 듯합니다.

문학을 학술과 비교하자면, 문학의 장점은 불확정성에 있어요. 아빠의 '조국'과 '고향'이 지닌 의미는 확정하기 어려운 것이지요. 그렇기 때문에 오히려 아빠가 끊임없이 그것을 찾아 유랑하시는 거죠. 「유랑」에서 아빠는 정말 잘 말씀하셨어요. 유랑은 바로 결론이 없는 것으로, 고정된 출발점과 종점이 없는 것이라고 하셨지요. 유랑의 과정은 바로 끊임없는 질문의 과정이자, 아빠가 사랑하는 그 세계에 끊임없이 가까이 다가가는 과정이라고 할 수 있어요. 이런 의미에서 말하자면, 작가와 시인은 영원한 율리시스이며 영원한 유대인이지요. 아빠는 중국을 떠나신 뒤로, 외롭긴 하셨어도 후회하신 적은 없지요. 마음의 상태도 아주 좋으셨어요. 이건 아마도 아빠가 유랑의 의의를 정신의 심층적 차원에서 이해하셨던 것과 관련이 있을 거예요.

저는 아빠의 글에 자주 보이는 자조自嘲의 정신을 좋아한답니다. 이런 자조는 자신을 자세히 살펴보고 비웃고 풍자함으로써 아빠 자신의 주체가 다중적인 주체로 변화하도록 해주지요. 만약에 거리감이 없다면, 그런 단계에 도달할 수 없겠지요.

샤오메이 올림
1997년 5월 25일

샤오메이!

네가 편지에서 언급하길, 아인슈타인이 자신에게만 속하는 아름다운 세계를 머릿속과 마음속에 감추어두었다고 했지. 이 정보는 나에게 정말로 중요한 것이었단다. 어젯밤 나는 그 이야기에 충격을 받아서 도저히 잠을 잘 수가 없었어. 나처럼 잠자기를 좋아하는 사람이 '잠을 이루지 못했다'는 것이 무엇을 의미하는지 너는 알 테지. 아인슈타인의 마음속에는 태양이 걸린 세계가 있었기에 그의 세계관은 유난히 또렷했단다. 이기주의가 팽배한 오늘날 우리는 그의 세계관을 '항상 마음속에 새기며 잊지 않아야' 한단다. 그는 이렇게 말했지.

사람은 다른 사람을 위해서 그곳에 존재한다. 자신과 밀접한 관계가 있는 사람들, 또한 동정심으로 서로 연결되어 있는 무수한 낯선 사람들을 위해서 말이다. 나는 나의 물질생활과 정신생활이 현존하는 이와 이미 죽은 이들을 포함한 수많은 타인의 은혜와 도움에 의지하고 있음을 언제나 깊이 느끼고 있다. 남이 나에게 준 것은 반드시 갚아야 하는 법. 내가 어떻게 노력해야 사회에 보답할 수 있을까? 이 문제 때문에 항상 내 마음의 평온이 흐트러진다.

아인슈타인이 말한 '고독한 여행자'는 우리의 생각과 가장 잘 통하는 것이란다. 나는 추방되어서 표류한 덕분에 비로소 각종 유대관계와 거리를 유지할 수 있게 되었단다. 그 유대관계에는 아인슈타인이 말한 "나의 나라, 나의 고향, 나의 친구, 나의 가족"이 포함되어 있어. 또한 온갖 망상과 망념과 망령된 인연, 나의 명예, 나의 지위, 나의 저작도 포함되어 있단다. 이 모든 것에 점유되면 안 되지. 이 모든 것에 발목이 잡히면 안 되는 거야. 표류한다는 것은, 각종 유대관계의 견제로부터 벗어나 자신을 고정체에서 자유체로 변화시키는 것이자 더 높은 정신 위에서 유동하는 것이란다. 추방으로 인해 비로소 나는 죽음에 인접한 체험을 할 수 있었고, 이로써 인간 세상에 특별한 애틋함을 품게 되었지. 표류로 인해, 이 다채로운 세계가 얼마나 아름다운지 이 다채로운 세계를 창조한 인간이 얼마나 위대한지 비로소 깨달을 수 있었단다. 다빈치·미켈란젤로·로댕의 그림과 조소 앞에 선 느낌은, 그랜드캐니언이나 나이아가라 대폭포 앞에 서 있는 느낌과 같은 것이었단다. 그 앞에서 겸손해질 수밖에 없었어. 내가 『표류수기』를 계속해서 써온 것은 전적으로, 표류를 통해 비로소 자유를 충분히 체험할 수 있었고 세계와 인생의 끝없는 아름다움을 비로소 깨달을 수 있었기 때문이란다. 조이스가 이렇게 말했더구나. "유랑이 나의 미학이다." "성공하고자 한다면 높이 날아 먼 곳으로 떠나야 한다. 더블린에서는 아무 일도 이룰 수 없다."

아빠가
1997년 5월 27일

문화 고향

아빠!

유랑을 미학으로 삼는다는 건 아주 흥미로워요. 그런 경우에 표류는 인생의 태도이기도 하지요. 표류라는 인생의 태도가 자아의 요구와 어우러진 뒤에 인성의 심오함과 변화무쌍함 및 세상사의 변화를 살피는 과정에서, 양지와 감정의 '고향'이 만들어진답니다. 저는 아빠가 문화고향을 어떻게 보시는지 알고 싶어요.

우리는 전통의 그림자와 문명의 현혹 사이에서 발버둥치곤 하지요. 또 동서 문화 사이에서 배회하기도 하죠. 제 경우에는, 중국 전통문화가 남겨놓은 유전자, 1980년대의 '문화열文化熱'이 길러낸 현대화에 대한 꿈, 어느새 침투한 미국의 고급 문화와 저급 문화 등이 한 몸에 뒤섞여 있답니다. 제가 고향의 문화 속에서 정체성을 찾으려고 할 때마다 저도 자각하지 못하는 사이에 스스로의 모순이 드러나곤 해요. 하지만 '정체성의 위기'에 대한 조바심을 느껴본 적은 여태껏 없었답니다. 그리고 중국 지식인들에게 대대로 전해져온 '향수'와 향토 콤플렉스에 침범당한 적도 없어요. 도리어 저는 이중언어 글쓰기를 통해서 역사와 문화의 틈새를 엿볼 수 있기에, 동질과 이질의 문화 이념을 절충하기도 하고 몽환과 현실의 각축 공간에서 부유하기도 한답니다.

만약 고향을 '문화 고향'으로 정의한다면, 그것에 대한 저의 인식은 애매모호하고 단속적이고 미미한 것이겠지요. 잡종 문화 앞에서 저의 생명은 불가사의할 정도로 다중적인 형태를 드러낸답니다. 저에게는 비록 시국을 걱정하는 전통이 부족하긴 하지만, 그 대신 유동성의 공간을 획득했지요. 이러한 잡종 문화는 저에게 유랑의 형식이기도 하답니다. 이로 인해 저는 문화적으로 다중적인 배역을 맡게 되었어요. 이 배역들 간의 대화를 통해, 저는 자각적으로 자성하고 자조하게 된답니다. 그리고 개인과 국가 사이에 있는 뒤섞이고 모호한 중간 지대를 찾게 되지요. 잡종 문화 사이를 떠돌아다니면서, 와해되고 다시 세워지는 가능성에 늘 직면하게 된답니다. 이러한 유랑의 방식에 아빠도 감명을 받으시나요? 유랑은, 도피·은일·참선이 아닌 진정한 '추방'이지요. 그것은 결코 유미적인 유랑이 아니랍니다.

샤오메이 올림
1997년 5월 28일

샤오메이!

네 편지를 보니, 귀의歸依할 곳이 없는 것 같은 너의 느낌이 전해지는구나. 귀의할 곳을 찾기 위해 너와 네 친구는 중국 문화와 서양 문화의 중간 지대를 마음에 두고 있는데, 마치 그곳이야말로 너희의 문화 고향인 듯하구나. 그런 중간 지대의 의미가 무엇일까? 중국 문화와 서양 문화의 중첩지일까, 아니면 분기점일까? 혹은 그 둘이 아직 점령하지 않은 공백의 영역일까? 난 아직도 확실히 모르겠단다. 하지만 내가 너희와 다른 점은, 나는 중간 지대를 힘써 찾으려 하지 않는다는 거야. 나의 문화 고향은 줄곧 광활한 영역이었단다. 그것은 나를 길러낸 모든 문화 속에 있는 것이지. 그것은 중국 문화 속에 있고 서양 문화 속에도 있고, 심지어는 인도 문화 속에도 있단다. 타고르는 전적으로 나의 문화 고향 가운데 하나야. 만약 이 아득한 천지에 타고르라는 존재가 없었더라면, 나의 산문시는 나오지 못했을 게다.

내가 심혈을 기울여서 고향을 정의하긴 했지만, 고향을 확정적이고 본질화된 것으로 정의하고 싶진 않단다. 본질화된 정의는 종종 함정이 되곤 하니까 말이다. 내가 조국과 고향을 새롭게 정의하고자 했던 것은 무엇보다도, 권력을 중심으로 한 조국의 잘못된 정의를 타파하기 위해서란다. 일찍이 량치차오 역시 이런 시도를 했어. 그는 조국이란 조정이나 군주가 아니라, 동포형제(국민)라고 여겼단다. 애국의 관건은 동포형제에 대한 관심이야. 나는 줄곧 이러한 정의를 받아들였고, 이로 인해 고향에 대한 내 정의는 더욱 광범위해졌어. 고향이란 단지 출생지이거나 출생지의 단일 문화가 아니라, 우리 정신의 생명과 감정의 생명을 길러내는 곳이어야 한다고 생각해.

미국의 경우, 상징성이 가장 큰 문화의 요람은 하버드대라고 할 수 있지. 이 대학과 동부 문화권은 미국의 많은 학자와 작가의 정신적 고향이란다. 그런데 공교롭게도 하버드대는 플라톤과 아리스토텔레스와 진리를 포용하는 모든 위대한 정신을 자신의 고향으로 여긴단다. "플라톤을 친구로 삼고, 아리스토텔레스를 친구로 삼아라. 더 중요한 것은 진리를 친구로 삼는 것이다 Amicus Plato, Amicus Aristotle, Sed Magis Amica Veritas", 이것이 바로 하버드대의 교훈이란다. 하버드대를 거쳐간 학자들은 모두 플라톤과 아리스토텔레스로부터 시작된 철학의 거대한 물길을 자신의 철학의 고향으로 생각한단다. 만약 그렇지 않다면, 그들은 미국 본토 내에서만 자신의 철학의 고향을 찾았을 게다. 그랬으면 그들이 찾을 수 있는 것은 듀이뿐이겠지. 듀이에게도 탁월한 점이 있지만, 듀이만으로 위대한 철학의 영혼을 낳을 수는 없단다. 진정으로 열려 있는 넓은 마음을 지닌 이라면, 자신의 문화 고향이 다원적임을 인정할 거야.

내가 조국과 고향을 새롭게 정의하고자 했던 또다른 이유는, 조국과 고향의 현실적인 지역 개념을 타파하기 위해서란다. 조국과 고향의 초월적인 의미를 강조하려는 것이지. 고향이란 생명의 시원이자 원초적 요람이란다. 생명이라고 하면, 사람들은 생명의 본체인 정신과 영혼과 감정은 망각한 채, 눈으로 볼 수 있는 생명의 껍데기인 육체만을 떠올리지. 하지만 앞의 것이야말로 생명의 최종적 진실이란다. 이런 의미에서 보자면, 생명 본체의 고향은 어디에 있는 것일까? 이것은 육체가 태어난 지점으로 간단히 규정지을 수는 없는 것이란다. 우리 정신의 본체와 감정의 본체를 길러낸 모든 태양과 토지와 사람들이 바로 요람이자 귀의해야 할 곳이란다.

아인슈타인과 같은 위대한 영혼의 경우, 그의 문화 고향과 정신 고향이 이스라엘이나 독일이라고는 할 수 없단다. 당연히 그에게는 이스라엘과 독일을 초월한, 더 광활하고 심오한 정신의 본원이 있었지. 지금도 모든 위대한 시인과 작가에게 출생지라는 의미의 고향과 조국이 있긴 하겠지만, 그의 감정의 고향은 출생지뿐만 아니라 출생지를 초월하여 어떠한 경계선도 없는 광활한 곳에 있단다.

아빠가
1997년 5월 30일

관용

아빠!

『고향을 찾아 서쪽으로』를 읽으면서, 아빠가 어디서든지 고향에 대한 정의를 새롭게 내리고자 하신다는 것을 느낄 수 있었어요. 고향이란 생명의 본체에 의의를 부여하는 곳이지 정신을 속박하는 족쇄가 아니라는 근본적인 깨달음은 아빠에게 보다 많은 정신적 자유를 가져다드릴 거예요. 5·4 시기에 천두슈陳獨秀와 위다푸 같은 문화 선구자들은 '국가'라는 우상을 타파할 것을 큰소리로 호소했지요. 그들은 '국가'라는 개념이 정신적 감옥으로 변했다고 느꼈어요. 아빠는 그들처럼 떠들썩한 방식을 택하지 않으셨어요. 아빠는 이론의 형식 대신, 시적이고도 감정에 호소하는 형식을 통해 '국가'와 '고향'을 분해하셨지요. '국가'와 '고향'이라는 이름 아래 쳐놓은 정신의 그물을 걷어내시고, 양지의 고향과 감정의 고향이라는 서광을 충만한 기쁨으로 영접하셨지요. 아빠는 행복하신 분이예요. 『고향을 찾아 서쪽으로』에 나오는 「뉴욕을 다시 깨닫다再悟紐約」라는 글은 참 훌륭해요. 이 글에서 아빠는 제 말을 인용하시면서, 뉴욕이 주는 시사점은 바로 모든 것을 포용하는 관용이라고 말씀하셨죠. 확실히 뉴욕의 관용은 지구상에서 가장 방대한 관용이에요. 뉴욕이 완벽하지는 않지만, 인생이란 것이 본래 완벽하지 않고 세상 역시 완벽하지 않잖아요. 사람들이 기대하는 완벽함은 잠시 동안의 환상일 뿐이죠.

관용에 대해 생각하면 괴롭기도 해요. 관용을 어떻게 제대로 포착할 수 있을지 잘 모르겠거든요. 고전을 읽으면, 늘 관대함에 대해 생각하게 돼요. 그런데 루쉰의 글을 읽으면, 보복 역시 일리가 없는 것은 아니라는 생각이 들지요. 한편 장웨이張煒의 『옛 배古船』를 읽고서, 보복의 악순환에 빠져들지 않는 것이 좋겠다는 생각이 들었어요. 문학비평을 하는 데 있어서도 이런 고뇌가 있답니다. 작가에게 너그러워야 한다는 건 알지만, 어떤 작품들은 사정을 봐주지 않고 예리하게 비평해야 할 때도 있거든요. 당대 문학을 비평한다는 것이 쉽지 않다는 걸 지금에야 비로소 알게 되었어요. 저는 마음 편히 지내기 위해서, 차라리 예봉을 감추고 '문학사'라는 안전지대로 물러나는 게 낫겠어요.

샤오메이 올림
1997년 9월 5일

샤오메이!

네가 이미 '관용'에 대해 자각했다는 걸 알게 되어 기쁘구나. 관용은 타인과 사회에 유익할 뿐만 아니라 자기 자신에게도 유익하단다. 관용은 남에게 가혹하지 않도록 해주고, 다른 사람에 대한 질투와 원망을 없애주고, 다른 사람을 재지 않게 해준단다. 관용은 이처럼 세속적 잡념의 고통에서 벗어날 수 있게 해주지. 똑똑한 많은 이가 결국에는 자신의 총명함에 타버리고 마는데, 이는 관용이 모자라서란다. 너는 어려서부터 마음이 너그러웠지. 이건 정말 너의 복이란다. 자기가 어떤 마음을 지니고 있는지 알기란 아주 어렵단다. 하지만 사심이 없고 순수하고 천진한 넓은 마음, 동료와 친구와 성공한 이와 실패한 이를 모두 존중하는 마음, 이런 마음의 가치는 이루 헤아릴 수 없는 것이지. 네가 평생 이런 마음을 자각적으로 지켜간다면, 너는 영원히 '아름다움'을 소유한 사람이 될 수 있을 게다.

나는 '관용'을 좋아한단다. 천성 때문이기도 하지만, 위대한 수학자 쿠르트 괴델의 '불완전성 정리定理' 덕분이기도 하단다. 불완전성 정리가 우리에게 말해주는 것은 아무리 완벽한 사물이라도 불완전한 부분이 있으며 아무리 완벽한 논리라도 착오가 있다는 거야. 이러한 과학의 발견을 철학 방면으로 끌어올려 생각해보면, 인간의 사유체계 가운데 가장 완벽한 것이라 할지라도 거기에는 극복할 수 없는 오류와 틈새가 있게 마련인 것이지. 불완전성 정리와 그 철학적 계시 덕분에, 인간 세상에 대한 각종 판단을 내리는 데 있어서 '이것 아니면 저것'이라는 함정에 빠지지 않게 되었단다. 흰 것 아니면 검은 것, 선 아니면 악, 좋은 것 아니면 나쁜 것이라는 식의 양자택일의 함정에 빠지지 않을 수 있었지. 충돌하는 쌍방의 이유를 충분히 보게 되고, 역설을 보게 되고, 역사와 인간의 비극성을 보게 되고, '내가 옳을 수 있지만 너도 옳을 수 있음'을 보게 되고, 상호 모순적으로 대립하는 가설이 모두 충분한 근거를 지니고 있음을 보게 되었단다. 너는 사물을 새롭게 정의하는 것을 좋아하는데, 너의 정의는 단지 너의 것이고 너의 가설일 뿐 결코 진리는 아니란다. 정신 현상은 아주 복잡해서 하나의 정의와 하나의 답만으로 해결되지 않는 것이지. 인간이 선악과를 먹는 것을 하나님이 반대한 이유는, 인간이 지혜의 역설을 파악하지 못한 채 자기만의 지혜를 고집하며 서로를 잔인하게 죽일까봐 걱정되어서였을 게다.

청년 시절에 나는 '보편적으로 적용되는' 진리가 정말 존재한다고 생각했단다. 사실 그건 아주 유치한 발상이었지. 전에 위잉스余英時 선생에게 중국어의 '진리眞理'라는 글자에 대해 가르침을 청한 적이 있단다. 그때 그의 말은 나에게 많은 것을 일깨워주었지. 그의 말에 의하면, 영어의 'Truth'라는 단어에는 '진眞(참)'이라는 의미만 들어 있는데, 우리가 그것을 '진리'라고 번역하면서 '진'에다 '리理(이치)'를 덧붙였다는 거야. '리'의 개념은 중국에서 아주 중요한 개념이지. 그래서 일단 '진리'라고 말해지면, 절대적이고 바뀌지 않는 결론이 되어버려. 하지만 사실 세상에는 절대

286

적 의미의 진리란 없단다. 우리는 진리를 열린 체계 안에 두고서 열린 눈으로 그것을 자세히 살펴야 해. 진리를 닫힌 체계 안에 둔 채, 그것을 의문조차 제기할 수 없는 결론이라고 생각하면 안 된단다.

위잉스 선생의 이야기를 듣고서 나는 푸코가 생각났어. 푸코는 본질주의를 해체하면서 모든 것을 상대화했지. 그는 역사를 상대화하여, 연결할 수 없도록 조각냈단다. 이는 검토해볼 만한 거란다. 그가 개념과 문제와 진리를 역사화하고 유동화한 것은 매우 일리가 있어. 푸코의 유동화 개념에 따르자면, 네가 확정한 개념과 범주 및 네가 게시한 진리는 다만 일정한 시간과 공간 속에서만 유효한 것이고 다른 시간과 공간에서는 전혀 효력이 없는 거란다. 어떠한 '진리'라도 단지 너 자신이 설정한 의미이자 네가 창조한 틀에 불과하지. 역사가 일단 앞으로 흘러가면 그 의미는 변하게 되는 거란다. 열린 눈으로 진리를 살펴야 한다는 위잉스 선생의 말은 바로, 의미의 유동성과 역사성을 보아야 한다는 것이지. 그 어떤 권위도 의미의 해석을 독점할 수는 없는 거란다.

성·감옥·국가·계급·착취·광인 등의 개념과 범주는 예로부터 있었지만, 시대마다 이 개념들에 대한 의미와 의의는 새롭게 부여되어왔지. 특정한 권위에 의해 내려진 정의가 최후의 진리라고 여겨서는 안 된단다. 권력자가 정의한 광인은 그와 그가 장악한 정치 문화의 권력 구조가 정의한 광인이란다. 그 정치 문화의 권력 구조를 벗어나면, 광인은 아마도 가장 깨어 있는 사상가일 수도 있어. "장악하기만 하면 효력을 발휘하는 것이 바로 계급투쟁"이라는 마오쩌둥의 말은 그가 통제하는 권력 범위 안에서만 그리고 일정한 시간 안에서만 유효한 것이란다. 시간과 공간과 구체적인 상황을 구분하지 않은 채 그 말을 보편적인 진리로 삼는다면, 세상은 영원히 그치지 않는 전쟁터로 빠져들 수밖에 없겠지. 계급·착취·혁명에 대한 마르크스의 정의 역시 특정 시간과 공간 내에서만 유효한 것이며, 그것을 벗어나면 새롭게 정의해야만 하는 거란다. '착취'를 예로 들어보자꾸나. 잉여노동의 가치를 발견함으로써 착취라는 명제가 생겨났지. 잉여노동의 가치는 필요노동 시간을 따져서 계산하는 거란다. 그런데 마르크스가 세상을 떠난 지 100여 년이 지난 지금, 과학기술은 비약적으로 발전했어. 최근 수십 년 동안에는 컴퓨터 과학기술이 놀랄 정도로 발전했는데, 그 결과 사람의 힘으로는 몇 달 몇 년 혹은 수십 년이 걸려야 완성할 수 있는 일이 컴퓨터 스크린 위에서 순식간에 이루어지게 되었지. 이런 상황에서 잉여가치는 어떻게 계산해야 할까? 이처럼 큰 변화 속에서 마르크스의 '착취'라는 명제가 보편적으로 적용될 수 있을까?

네가 말한 관용의 딜레마는 확실히 문제란다. 그런 문제와 마주쳤을 때, 내 마음의 원칙은 우선 관용을 견지하는 거란다. 그다음은 문학에 충실하는 거란다. 이 두 원칙이 있으면, 다른 사람에게 선의를 베풀 수 있고, 사실을 존중할 수 있고, 도가 지나친 말과 비위를 맞추는 말을 하지 않을 수 있어. 나는 첸무錢穆

선생의 말을 늘 기억하고 있단다. 그는 역사를 비평했지만, 이해와 동정의 태도로 역사를 대했어. 따뜻함과 경의로 역사를 대했지. 우리가 비평 대상을 놓고서, "사지에 몰아넣어야 마음이 후련해진다"는 식의 태도를 취하면 안 된단다. 이해하는 동정심을 지녀야만 해. 이런 태도를 갖추고서, 할 말은 하고 지적할 건 지적하는 게 바람직하다고 할 수 있겠지. 비평을 받는 이가 받아들일지의 여부는 그의 선택이야. 그에게도 거절할 권리가 있는 거란다.

네가 '문학사'라는 안전지대로 도망치고 싶다고 했는데, 그건 좀 소극적인 방법이 아닐까? 하지만 그렇다고 해서 억지로 당대 문학 비평을 할 필요는 없단다.

아빠가

1997년 9월 9일

인간 복제

아빠!

최근에 친구 몇 명이 집으로 와서 과학기술의 발전에 대해 이야기를 나누었는데, 정말 깜짝 놀랐답니다. 생물과학의 발전만 하더라도 정말 당황스러울 정도예요. 지금 이미 양의 복제가 가능하고, 어떤 과학자들은 인간 복제를 준비하고 있어요. 정말 인간을 복제한다면 하늘을 놀라게 하고 땅을 뒤흔들 일이지요. 그 영향과 의의와 결과는 당연히 과학기술의 영역에만 머물지 않아요. 그것은 철학에 대한 도전이고, 신에 대한 도전이고, 인간에 대한 도전이지요. 그건 전대미문의 일이예요. 20세기의 과학 발전은, 인문학자인 우리가 자신의 전공 영역 밖으로 나와서 우리에게는 낯선 문제에 대해 생각하도록 압박을 줍니다. 깊이 생각하지 않으면 시야가 제한적일 수밖에 없지요.

서양에 온 뒤로 제 시야가 확대되면서, '인간' '자유' '책임' 등의 기본 개념에도 큰 변화가 생겨났답니다. 제가 그 개념들을 감히 마음대로 사용할 수 없을 정도의 큰 변화예요. 그 개념들 역시 전에 없던 도전을 받고 있답니다.

미국에서 저는 학업에 빠져 있느라 신문도 거의 읽지 않고 지내요. 달팽이처럼 자기 영역에만 틀어박혀서 지내는 생활이지요. 오늘 제가 말씀드린 인간 복제 소식도 우연히 읽게 된 것이랍니다. 이 소식은 제게 큰 자극을 주었어요. 가장 실용적인 영역이 문학이라는 우리 영역의 상상력에 도전하고 있다는 느낌이 들었죠. 인간 복제는 문학과 결코 무관하지 않으니까요.

인간 복제는 일찍이 1818년, 메리 셸리의 문학적 상상 속에 출현했지요. 그녀의 소설 『프랑켄슈타인, 현대의 프로메테우스』에 묘사된, 인간이 인간을 창조한 이야기는 지금까지도 의미심장하답니다. 할리우드 영화에서도 그녀의 소설에 흥미를 느꼈지요. 이 소설은 낭만주의 시대에 나왔어요. 그 시대만이 인간의 능력에 그런 환상을 갖는 것이 가능했지요. 프랑켄슈타인은 자연철학을 공부하는 학생이었어요. 프랑켄슈타인은 인간과 비슷한 괴물을 만들어냈고 그 괴물에게 생명을 부여했지요. 괴물은 사람들에게 공포를 느끼게 했지만 스스로는 사람들로부터 사랑받기를 갈망했답니다. 괴물은 프랑켄슈타인에게 자신의 짝을 만들어 달라고 하지만 거절당하지요. 그 뒤 괴물은 자신을 만든 프랑켄슈타인의 신혼 첫날밤에 그의 신부를 죽였어요. 프랑켄슈타인은 주변 사람들이 죽임을 당하자 자기가 만든 괴물을 없애기로 결심하지요. 결국 그는 괴물을 추적하다가 아무도 없는 북극에서 괴물과 마주치게 돼요. 프랑켄슈타인이 죽자, 괴물 역시 자신에게 생명을 준 사람의 죽음을 슬퍼하며 망망한 눈바람 속으로 사라지지요. 자신의 죽음을 바라면서요.

셸리는 이 소설에서 사람들이 깊이 생각해야 할 많은 문제를 제기했답니다. 인간이 신과 마찬가지로 인간을 만들 수 있는가? 그렇게 인간의 생명을 부여받은 존재가 생겨난다면, 수많은 인륜관계는 어떻게 처리해야 하는가? 만들어진 인간은 이미 규범화된 이 사회에 어떻게 융합될 수 있을 것인가? 만들어진 인간은 우리에게 어떤 영향을 줄 것인가? 과학과 종교의 관계를 어떻게 봐야 할까?

인간이 인간을 창조한 『프랑켄슈타인』의 비극은, 인간이 과학의 유한성을 보지 못하여 생겨난 비극이지요. 그것은 인문人文과 윤리를 간과하여 생겨난 비극이자 인간의 영역을 뛰어넘고자 하여 생겨난 비극이지요. 또한 과학의 진보만 보고 종교의 힘은 보지 못한 데서 생겨난 비극이랍니다.

지금 상황을 보면, 인간이 인간을 만드는 '복제' 기술은 이미 상상을 넘어 곧 현실로 변할 거예요. 세기말인 지금, 우리는 더욱 이 문제를 소홀히 할 수가 없답니다. 과학적·진보적 시간관이 우리를 어디로 데려갈까요? 유토피아일까요? 아니면 프랑켄슈타인과 그가 창조한 괴물과 같은 인류 최후의 파멸일까요? 인류의 문명은 새로운 봉우리를 맞이하고 있는 것일까요? 아니면 최후의 침몰을 앞두고 있는 것일까요?

저는 감히 낙관할 수가 없답니다. 인문과학이 아무짝에도 소용없다고 생각하는 과학자들도 있겠죠. 하지만 인문과학의 일깨움이 없다면 과학은 결국 잘못된 길로 나아갈 거예요.

샤오메이 올림
1999년 3월 2일

샤오메이!

인간 복제에 관한 소식을 네게서 듣고 나는 정말로 깜짝 놀랐단다. 복제인간의 탄생은 이제 시간문제일 뿐이란다. 복제인간을 만들어낼 수 있느냐의 여부보다는 어떤 '인간'을 만들어내게 될 것인가를 생각해봐야겠지. 완벽한 인간일까, 아니면 불완전한 인간일까? 반인반수일까, 아니면 기계인간일까? 복제인간의 자연 연령과 심리 연령은 일치될 수 있을까? 자연 연령은 한 살인데 심리 연령은 이미 쉰이나 백 살이라면 이 역시 괴물이지 않겠니? 내가 가장 곤혹스럽게 생각하는 것은, 복제인간에게 영혼이 있느냐의 여부란다. 깡패일까, 선한 사람일까, 사기꾼일까? 셸리가 상상한, 만들어진 인간에게는 욕망이 있었단다. 생존에 대한 욕망 말고도 다른 이와 사귀고 사랑하고픈 욕망이 있었지. 만약 정말로 복제인간이 출현한다면, 그에게는 어떤 욕망이 있을까? 그의 욕망은 보통 사람이 지닌 욕망의 절반일까, 아니면 열배, 백배, 천배, 만배일까? 아무튼 복제기술은 생물학의 한계를 돌파한 것인 동시에 인간 생명의 본질과 인문과학에 대한 가장 엄중한 도전이기도 하단다.

미국 국회와 정부, 그리고 선진 과학기술을 지닌 국가들이 과연 인간 복제를 허가할지 모르겠구나. 거기에는 과학적 문제와 현실적 문제뿐만 아니라 철학적 문제도 있단다. 자유란 본래 그 가치를 향상시켜야 하는 좋은 것이지. 그런데 자유에 한계가 있어야 할까? 만약 인간의 자유에 한계가 없다면, 자유는 인간 생명의 본질을 파괴하는 지점까지 도전하게 될 거야. 그런 자유의 가치는 부정적인 방향으로 나아갈 수밖에 없겠지. 인간 복제는 과학자의 발명의 자유와 관계된 것일 뿐만 아니라, 그 창조물이 인류의 생존 환경에 끼칠 영향과도 관련되어 있는 문제란다. 이 문제에 대해 철학은 따져 물어야 하지. 인간에게는 자신을 변화시킬 권리와 자유가 있지만, 과연 타인을 변화시키고 인류의 공동 세계를 변화시킬 자유까지 있는가를 말이야.

인간 복제는 인간에게 가장 큰 도전이야. 인간이 미미하다는 말과 인간이 위대하는 말은 모두 옳단다. 먼 곳에서의 시선으로 보자면, 무한한 우주의 시선으로 보자면, 인간은 물론 미미한 존재란다. 우주의 비밀을 밝힌 위대한 아인슈타인은 우주의 시선으로 인간을 보았기 때문에 인간은 먼지에 불과하다는 걸 봐냈지. 하지만 지구의 표면에 서서 인간을 보면, 인간이 아주 강대하다는 걸 발견하게 된단다. 그 강대함은 인간이 만든 원자탄이 도시 몇 개를 파괴하는 정도에 그치지 않고, 인간 복제를 통해 생명의 기본 형식을 파괴하고 기존의 윤리체계와 문화체계를 붕괴시킬 정도야. 이처럼 두려운 힘을 인류가 충분히 인식하지 못하고 있어.

이런 도전에 대하여 세기말에 우리가 생각할 수 있었던 덕분에, 그다음 세기에 대한 우리의 시야와 사유를 넓힐 수가 있는 거란다. 십 몇 년 전에 나는 '사유 공간의 확장'에 대해 말했는데, 지금 그러한 확장이 더욱 필요하다는 생각이 드는구나. 중국을 떠난 10년 동안, 내가 확실하게 얻은 것은 바로 시야의 확대란다. 시야가 확대되면, 인간·세계·문학·역사 등이 전과는 다르게 보이지. 밀란 쿤데라가 말한 소설은 여느 사람이 말한 소설과 다르단다. 그는 소설을 흑백의 두 가지 색깔로만 보지 않고 아주 풍부하고 복잡한 예술로 보았지. 그는 인간이라는 존재의 심각한 위기를 보았단다. 이 존재가 과학기술과 권위에 점유되고 망각되어 더 깊은 곤경에 빠져들고 있음을 보았던 것이지. 그래서 그는 소설이란 이 망각된 존재를 탐색하고 인간의 곤경에 대해 문답해야 하는 것이라고 생각했어. 그렇게 해서 인간을 뒤흔들고 놀라게 해 깨우고 곤경에서 벗어나게 해야 한다고 생각했던 거란다. 문학이란 아름다운 언어만으로는 충분하지 않단다. 인간에게 충격과 깨달음을 줄 수 있는 질문이 필요하지. 20세기 중국의 소설은 암담한 현실과 불합리한 사회제도가 작가의 마음을 견제하고 있는 탓에 인류 공동의 근본적인 곤혹에 대해서는 생각할 겨를이 없단다. 다음 세기에 문화의 생태 환경이 개선된다면 작가가 더 나은 성취를 이룰 수 있겠지. 어쩌면 나도 사이드가 말한 것처럼 전문 분야에서 벗어나, 전문가이자 아마추어가 될 수 있을 게야.

오늘날 지구와 인간에 대해 제대로 이해할 수 없는 것은 과학기술의 발전이 너무 빠르기 때문이기도 하단다. 그 속도는 깜짝 놀랄 정도이지. 사람들이 충분히 생각할 시간이 없을 정도로 빨라. 우리가 복제인간에 대해 이야기를 나눈 것이 우연이기는 하지만 우리 모두 민감하게 깨달았지. 가장 실용적인 영역이 우리 인문과학 영역의 상상력에 도전하고 있고, 이는 결코 문학과 무관한 문제가 아니라는 걸 말이야.

아빠가
1999년 3월 7일

문학에 대한 믿음

아빠!

어제 전화로 아빠한테 여쭸지요. 아빠는 그렇게 부지런하신데 저는 왜 이렇게 게으른가 하고요. 저는 하고 싶은 일들을 늘 미루고, 제때에 해내지 못해요. 지금 박사논문을 쓰고 있는데, 날마다 달팽이처럼 느릿느릿 나아가고 있답니다. 어떤 사람은 계속 미루다가 10년이 지나도록 졸업논문을 써내지 못했다고 해요. 인간의 본성은 나태한데, 저 역시 그래요. 하지만 올해를 넘기고 싶진 않아서 연말까지 다 쓰기로 결심했답니다. 글쓰기 경험에 대해 친구들과 이야기를 나누어보면, 다들 박사논문을 쓸 때 '규칙성'이 있어야 한다고 말해요. 예를 들면 매일 두 장씩 쓰기로 정해놓고, 다 쓰기 전까지 잠을 자지 않는 거죠. 그렇지 않으면 영원히 미뤄질 수 있으니까요. 하지만 이렇게 규칙적으로 살아가는 것이 저에게는 힘들어요.

공부하는 사람들을 이해하지 못하는 이들은 우리가 아주 편하게 지낸다고 생각하지만, 사실 우리는 하루도 편할 날이 없지요. 정말 때로는 회사에서 일하는 친구들이 부러워요. 집에 가면 짐을 내려놓고서 텔레비전을 보고 음악을 들으며 홀가분하게 있을 수 있잖아요. 하지만 공부하는 사람들은 아침부터 저녁까지 긴장 상태에 있지요. 심지어는 주말조차 '힘든 얼굴'로 있고, 방학 때에도 컴퓨터 모니터 앞에서 중노동을 해요. 미래를 생각하면 지금까지 걸어온 길이 떠올라서 정말이지 두렵기까지 하답니다.

매번 새로운 친구를 만나면, 제가 무슨 공부를 하는가 하는 질문을 받게 되요. 저는 문학을 연구한다고 대답해요. 그러면 상대방은 입을 다문 채 아무 말을 하지 않거나, 어깨를 으쓱하며 이해하지 못하겠다는 표정을 지어요. 미국에서는 문학을 공부하는 사람이 점점 줄어들고 있답니다. 다들 컴퓨터나 경제나 법률 쪽으로 가버렸거든요. 그런 전공들은 일자리를 얻기가 쉽고 월급도 많이 받아요. 어렵사리 박사학위를 받아도 일자리조차 얻기 어려운 문학과는 다르지요.

미국 학계에서 문학 연구는 이미 체계가 고정되어 있답니다. 작가의 생애나 집필할 당시의 상황에 대해서는 거의 이해할 필요가 없고, 오로지 텍스트로 텍스트를 분석해야 하지요. 제가 문학을 좋아했던 이유는 문학에 생명이 있기 때문이었어요. 그런데 지금 제가 대면하는 것은 생명을 대체한 '개념'이에요. 때로는 정말 종잡을 수가 없어요. 제가 무엇 때문에 문학을 공부하는지조차 잊고 만답니다. 게다가 지금은 영상문화가 유행하니, 글쓰기는 시대에 뒤떨어진 게 될 거예요. 독자가 소수인 문학 이론 연구는 더더욱 말할 것도 없겠죠. 1980년대에 아빠의 『성격조합론性格組合論』은 쇄를 거듭하면서 수십만 권이 나갔지만, 미국 학계에서 그건 거의 불가능한 일이랍니다. 앞으로 제가 쓰게 될 영어 저작에 수백 명의 독자만 있으면 괜찮을 정도이지요. 실용을 추구하는 사회에서 문학을 공부하는 사람은 주변인이자 가욋사람이랍니다.

최근에 저는 친구 몇 명이랑 사이드의 『권력과 지성인』을 함께 읽었어요. 사이드는 우리 컬럼비아대의 비교문학과 교수님이세요. 너무 유명한 분이라서, 그분의 수업을 들으려면 줄을 서야하지요. 사람이 너무 많아서 우리 외국어문학과 학생은 교실 안으로 들어가기도 힘들어요. 그래서 그분의 책을 읽을 수밖에 없지요. 그래도 어쨌든 우리 학교 교수님이니까 아주 가까운 느낌이 들어요. 게다가 그분의 학설은 영향력이 커서 저 역시 그분의 사상에 특별히 관심을 갖고 있답니다. 오늘 아빠랑 사이드의 오리엔탈리즘 같은 논쟁적인 주제에 대해 토론하고 싶은 생각은 없어요. 그런데 아빠의 의견을 듣고 싶은 문제가 하나 있답니다. 지식인은 주변인이 되어야 한다는 사이드의 말에 저는 동의해요. 그분은 지식인은 아마추어가 되어야 하며, 전문 분야에서 벗어나 표류해야 한다고 하셨어요. 그분이 말씀하시길, 자신의 전공 분야만 고수하는 것은 게으름뱅이래요. 그분의 이런 생각에 저는 흠칫 놀랐어요. 평생 '문인'으로 지내는 것이 무슨 의미가 있는지, 저는 전부터 회의적이었거든요. 게다가 최근 몇 년 동안 제가 보았던, 중국과 해외 학자들 모두 사상 분야까지 섭렵하고 있지요. 아빠는 말할 것도 없고요. 저와 같은 분야에 종사하는 친구들 중에는 법률이나 정치 쪽으로 진로를 바꿔보려는 이도 있어요. 이런 분위기에 영향을 받아서인지, 제 길이 너무 좁은 건 아닌가 하는 생각이 들었어요. 저 역시 억지로 진로를 바꿔버리고, 글쓰기와 학문을 취미로 삼게 되지는 않을까요? 만약 정말 그렇게 된다면, 너무 슬프겠지요.

샤오메이 올림
1995년 8월 5일

샤오메이!

너는 절대 게으르지 않단다. 옌푸嚴復는 자신을 두고 "생각에는 정통하나 행동에는 게으르다"고 했지. 이는 많은 지식인의 특징이기도 하단다. 너 역시 행동에는 게으른 사람에 속하겠지. 물론 나와 비교하자면 너는 아직 부지런함이 부족하단다.

학생 시절과 시골로 내려가 단련하던 시기에, 나는 여러 차례 '노동 모범'이 되었지. 노동을 좋아하는 건 내 천성인 것 같구나. 어릴 때 산에 가서 땔나무를 할 적에는 언제나 온 손이 상처투성이였어. 벌에 쏘여 얼굴이 빨갛게 부어오른 때도 있었지. 하지만 고생스럽다는 생각은 들지 않았단다. 중국을 떠난 뒤로는 노동을 더 좋아하게 되었단다. 풀밭에서 일하며 땀이 흘러내리면, 마치 네 동생이 노래를 부를 때처럼 아주 즐겁단다. 이런 습관은 "노동이 세계를 창조한다"는 이치의 가르침을 받아서가 아니라, 일종의 정감에서 비롯된 거란다. 그건 바로 생활에 대한 애정이지. 중국을 떠난 뒤로 내가 가장 좋아하는 TV 프로그램은 〈디스커버리〉란다. 대자연에서는 야생동물의 생활이 그토록 힘겹고 잔혹한데도, 그 동물들의 생존 욕구는 아주 강렬하지. 그에 비하면 인간의 생활 여건은 얼마나 나은 거니? 일·오락·대화·사랑, 이 모든 것에 말로 다할 수 없는 아름다움과 즐거움이 들어 있잖니.

글쓰기에 있어서 내가 지칠 줄 모르는 것은 문학에 대한 진정한 애정 덕분이란다. 내가 문인의 약점(대부분은 언젠가 남들이 좋아해주길 바라는 마음)을 비판하긴 하지만, 내가 '문인'이 된 것을 결코 후회하진 않아. 문학에 종사하는 이들이 빈곤 상태에 놓여 있긴 하지만, 그래도 좋은 점은 자기가 진심으로 소중히 여기는 영역 속에서 살고 있다는 거란다. 밤이 깊어 고요해졌을 때, 홀로 불빛 아래에 앉아서 한 권의 책을 다 읽고 나면 감동이 끝없이 밀려오지. 아주 여러 번 나는 감동에 젖어 생각했단다. '살아가면서 셰익스피어와 조설근과 톨스토이의 작품을 감상할 수 있다는 건, 얼마나 큰 행복인가!' 만약 우리의 삶이 그들의 세계와 완전히 떨어져 있다면 얼마나 큰 유감이겠니? '감상할 수 있는' 가장 평범한 능력이야말로 하늘이 우리에게 베푼 은혜이고, 우리는 진심으로 고마움을 느껴야 해. 모든 사람이 의미를 창조할 수 있지만, 우리는 아름다운 직업을 통해 의미를 창조하지. 우리 문인은 가장 아름답고도 가장 소중한 곳에 마음을 둘 수가 있단다.

하지만 사실 수많은 문인이 진심으로 문학을 사랑하지는 않아. 첸중수가 「문인에 관하여論文人」라는 글에서 이에 대해 잘 말해놓았단다.

포프는 말이 입 밖으로 나오기만 하면 문장이 되었고, 백거이 白居易는 아주 어렸을 때부터 글을 알았다. 이런 타고난 문인은 필경 소수다. 대개의 문인은 솔직히 말해서 문학을 사랑하지도 않고 문학에 재주도 없다. 그들이 문학을 하는 것은 마치

옛 소설에 나오는 양가집 규수가 기생이 되는 것처럼 어쩔 수 없이 그렇게 된 것이다. 그들에게 곤경에서 벗어날 기회만 주어진다면 기생생활을 청산하고 시집가듯이 죄다 책과 붓을 집어던질 것이다. 문학은 운수가 나쁜 직업이고 장래성도 거의 없다. 굶주림과 추위가 가까이에 있고 질병이 따라다닌다. (…) 문개文丐(글 거지)라는 말은 들어봤지만, 이개理丐·공개工丐·법개法丐·상개商丐라는 말은 없다. 아무리 멍청한 인간이라도 막다른 길에 들지 않은 이상, 결코 무슨 시니 소설이니 하는 것은 쓰려고 하지 않는다. 그래서 제삼자가 문학과 문학가를 깔볼 뿐만 아니라, 문인 스스로도 문학에 대한 믿음과 경애라곤 도통 갖추지 않은 채 열등감에 휩싸여 있다.

첸중수의 말은 명심할 만한 가치가 있단다. 만약 마음 깊은 곳에 문학에 대한 '믿음과 경애'를 지니고 있다면, 우리는 영원히 지치지 않을 거야.

나는 선충원沈從文의 말을 자주 떠올린단다. 1936년 3월 27일에 선충원은 「글쓰기에 뜻을 둔 이에게給志在寫作者」라는 글에서 젊은 작가들에게 말하길, 문학에 대한 '흥미'만 있어서는 안 되고 반드시 '믿음'이 있어야 한다고 했지. 그는 이렇게 말했단다.

흥미는 원래 고정적이지 않은 것이라서, 추위와 더위와 날씨의 흐리고 맑음에 따라 변하는 것이다. 오로지 흥미에만 의지하게 되면, 걸작이라 생각되는 시 한 수에 눌려서 흥미 역시 끝장나고 만다. (…) 문학에는 믿음이 있어야 하고, 종교적 정서가 필요하다. 이와 더불어 문학에는 희망하는 바가 있어야 한다. 이 희망에 대해서는, 다음과 같은 러시아 작가의 말을 인용하는 것이 괜찮겠다. 우리의 불행은 바로, 다들 다른 사람의 마음·생명·고통·습관·의향·소망을 이해하지 못하고 아는 바도 거의 없다는 것이다. 우리가 문학을 존경할 만하다고 생각하는 것은, 모든 경계와 거리를 없앨 수 있는 게 바로 문학의 최고 기능이기 때문이다.

선충원은 러시아 작가의 말을 인용했는데, 나는 왕궈웨이의 말을 통해 말해보고 싶구나. 즉 문학의 최고 기능은 모든 격隔을 타파하는 데 있단다. 인간세계의 모든 격, 인간 마음의 모든 격, 종족의 모든 격, 문화의 모든 격을 타파하는 것이 문학의 최고 기능이야. 위대한 작가가 존경을 받는 이유는 그가 훌륭한 글을 통해 모든 담을 허물고 모든 경계선과 간격을 없애, 사람들로 하여금 마음의 소통과 인간관계의 따뜻함을 느끼게 해주기 때문이란다.

사이드의 『권력과 지성인』은 아주 훌륭한 책이지. 그는 지식인이 자신의 전공 분야에 갇혀 있어서는 안 되며 거기서 벗어 나와 표류해야 한다고 했어. 이건 아주 뛰어난 생각이란다. 하지만 지식인은 먼저 전문가가 되어야 하고, 그런 다음에 전문 분야 밖으로 표류해야 하지. 만약 전문 분야에 대한 기초가 없다면 그저 문외한에 불과하고, 그의 표류는 비지식인과 다를 바가 없겠지. 그가 말한 '아마추어'가 가리키는 것은 지식인이란 그저 전문 직업인이서는 안 되며 사회에 관심을 가져야 한다는 의미란다. 그런 관심이 없다면, '전문가'라고 할 수는 있겠지만 '지식인'이라고 할 수는 없다는 것이지. 이는 정말 탁월한 견해란다. 네가 네 전공을 확실히 장악한 뒤에, 전공에 생명을 불어넣어 너의 관심이 인간 세상을 향해 뻗어나갔으면 좋겠구나.

아빠가
1995년 8월 10일

진융이 말하는
『삶을 안다는 건 왜 이리 어려운가요?』

웨이페이원韋佩文(이하 '웨이') | 이 책을 젊은이들에게 추천하시는 이유가 궁금합니다.

진융金庸(이하 '진') | 이 책은 제가 읽은 책들 가운데 젊은이들이 읽기에 굉장히 적합한 책입니다. 제가 읽었던 다른 문학작품이나 역사서는 너무 심오하기 때문에 중·고등학생이 보기에는 적합하지 않죠. 이 책은 문장이 유려하고 내용도 쉽고 홍콩에서 쉽게 구입할 수 있어요. 중·고등학생과 대학생이 읽기에 딱 좋지요.

문학과 인생에 관한 대화

웨이 | 진융 선생은 이 책의 저자인 류짜이푸와 류젠메이 두 분 모두와 알고 지내시는 사이인데, 두 부녀가 성격상 서로 통하는 점이나 다른 점이 무엇인지 궁금합니다.

진 | 두 사람 모두 제가 잘 알지요. 류짜이푸 선생에게는 딸이 둘 있어요. 류젠메이는 큰딸이죠. 이 책을 읽으면 마치 친구 둘이서 문학에 관해 토론하는 걸 보는 것 같아요. 그들 부녀지간의 정을 느낄 수 있는 것은 물론이고 아주 많은 지식도 배우게 되지요. 독자들이 그들의 견해에 완전히 동의하지는 않겠지만 문장이 매우 감동적입니다. 이 책을 읽는 것은 정신적인 충족을 향유하는 것이지요.

웨이 | 요즘 사람들은 세대차를 자주 입에 올리곤 합니다. 이 책은 류짜이푸 부녀의 편지 대담집이라고 할 수 있는데, 이 책의 공통 화제는 무엇인지요? 중국문학에 이와 유사한, 가족끼리 주고받는 '가서家書' 형식의 작품이 있습니까?

진 | 두 부녀가 문학을 주제로 토론할 때 그들 사이에는 세대차가 없습니다. 류 선생은 아버지의 권위를 내세워 딸을 훈계하려 하지 않아요. 푸레이 부부가 자식들에게 쓴 『푸레이 가서傅雷家書』나 증국번이 아들에게 쓴 편지와는 다르죠. 둘 모두 아버지가 아랫세대를 훈계하는 그런 말투예요. 그런데 요새 어떤 젊은이가 훈계를 듣고 싶어하겠어요? 또 잘 알려진 것 중에, 루쉰 부부가 결혼 전후에 주고받은 편지가 있지요. 하지만 평범한 집안일에 관한 거죠. 독자가 그들을 알기 때문에 그 편지에 흥미를 느끼는 거라고 할 수 있어요. 이 책처럼 아버지와 딸이 주고받은 편지는 드물어요. 설령 두 사람을 모르는 이가 읽는다 해도 이 책에서 기쁨을 얻을 수가 있어요. 이 책에서 말하고 있는 것은 문

학과 인생에 관한 것이라, 편지가 아닌 일반적인 글이라 생각하고 봐도 됩니다.

'깨달음'의 경지

정치밍鄭啓明(이하 '정') ǀ 두 저자가 책에서 나눈 인생과 문학에 관한 견해 가운데, 류짜이푸 교수의 어떤 생각이 가장 감동을 주었는지요?

진 ǀ 감동이 아니라 동의라고 할 수 있겠지요. 예를 들면, 류 선생이 미국에서 강의하고 있을 때 연구토론 모임을 꾸렸는데 저도 그 모임에 참가했지요. 그때 젠메이도 있었고 외국의 많은 학자도 참가했어요. 모임에서 어떤 사람이 저에게 묻더군요. 저의 무협소설에서는 곧잘 많은 여자들이 같은 남자를 사랑하는데, 아주 불공평한 것 같다고, 성적 차별이 아니냐고 말이죠. 하지만 사실 저는 여성의 명예를 회복하려는 거예요. 제가 묘사한 여성들은 모두 남성보다 자질이 뛰어나죠. 남자는 대부분 정치와 일과 명예와 이익, 그리고 사회적 지위를 중요하게 생각합니다. 남자와 달리 여자는 명예와 이익을 가볍게 생각하는 반면 사랑과 가정을 중요하게 생각하죠. 결혼한 뒤에는 가정을 위해 일을 포기할 수도 있어요. 일반적으로 여성이 남성보다 위대합니다. 여성은 사람과 사람 사이의 감정을 중시하지만 남성은 비교적 이기적이에요. 이에 관한 류 선생의 견해는 저랑 아주 비슷해요. 류 선생이 아직 중국에 있었을 때 젠메이가 전화로 말하길, 아버지는 반드시 떠나야 한다고 했지요. 젠메이는 투쟁에 시간을 쏟는 게 무가치하다고 생각했어요. 학문도 인생도, 명예와 이익의 다툼이나 시비를 가리는 데서 멀리 떨어지는 게 낫다고 생각한 거죠.

정 | 이 책은 류 교수의 '표류수기' 시리즈 가운데 하나인데요. 두 부녀가 1990년대에 미국에 거주하면서 쓴 것이죠. 그렇기 때문에 그 두 사람이 중국의 정치와 문화를 돌아다보았을 때 비교적 객관적인 시각을 가질 수 있지 않았을까요?

진 | 류 선생은 중국을 떠나 미국에 머물면서, 중국의 투쟁과는 완전히 떨어져 있었기 때문에 방관자로서 공정하고 객관적으로 중국의 상황을 볼 수 있었지요. 이 책의 '깨달음'이란 꿰뚫어본다는 의미를 지니고 있어요. 하지만 제가 이 책을 젊은이들에게 추천한다고 해서 그들에게 갑작스런 깨달음을 요구하는 건 아닙니다. 어쨌든 그들은 아직 젊으니까요. 아주 많은 경우, 인간은 그 상황을 직접 겪은 뒤에 다시 거기서 나와야만 깨달음의 경지에 도달할 수 있어요. 이 책은 여러모로 젊은이들이 음미할 만한 가치가 있어요. 젠메이가 컬럼비아대에서 어떻게 박사논문을 썼는지, 그리고 나중에 메릴랜드대에서 어떻게 학생들을 가르쳤는지, 학문을 어떻게 했는지, 이 모두가 다들 배울 만한 것들이죠.

웨이 | 류짜이푸 부녀는 문학세계의 진·선·미를 함께 깨달았는데요, 독자들이 그 세계로 들어갈 수 있을까요?

진 | 그들은 『홍루몽』과 『도화선』의 세계에 대해 토론하면서, 왕궈웨이의 비교를 인용했습니다. 즉 『홍루몽』이 세상에서 벗어난

것은 인생에 대한 생각이 있기 때문이고, 『도화선』이 세상으로 뛰어든 것은 고국에 대한 우려가 있기 때문이라는 거죠. 『홍루몽』의 마지막에 가보옥은 속세의 덧없음을 깨닫고 출가하여 승려가 되지요. 나이가 많이 들어야만 이 두 가지 세계를 차츰 이해할 수가 있습니다.

마음의 고요

정 | 책에서 사람은 반드시 갓난아이의 마음을 보존해야 하며 세상에 너무 물들면 안 된다고 했는데, 우리가 어떻게 그런 경지에 도달할 수 있을까요?

진 | 류 선생이 말하길, 무슨 일이든 너무 집착하지 말고, 탐욕을 부리지 말고, 누군가를 오래 미워하지 말고, 무슨 일이든 마음에 너무 담아두지 말라고 했지요. 사람은 방관자의 입장에 서 있어야만 인생을 꿰뚫어볼 수 있어요. 철학자의 말처럼, 명예와 이익을 추구하면 마음이 고요하기 어려운 거죠. 다른 사람의 평가를 너무 심각하게 받아들이면 안 돼요. 그런데 글로 쓴 것을 이해하기는 쉽지만 실행에 옮기기는 어렵지요. 류 선생이 무슨 일이든 마음에 담아두지 말라고 말했는데, 그렇게 대범하게 말할 수는 있지만 사실 실천하기란 정말 어려워요. 젠메이에게는 지금 아들이 하나 있는데, 밤낮으로 아들 걱정에 마음을 놓지 못하죠.

웨이 | 아까 이야기를 시작할 때, 이 책의 문장이 유려하고 쉽다고 하셨는데, 두 저자의 풍격에 어떤 차이가 있나요?

진 | 류 선생은 나이가 많은 만큼 문장이 숙련되어 있어요. 젠메이의 장점은 영어로 글을 쓸 수 있다는 거죠. 물론 중국어 글쓰기는 아버지를 따라가지 못하지만요. 문장의 문제에 대해서는 바이셴융의 견해를 참고하는 게 좋겠네요. 그는 좋은 문학작품은 반드시 문장이 좋아야 한다고 했죠.

웨이 | 많은 젊은이가 책을 보고 나면 너무 빨리 그 내용을 잊어버리게 된다고 말하는데, 어떻게 하면 진융 선생처럼 책의 내용을 잘 기억할 수 있을까요?

진 | 제가 책 내용을 잘 기억하는 건 타고난 거죠. 선생님께서 말씀하신 것도 반드시 기억했어요. 사실 흥미만 있으면 쉽게 잊어버리지 않아요. 하지만 수학 이론처럼 흥미가 없는 건 죄다 기억하지 못해요. 역사와 문화는 어려울 게 없지만요.

정 | 평소에 어떤 책을 즐겨 보시나요?

진 | 지금은 역사서를 보고 있어요. 영어로 된 그리스 로마사와 중국어로 된 수·당·오대사를 보고 있죠. 제왕의 일생을 다 읽지는 못했는데, 저는 그들의 생활이 궁금해요. 그 시대의 진상에 대해 알고 싶어요. 어떤 제왕이 자신의 아들에게 어떻게 왕위를 넘겨주었는지, 중간에 무슨 일이 일어났는지에 대해 흥미가 있어요. 과거를 귀감으로 삼아서 오늘을 아는 것, 정말 흥미롭습니다.

---

* 『삶을 안다는 건 왜 이리 어려운가요?』는 진융의 추천으로 2002년도 홍콩의 '10대 양서'로 선정되었다. 이 글(원제는 「金庸談『共悟人間』」)은 '2002년 10대 양서' 추천활동을 주관한 홍콩 방송국 RTHK의 인터뷰로, 홍콩 신문 『밍바오明報』 2002년 4월 20일자에 실렸다.

당신은 내가 사랑하는 그 세계에 속합니다

1. 천국의 문

"어떻게 살 것인가? 나는 어떤 존재인가?"

아빠와 딸은 끊임없이 이 문제에 대한 깨달음을 주고받으며 서로의 삶을 따뜻하게 응원하고 있다. 고난에 찬 현실 속에서 살아가지만 이들의 마음은 천국을 지향한다. 두 사람 모두의 간절한 바람은, 바로 '마음속의 천국'을 수호하는 것이다. 그래서 허영·욕망·질투·교만과 같은 마음속의 지옥에 갇히지 말라고 서로를 북돋운다.

이들이 말하는 천국이란, '내가 사랑하는 그 세계'이다. 그곳은 진심으로 사랑하는 모든 것들을 받아들일 수 있는 광활한 공간이자, 어린아이처럼 자유롭게 노닐 수 있는 참된 생명의 공간이다. 이 '정신의 왕국'에는 인간 세상의 권력이나 돈 따위는 감히 침범할 수 없다. 이들에게 천국이란, '아름다운 인성의 승리'이기도 하다. 류짜이푸는 인성의 길에 있어서, 『홍루몽』은 '천국의 문'이고 『삼국지』와 『수호전』은 '지옥의 문'이라고 단언한다(『쌍전雙典』, 글항아리, 2012). 그가 『홍루몽』을 이토록 극찬한 이유는 공리를 추구하는 현실을 떠난 『홍루몽』의 세계에서만이 생명 본연의 상태를 오롯이 지킬 수 있다고 믿고 있기 때문이다. 『홍루몽』의 세계에는 존재의 의의를 묻는 철학이 존재하고, 그 세계에서는 우주적 차원에서 신과 자연에 대해 탐색할 수 있다고 류짜이푸는 말한다. 류짜이푸와 류젠메이가 주고받은 편지 모음집인 이 책은 이런 의미에서 또 다른 『홍루몽』이자 천국의 문이다. 그래서일까? 이 책에서는 왠지 모를 '신성한 빛'이 흐르고 있다.

2. 여성과 어린아이

류짜이푸는 『쌍전』에서, 『삼국지』의 권모술수와 『수호전』의 폭력성을 신랄하게 비판하고 있다. 권모술수와 폭력에 찌든 '삼국지 인간'과 '수호전 인간'의 대척점에 있는 인간형은 바로 '홍루몽 인간'일 것이다. 류짜이푸가 보기에, '홍루몽 인간'의 아름다운 인성을 상징적으로 구현하고 있는 존재는 바로 여성과 어린아이라고 할 수 있다. 『삼국지』와 『수호전』에서는 사람 축에 끼지도 못한 여성과 어린아이, 바로 이들 존재가 류짜이푸에게는 삶의 준칙이다.

'홍루몽 인간'에 대한 예찬은 딸에게 보내는 편지에서도 끊임없이 이어지고 있다. 『홍루몽』의 여성은 먼지 속의 정토에 살면서 세속의 먼지에 더렵혀지지 않은 존재이자 마음속 깊은 곳에서 나오는 천성의 눈물을 흘리는 존재이다. 이들 여성은 하늘에서 내리는 단비이자, 대자연의 신선함과 깨끗함을 지닌 맑은 물이다. 류짜이푸가 보기에 이들 여성은 참된 본성과 마음을 지킬 수 있도록 이끌어주는 여신이기도 하다. 이들 여성의 세계에 머물렀던 유일한 한 남성이 바로 가보옥이다. 가보옥은 그녀들이 선사한 생명의 이슬 덕분에 돌의 차가움이 아닌 뜨거움과 부드러움과 사랑을 자신의 마음과 영혼으로 빚어낼 수 있었다. 이 책의 서문에서 류짜이푸는 자신의 두 딸이 바로 그의 여신임을 고백한다. 그녀들의 순진무구한 천성은 그에게 자연스러운 일깨움이자 자연이 내리는 명령으로 다가간다. 그녀들은 출셋길과는 멀리 떨어진 피안에서 살며, 다툼과 시기와 증오와도 멀리 떨어져 있다.

1989년 톈안먼天安門사건 이후, 중국을 떠나야할지 망설이고 있던 류짜이푸에게 큰딸 류젠메이는 단호하게 말했다. "가세요. 멀면 멀수록 더 좋아요!" 그녀의 단호함은 진흙처럼 혼탁한 세계가 떠받드는 명성·지위·돈 등을 전혀 염두에 두지 않은 순수함에서 비롯된 것이었다. 그녀의 바람은 오로지 투쟁의 장에서 아버지의 품성이 더 이상 소모되지 않는 것이었다.

류짜이푸가 찬양한, 여성의 순수함과 생명의 활력이라는 속성은 어린아이의 속성과도 일맥상통한다. 천성의 천진함을 간직한 어린아이야말로 그가 추구하는 자아상이라고 할 수 있을 것이다. 그래서 그는 "동심으로 돌아가는 것, 이것은 내 인생 최대의 개선"이라고 말한다. 그에게 승리란, 세상에 물들기를 거부하고 천진함을 지키는 것이다. 세상에 물들어 처세에 능해진다면, 돈과 권력을 쟁취할 수는 있겠지만 그 순간 진정한 승리를 놓치고 만다는 것이다. 진정한 승리가 가져다주는 것은 참된 즐거움과 행복이며, 이는 직위와 직함에 따라 결정되지 않고 생명의 상태와 마음의 상태에 따라 결정된다고 류짜이푸는 말한다. 류젠메이의 편지를 보면, 류짜이푸는 이미 마음의 승리를 얻은 듯하다.

"아빠가 쓰신 「동심설」을 죄다 자세히 읽었어요. 아빠가 마음의 승리를 얻으셨다는 것을 정말로 느낄 수가 있었답니다. 동심으로 돌아가셨다는 것은, 세속의 수많은 정신적 짐을 내려놓으셨음을 의미하죠. 사회가 억지로 쓰도록 강요하는 온갖 '가면'을 찢어버리시고, 타인을 경계하는 마음속의 단단한 '줄'과 '보루'를 허무셨음을 의미하죠. 지나간 시비다툼과 은혜와 원망을 내려놓으시고 오로지 자신의 양지와 자신이 깨달은 진리와 광명만을 바라보셨음을 의미하죠. 동심으로 돌아간다는 건 정말로 큰 해탈이자 큰 자유예요. 아빠의 마음에 어떤 쾌락이 존재하는지, 저는 상상할 수 있답니다. 다만 어떤 말로 축하드려야 할지 모를 뿐이에요." (세상에 물들기를 거부하다)

3. 소통과 응원

편지들로 구성된 이 책은 여러 측면에서 흥미롭다. 아빠와 딸이 주고받은 편지라는 점에서, 평등한 대화가 오간다는 점에서, 이들의 대화가 우리 모두 관심을 가질 만한 내용이라는 점에서, 그리고 아날로그적 감성을 담아내고 있다는 점에서 무척 흥미롭다. 이 책에는 1989년부터 1999년까지 두 사람이 팩스를 이용해서 주고받은 편지가 실려 있다. 우표가 붙은 편지보다야 아날로그적이지 않지만, 두 사람이 직접 손으로 써서 주고받은 편지에 담긴 아날로그적 감성은 오늘날의 이메일과 비교할 바가 아니다. 이메일·SNS·영상통화 등 최첨단 디지털시대의 통신 수단을 갖춘 오늘날, 편지를 통한 이들의 대화는 그래서 더 소중하게 다가온다.

오늘날, 두 사람의 편지가 소중한 이유는 진정한 '소통'과 '응원'의 코드가 담겨있기 때문이다. 류짜이푸는 1941년생이고 류젠메이는 1967생이다. 26년이라는 나이차가 무색하리만큼 두 사람의 대화는 허물이 없다. 이는 둘의 관계가 얼마나 평등한지를 말해준다. 류젠메이가 서문에서 강조하듯이, 이 편지에 드러나는 류짜이푸의 목소리는 아버지 세대의 목소리가 아닌 한 개인의 목소리이다. 류젠메이에게 아버지는 손윗사람이라기보다는 삶을 이끌어주는 멘토와 같은 존재이다. 한편 류짜이푸에게 딸은 손아랫사람이라기보다는 일깨움을 주는 여신과 같은 존재이다. 이러한 평등함 덕분에 두 사람의 소통에는 진정성이 담겨 있다. 나의 말을 통해 상대방을 설득하려는 게 아니라, 상대방의 말을 들으면서 그 마음을 이해하고자 하는 것이다. 예를 들면, '여성'에 대한 두 사람의 시각에는 공통점만큼이나 차이점도 존재하지만 두 사람은 서로의 견해를 충분히 존중한다. 여성을 신화화하는 류짜이푸의 시각에 류젠메이는 동의하지 않다. 이것은 물론 페미니즘 이론의 영향 때문이기도 하지만 류젠메이 본인이 여성이기에 여성의 구체적 고통을 외면할 수 없기 때문이다. 그녀는 여성의 신화화가 남성중심 사회가 규정한 여성상을 고착화함으로써 도리어 여성에 대한 억압기제로 작동할 수 있다고 생각한 것이다. 하지만 그녀는 철의 여인이 아닌 사랑스러운 여인이 되길 바라는 아버지의 마음도 충분히 이해한다. 한편 류짜이푸는 딸의 분만 전후의 모습이 담긴 비디오테이프를 보고 여성의 현실적 고통에 가슴 아파한다. "네가 불룩 나온 배를 하고서 강의까지 하고, 해산한 뒤에는 눈이 그렇게 부어오르다니, 난 정말 차마 더 볼 수가 없었단다. 너와 네 동생이 태어났을 때, 난 네 엄마의 상황을 전혀 몰랐단다. 이번에 너의 모습을 보고나서야, 엄마가 된다는 게 정말 쉽지 않다는 걸 이해하게 되었어."('안일') '모성애의 비극성' '사랑의 딜레마' '갓난아이 상태' '안일' 등의 편지에는 두 사람의 인간적 소통이 유난히 호소력 짙게 녹아있다.

이렇게 두 사람은 소통을 통해 서로를 이해한다. 그리고 서로의 삶을 응원한다. 혈연이라는 운명에 얽혀 "당신이 무엇을 하든 무조건 응원한다"가 아니라, 서로가 지향하는 아름다운 세계를 향해 꿋꿋이 나아갈 것을 응원한다. 세상에 물들지 말고 '내가 사랑하는 그 세계'를 지켜나갈 것을 응원한다. 그래서 두 사람 사이에서 오가는 최고의 찬사이자 응원의 메시지는, "당신은 내가 사랑하는 그 세계에 속합니다"이다.

4. 참된 고향을 찾아 표류하다

이 책에 실린 편지들 가운데 가장 이른 시기의 것은 '정신의 여행'(1989)으로, 톈안먼사건으로 인해 류짜이푸가 중국을 떠난 해의 편지다. 다음해에 류젠메이는 미국으로 유학을 갔는데, '문화의 맥'(1990)이 그해의 편지다. 그런데 가장 앞쪽에 배열되어 있는 편지는 '내가 사랑하는 그 세계'(1997)와 『도화선』 바깥의 생활'(1997)이다. 류짜이푸와 류젠메이가 두 사람이 주고받은 편지들을 엮어 책으로 만들 때, 무엇보다 먼저 '내가 사랑하는 그 세계'를 독자들에게 말하고 싶었기 때문일 것이다. 이 책에 실린 편지들은 각각 독립적으로 완결되는 내용이므로 순서와 상관없이 읽어도 무방하다. 하지만 앞에 나오는 네 편의 편지를 먼저 읽는 것이 좋겠다.

두 사람의 대화는 매우 지적이다. 동서고금의 수많은 명사들의 이름이 이들 편지에 등장한다. 그런데 단연코 많이 언급된 인물은 바로 '아인슈타인'이다. 이는 아인슈타인의 '시선'과 '정체성' 때문일 것이다. 아인슈타인은 무한한 우주의 시선으로 보면 인간은 먼지에 불과한 미미한 존재라고 생각했다. 이는 바로 '만물을 평등하게 보는 눈'이다. 이런 눈을 지닌 이에게 고향이란, 마음 깊숙한 곳에 있는 자신만의 세계이다. 아인슈타인은 스스로를 '고독한 여행자'로 규정했다. 디아스포라 지식인으로서 류짜이푸는 스스로를 끊임없이 표류하는 존재라고 여긴다. 따라서 그에게 물리적 의미의 고향은 참된 고향이 아니다. 육체의 고향을 떠난 그에게는 그것보다 더 의미 있는 정신의 고향, 감정의 고향, 양지의 고향이 있다. 이것은 바로 '내가 사랑하는 그 세계'일 것이다. '정신의 여행' '여성 언어와 디아스포라 문학' '천하를 품어내는 큰마음' '심미적인 눈' '표류의 미학' 등을 읽으며 정말 많은 공감을 했다. 그리고 끊임없는 표류야말로 보다 본질적인 생명의 정체성을 획득하게 해준다는 생각이 다시금 들었다.

우주 속에서 인간은 먼지처럼 아무 것도 아닌 존재이다. 동시에 인간은 우주의 모든 것과 연결되어 있는 존재이기도 하다. 이두 가지를 모두 염두에 둔다면, 우리 삶의 욕망으로 인한 고민의 무게는 줄어들고 자연과 우주에 대한 연대감과 책임은 한없이 커진다. 이런 의미에서 보자면, 참된 고향을 찾아 표류하는 것은 결코 개인적인 차원에 머물지 않는다. 우리의 표류는 '내가 사랑하는 그 세계'에 끊임없이 다가가는 과정일 것이다. 류짜이푸가 자주 강조하는 말이 있는데, "불가능하다는 걸 알면서도 하려한다"는 것이다. 그에게는 마음의 명령을 따르는 것이 천국이요, 그것을 외면하는 게 지옥이기 때문에 결과와 관계없이 마음 가는 대로 살아가고자 하는 게 아닐까. 참된 고향을 찾아 표류하는 이는 바로, 불가능하다는 걸 알면서도 내가 사랑하는 그 세계를 희망하는 사람일 것이다. 이렇게 표류하는 이가 점점 많아질수록, 이 세상은 우리가 생명의 참된 본연을 지키며 살아갈 수 있는 살만한 세상이 될 것이다. 루쉰의 말처럼 희망이란, 땅 위의 길과 같은 것이니까 말이다. 땅에는 본래 길이 없었지만 지나가는 사람이 많아지면 길이 되는 것이다. 표류하는 모든 이들에게 응원을 보낸다.

5. 여담

개인적으로 이 책과의 인연에 대해 간단히 기록으로 남겨놓고 싶다. 2011년 2월, 푸젠(류짜이푸와 류젠메이 모두 이 지역 출신이다)을 답사하던 중에 한 서점에 들렀고 그곳에서 이 책을 구입했다. 글항아리에서 이 책을 출간할 계획이 있으니 번역할 의향이 있는지 물어온 터였다. 평소에 류짜이푸에 관심이 많았기 때문에 번역하고 싶긴 했지만 확답은 하지 않은 상태였다. 책을 구입한 날 밤에 호텔에서 서문을 읽었다. 그런데 얼마 안 가서 여성에 대한 류짜이푸의 견해가 맘에 걸리기 시작했다. 번역할 마음을 접으려다가 류젠메이의 서문을 읽었다. 방금 전 맘에 걸렸던 부분을 그녀가 콕 집어 말하고 있지 않은가! 순간, 두 사람이 주고받은 편지의 내용이 궁금해져 관심 가는 제목의 편지부터 읽어나갔다. 그리고 결국 이 책을 번역하기로 마음먹었다.

2011년 5월, '세계화 속의 삶과 글쓰기'라는 주제로 서울국제 문학포럼이 열렸다. 마침 류짜이푸(당연히 '선생님'이라는 호칭을 붙여야 하지만 일관성을 위해 부득이하게 생략한다)도 이 포럼에 참석했다. 포럼에서 그는 「다원화 사회에서의 집체와 자아 권한의 경계」라는 글을 발표했다. 다원화 시대에서 자아와 타자의 관계는 시공간의 변화에 따라 유동적이기 때문에 구체적인 상황에 따른 구체적인 분석이 필요하다는 것이 발표의 요지였다. 일흔이 넘은 나이에도 에너지가 넘쳐났다. 동심으로 돌아간 덕분이 아닐까 하는 생각이 들었다.

류짜이푸의 책은 국내에도 여러 권 번역되어 있다. 『쌍전』『면벽침사록』『전통과 중국인』『류짜이푸의 얼굴 찌푸리게 하는 25가지 인간유형』『고별혁명』 등을 읽어본 독자라면 이 책이 더욱 흥미로울 것이다. 이 책을 통해 처음으로 류짜이푸를 접한 독자라면, 딸과의 편지에 나타나는 그의 생각이 다른 책들에 어떻게 녹아들어가 있는지 살펴보는 것도 굉장히 흥미로울 것이다.

서울국제문학포럼에서 뵈었을 때, 이 책이 한국에서도 나오게 된다는 것을 아시고 굉장히 기뻐하시던 모습이 눈에 선하다. 부디 오래오래 건강하셨으면 좋겠다.

2012년 5월
이유진

삶을 안다는 건
왜 이리 어려운가요?

초판인쇄	2012년 5월 14일
초판발행	2012년 5월 21일

지은이	류짜이푸 · 류젠메이
옮긴이	이유진
펴낸이	강성민
기획	노승현
편집	이은혜 박민수 김신식
마케팅	최현수
온라인 마케팅	이상혁 장선아

펴낸곳	(주)글항아리	출판등록 2009년 1월 19일 제406-2009-000002호
주소	413-756 경기도 파주시 문발동 파주출판도시 513-8
전자우편	bookpot@hanmail.net
전화번호	031-955-8891(마케팅) 031-955-8898(편집부)
팩스	031-955-2557

ISBN   978-89-93905-97-7   03100

글항아리는 (주)문학동네의 계열사입니다.

이 도서의 국립중앙도서관 출판시도서목록(CIP)은 e-CIP홈페이지(http://www.nl.go.kr/ecip)와
국가자료공동목록시스템(http://www.nl.go.kr/kolisnet)에서 이용하실 수 있습니다.
(CIP제어번호 : CIP2012002118)